彩图 1 东周空首布

彩图 2 齐国即墨之大刀

彩图 3 秦代半两

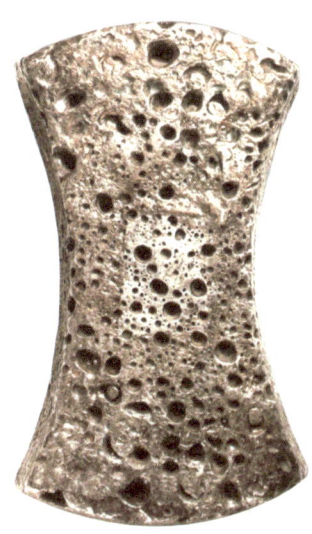

彩图 4 南宋"马本纲银两"银铤

彩图 5 宝源局咸丰元宝母钱

彩图 6　户部光绪元宝银元

彩图 7　中华民国开国纪念币铜元

中国钱币学

ZHONGGUO QIANBIXUE

(修订本)

白秦川 著

河南大学出版社
HENAN UNIVERSITY PRESS

·郑州·

图书在版编目（CIP）数据

中国钱币学 / 白秦川著． -- 2版（修订本）． -- 郑州：河南大学出版社，2018.2
ISBN 978-7-5649-3231-2

Ⅰ．①中… Ⅱ．①白… Ⅲ．①货币－研究－中国 Ⅳ．①F822

中国版本图书馆CIP数据核字（2018）第 034500 号

责任编辑　靳开川
责任校对　韩　璐
封面设计　郭　灿

出　版	河南大学出版社
	地　址　郑州市郑东新区商务外环中华大厦2401号　邮　编：450046
	电　话　0371-86163953
	网　址　www.hupress.com
印　刷	河南安泰彩印有限公司
版　次	2014年6月第1版
	2018年6月第2版
印　次	2018年6月第2次印刷
开　本	720mm×1000mm 1/16　　印　张　20.5
字　数	315千字　　插　页　4
定　价	49.00元

本书如有印装质量问题，请于河南大学出版社营销部联系调换

序　一

秦川的书稿初成，即邮寄给我，约我为之序。读是稿，我思绪万千，想起了30年前在河南的一些往事，想起了30年来关于钱币和钱币学的讨论。

我和秦川相识已有20多年。1987年2月下旬至3月上旬我应邀赴开封，在河南大学历史系文博专科班讲授"中国古钱概论"。当时白秦川任职于河南大学历史系，他认认真真地听完了我的全部课程，而且对我在汴期间的生活起居照顾有加。那次授课的效果不错，听课的学生始终坐满整个教室，学生们的专心投入给我留下了深刻印象。秦川踏实认真的工作作风以及他对钱币知识的浓厚兴趣更给我留下了深刻印象。后来他全身心投入钱币资料的收集和整理工作，走上了钱币研究的"不归之路"，或许就和那次授课不无关系。

20多年来，我们的联系没有中断，虽然相聚在一起的时间不算多，但书信和通话是经常有的。他的每次来信、来电都只有一个主题，就是钱币，没有一句多余的闲话，这便是他的性格。

中国钱币博物馆成立伊始，缺少从业人员，尤其是在钱币资料的收集和整理方面没有合适的人选。这项工作平凡琐碎，却十分重要，只有具备一定的业务知识、责任心强而且还要耐得住寂寞的人方可胜任，要坐得了冷板凳，于是我想起了秦川。我曾经几次动心，想把他调来北京，但总因河南钱币学会负责编纂的《中国钱币大辞典》也需要他这样的人才，只能作罢。为此，我曾经不止一次地和时任中国人民银行河南分行总经济师、负责分管《中国钱币大辞典》编辑工作的赵宁夫唠叨过："为了支持大辞典的工作，就把秦川留给你了。"言外之音，不无割爱之意。

中国的钱币学是在古钱学基础上发展形成的，所以，钱币学既是一门古老的学科,又是一门新兴的学科。20世纪80年代初,中国钱币学会成立伊始,学会秘书处就遭遇到有关钱币学学科认识的一系列问题。诸如:钱币的确切含义是什么?钱币学究竟是什么样的一门学科?它的研究对象、研究内容、研究方法,乃至研究的目的意义究竟如何认识?对于学科的这些基本理论问题,大家的分歧很大,来自文博部门的学者多持传统古钱学的观点,来自金融部门的学者则另有新见,来自大专院校和社会科学研究部门的学者也有不同的理解和认识。各种不同的观点都汇集到学会秘书处,有的是为了交流讨论,有的干脆就是要讨个说法。因为中国钱币学会挂靠在中国人民银行总部,各地学会的秘书处也都分设在当地的人民银行,而人民银行的体制是垂直领导的,在人民银行内部,习惯称总部为总行,各地的分设机构为分行、支行。这样的体制也会影响到学会里来,所以各地学会秘书处的同志都把我们视为"总行"领导,向"总行"讨个说法似乎理所当然。在这样的压力下,对钱币学学科的理解是我们不可回避而必须面对的基本理论问题,对此如何做出满意的答复,也就一直萦绕在我的脑际。

为此,我们不仅在中国钱币学会的工作会议上多次讨论,也在相关的学术会议上多次议论。20世纪90年代初,《中国钱币》杂志还专门开辟了关于中国钱币学理论体系讨论的专栏。白秦川是这次讨论的积极参与者,在1990年第3期、1991年第2期、1993年第1期杂志上相继发表了3篇专文,阐述他的见解,并把钱币学的学科建设列为他开展学术研究的一项重点课题。

对于钱币学而言,过去的30年是变革的30年。这30年里,我们对中国钱币学的认识和理解有太大的变化,这个变化是循序渐进的,逐步提高的。现在,我们对钱币学可以说已经有了全新意义上的理解和诠释,然而,有关的讨论和争议还在继续,不同的观点仍然并存。我深深地体会到:对于一个学科的建设和发展,只能是在不同观点的讨论甚至是争论的过程中,才能求得进步,才会提高和完善。没有矛盾,没有讨论和争论,就没有学科的生命。秦川在来信中写了这样一句话:"吾爱吾师,吾更爱真理。"我欣赏这样的直白,欣赏这样的勇气,因为这是我们的学科得以不断进步的动力。

希望秦川的《中国钱币学》会进一步引起读者对中国钱币学学科建设的关注;希望中国钱币学在社会科学界引起更广泛的关注,得到更多的重视和爱护。

戴志强

2011年5月写于北京

序 二

秦川兄的《中国钱币学》就要出版了，约我作序，第一次接到他的电话时心里还真有点惶恐。这几年我的确给一些书写过几篇小序，但那大都是我学生的著作，我既责无旁贷，也确实对他们的书有些了解。而秦川兄，是我的大学同学，是我几十年的挚友。论辈分我没有写序的资格，论学术我对他研究的内容又完全是外行，这个约请使我颇为作难。但我也真的想为秦川兄说几句话，说说几十年交往中对他的深刻印象，说说他的治学精神之可贵，如何在当代中国学术界已经变成空谷足音！秦川兄并非站在中国学术的主流阵营中，然而，他所做出的成就，所表现出的学术品格，足以使我们这些被目之为真正做学问的人尴尬、汗颜、如芒在背！想到此，我就毫无推辞地答应了秦川兄的请求。

和秦川兄，我们是河南大学（当时叫开封师范学院）历史系1977级的同班同学。大学四年，我们一起组织过历史学习小组，共同走过了四年的学习道路。我们的学习小组不是以寝室为单位的行政组，而是以讨论为主要形式、自愿参加组织起来的兴趣小组。我是组长，负责设计学习规划，确定讨论内容。在确定的时间段内，我们有共同的学习计划，规定共同的阅读书目，然后围绕所读的书来交流读书心得，互相提问答辩，质疑问难，有了比较成熟的想法就写成文章，互相传阅、批改。这四年的共同学习经历，我们养成了阅读和思考的习惯，讨论和思辨的能力，也培养了写作兴趣和初步的研究能力。这一经历中，秦川兄给我印象最为深刻，他是最勤于思考也最善于提问的一个，脑子里总是装着问题。他后来在钱币学上做出成就，大概就与大学阶段所培养起来的思维习惯有关。

大学毕业后，秦川兄被分配到开封地区民族宗教局工作。1983年地市合并，开封地区撤销，他要另谋出路，就完全按照自己的性情，放弃从政，调到河南大学历史系文物馆。这样，我们又成了可以朝夕相处的同事。根据他的工作性质，他是没有教学和科研任务的，但已经养成的思维习惯和学术修养，使他依然选择了学术研究的道路，在遇到一个特定的契机之后，钱币学研究便成为他终生不渝的目标。摆在读者面前的这本钱币学著作，便是他在这一研究领域耕耘二十多年的标志性成果。

秦川兄从1983年进入河南大学历史系文物馆，到1997年调入中国人民银行河南省分行从事《中国钱币大辞典》的编纂工作，我们同事了15个年头。期间，他对学问的执著，做研究的韧性，那种孜孜以求的精神，是我所感佩的。我不懂钱币，也不思考他所研究的问题，但他关于钱币学的每一篇文章，都要和我讨论几次，从选题酝酿，写作提纲，到初稿拿给我看，我深为他的学术精神所感动。他在本书"后记"中说，他关于钱币学的第一篇文章的题目，是我给他定的，这些具体细节我已经记不清了，但和他一起讨论问题，推敲他的思路和观点，这一段经历，某些场景，至今我还记忆犹新。这里，我就秦川兄的做学问，谈几点感受。

首先是他为什么做学问。我觉得，秦川兄的学术研究，和当今的一些人相比最大的不同，是他的研究完全是从兴趣出发的，没有任何的功利性色彩，没有任何评职称、报项目、获奖项、拿津贴的具体诉求。正是这样，他做出来的才是真学问，才能经得起历史的检验。正是这样，他才能在没有任何物质和精神鼓励的情况下，坚持了二十多年，最后成就这本具有重要理论价值的钱币学著作。在史学界，人们经常会提到"板凳要坐十年冷"这句名言，鼓励年轻人耐得住寂寞，去追求学问的至高境界。而秦川兄，在非主流的学术圈子里工作，没有耀眼光环的激励，没有职称、项目的诱惑，静心坐了二十多年的冷板凳，这是真正的学者精神！遗憾的是，秦川兄这样的人在当今学界已经真的很少了。

其次是他不事张扬、勤勉向学、低调做人的学者之道。在钱币学界，秦川兄是最早发起钱币学学科理论研究的学者之一，是20世纪90年代在《中国钱币》杂志上讨论钱币学理论体系的主要参与者，1990年、1991年、1993年曾连续在《中国钱币》发表了三篇专论，并由此确立了他在钱币学界的学术地位。1997年，他在《历史研究》发表《先秦货币二考》一文。发表这些文章的时候,他还在河南大学历史系工作。在历史学圈子中,能在《历史研究》发文章是很荣耀的事情,但他却从不张扬,从不炫耀,很少有人知道他的这些成就。我估计,在我们这届同学中,很少有人知道白秦川是做什么的,更少有人知道他在学术上做出的成就、所达到的境界。秦川兄没有博士、硕士学位,没有学者头衔,没有专家名号,而那些头戴各种光环的所谓学者,在秦川兄这样的成就面前,不知会作何感想。我们现在是处在一个多么浮躁的时代!这样的时代,更彰显出秦川兄的可贵!

最后,要说说秦川兄身上那些真正的学者品格。当今学界,大家云出,名家荟萃,而真正懂得学术之精蕴者并不很多。作为学者,最基本的素质是批判性思维,是学术平等精神,我觉得秦川兄在这方面是合格的。他从一开始接触钱币学问题,就不迷信权威,就敢于和学术名家讨论问题。在他刚开始研究钱币学的时候,像彭信威先生、叶世昌先生,在货币史、经济史领域,都是硕学鸿儒、一代大家,而秦川兄都无例外地和他们进行商榷和讨论,就连对他多有提携的戴志强先生,他也在敬仰与尊重的同时,保持相互间平等的学术讨论。戴志强先生在为本书写的序中,也提到"秦川在来信中写了这样一句话:'吾爱吾师,吾更爱真理。'"可证吾言不虚。这才是真正的学者品质。还有,秦川兄从一开始讨论问题,就很重视学理性问题,注重从基础概念着手,去理清一些学科的基本问题。正是这样的学术素质,才使得他最终构造出一个学科的理论体系,成就了这本钱币学的基础性著作。我之所以要指出这一点,就是针对目前中国学术界现状的,我们很多学者是缺乏这个修养的,忽视学理性问题,缺乏学理性思考,是很多研究无法深入的症结之一。

秦川兄的大著我没有能够一字不落的通读,但也看了一些章节,感到钱币学仍然还有很大的研究空间,在这条路子上还可以深入地做下去。改革开放以来,文化学、文化史研究方兴未艾,最近一些年来的传统文化研究也持续升温,而关于钱币的文化研究却并不发展。秦川兄在本书《钱币学研究的内容》一节中,谈到了研究钱币文化问题,而这主要是限于钱币作为一种文化现象的研究。但是,从文化的角度来研究钱币,还可以有另一种思路,即从历史文化的角度去看钱币,探讨钱币身上所投射的传统文化因素,钱币所承载的文化基因。最近看到一篇短文,文中说:"无论是从形制、单位、图饰,还是铸造或印刷技术上,乃至对外文化交流上,钱币都集中和典型地体现了中国古代文化的内涵和特点,是中国古代文化的重要载体和历史进程的实物见证。钱币不同于一般物品的特殊之处,在于它是社会产生重大变革或发生重要事件的产物和象征。任何一枚钱币的铸造都有其特定的历史背景和原因,同时也对社会政治、经济和文化等产生重要的影响。每一种钱币总是在继承原有钱币的基础上而有所发展,既有历史的延续性又具有鲜明的时代性。从某种角度也可以说,一部钱币史所串联的就是一部中国古代史。"这话的确很有见地,如果沿着这样的思路去研究钱币文化,钱币学不是又打开了一个新的研究空间吗?

秦川兄执著于钱币学研究已经二十多年了,而在他的面前展开的仍然是一个无比广阔的空间,他开掘的是一个真正的学术金矿!我真诚地祝福他以本书的出版为起点,走向一个新的辉煌!

是为序。

李振宏
2013年12月15日

目 录

绪 论 …………………………………………………………… 1

　　第一节　对货币的一般认识 ………………………………… 1
　　第二节　本书研究货币的角度和结构 ……………………… 6
　　第三节　钱币、钱币学的概念 ……………………………… 8
　　第四节　钱币学研究的目的与意义 ………………………… 10
　　第五节　钱币学概念的产生与发展 ………………………… 12

第一章　钱币学研究的对象、内容与方法 …………………… 17

　　第一节　钱币学研究的对象 ………………………………… 17
　　第二节　钱币学研究的内容 ………………………………… 19
　　第三节　钱币学研究的方法 ………………………………… 22

第二章　中国钱币文化 …………………………………………… 28

　　第一节　中国钱币文化的类型 ……………………………… 28
　　第二节　中国钱币文化的特征 ……………………………… 30
　　第三节　中国钱币文化圈 …………………………………… 32

第三章　钱币的要素及一般特征 ……………………………… 34

　　第一节　钱币的要素 ………………………………………… 34
　　第二节　钱币的一般特征 …………………………………… 36

第四章 先秦钱币 ……………………………………………… 42

第一节 实物货币和金属称量货币 ……………………… 42
第二节 钱币的产生——铜贝 …………………………… 44
第三节 布币 ……………………………………………… 45
第四节 刀币 ……………………………………………… 58
第五节 圆钱 ……………………………………………… 65
第六节 楚国钱币 ………………………………………… 71
第七节 先秦钱币的特点 ………………………………… 75

第五章 秦汉钱币 ……………………………………………… 77

第一节 秦代钱币 ………………………………………… 77
第二节 西汉钱币 ………………………………………… 79
第三节 新莽钱币 ………………………………………… 82
第四节 东汉钱币 ………………………………………… 87
第五节 汉代金银币 ……………………………………… 89
第六节 汉代新疆钱币 …………………………………… 90

第六章 魏晋南北朝隋钱币 …………………………………… 92

第一节 三国钱币 ………………………………………… 92
第二节 晋代钱币 ………………………………………… 96
第三节 十六国钱币 ……………………………………… 96
第四节 南朝钱币 ………………………………………… 97
第五节 北朝钱币 ………………………………………… 101
第六节 隋代钱币 ………………………………………… 103

第七章 唐五代十国钱币 ……………………………………… 104

第一节 唐代钱币 ………………………………………… 104
第二节 五代钱币 ………………………………………… 111

第三节　十国钱币 ·· 113

第八章　宋辽西夏金钱币 ·· 123

　　第一节　北宋钱币 ·· 123
　　第二节　南宋钱币 ·· 136
　　第三节　辽代钱币 ·· 147
　　第四节　西夏钱币 ·· 153
　　第五节　金代钱币 ·· 159

第九章　元明清钱币 ·· 164

　　第一节　元代钱币 ·· 164
　　第二节　明代钱币 ·· 173
　　第三节　清代钱币 ·· 180

第十章　清末民国钱币 ·· 188

　　第一节　银元 ·· 188
　　第二节　铜元 ·· 197
　　第三节　银锭 ·· 203
　　第四节　纸币 ·· 205
　　第五节　清末民国钱币的特点 ·· 228

第十一章　中华人民共和国钱币 ·· 230

　　第一节　革命根据地钱币 ·· 230
　　第二节　人民币 ·· 235
　　第三节　流通纪念币 ·· 244
　　第四节　外汇兑换券 ·· 248
　　第五节　中华人民共和国钱币的特点 ·· 249

第十二章 非流通货币 ······ 251

第一节 压胜钱 ······ 251
第二节 非流通纪念币 ······ 259

第十三章 钱币制造技术 ······ 262

第一节 钱币铸造技术 ······ 262
第二节 钱币印刷技术 ······ 267

第十四章 钱币的防伪与鉴别 ······ 270

第一节 古钱的鉴别 ······ 270
第二节 铜元的鉴别 ······ 272
第三节 银元的鉴别 ······ 274
第四节 银锭的鉴别 ······ 276
第五节 纸币的鉴别 ······ 279
第六节 第五套人民币的鉴别 ······ 280

第十五章 中国钱币学简史 ······ 285

第一节 中国钱币学产生的文化背景 ······ 285
第二节 南朝至清代的钱币学 ······ 286
第三节 民国至当代的钱币学 ······ 290

附 录 ······ 295

第一节 邻国古代钱币 ······ 295
第二节 古希腊、罗马钱币 ······ 300

图片引用书目 ······ 309

后 记 ······ 311

绪　　论

中国是世界文明古国之一，中国货币文化在中华大地上长盛不衰，并且对周围国家和地区产生了深远影响。钱币是具有专用货币形制的非流通意义上的货币。这样，我们可以很清晰地把货币与钱币区分开来，钱币是货币的载体，货币是钱币的灵魂。

钱币学是研究具有专用货币形制的非流通意义上的货币的一门学科。钱币学从其基本属性上看属于人文科学，而其中技术性研究则要较多地借助于自然科学。

本书从结构上分四个部分：第一部分，中国钱币学理论体系，绪论至第三章；第二部分，中国钱币史，第四章至第十二章；第三部分，钱币技术，第十三章至第十四章；第四部分，中国钱币学简史，第十五章。

第一节　对货币的一般认识

一、中国货币文化源远流长

中国是世界文明古国之一，有着光辉灿烂的古代文化。这种文化反映在各个方面，如农业、手工业、文字等，其中也包括货币文化。中国是世界上最早使用货币的国家之一。远在夏商时期，已有货币的雏形；到了商代晚期，出现金属铸币；春秋战国时期，贝、布、刀、圜等形状的货币，绚丽多姿；秦代以后，方孔圆钱延续了2000多年；北宋仁宗时期，出现了世界上第一张纸币——交子……20世纪80年代中期，我国钱币代表团访问丹麦。在丹麦钱币博物馆，主人谈到他们八九百年前已有金属铸币，看到中国代表团成员并无惊讶之感，忍不住问中国使用铸币的历史，当听到代表团成员回答有3000多年时，他们才理解我们为什么不惊讶了。这一切都说明，我国的货币文化是极其辉煌的。

世界其他文明古国已知最早的货币出现于公元前8世纪，比我国晚了几百年；另外，这些国家的货币文化都没有延续下来，例如印度，在亚历山大东征以后，北印度一带的货币就希腊化了。只有中国的货币文化从未中断，绵延至今。

中国货币文化在中华大地上长盛不衰，并且对周围国家和地区产生了深远影响。彭信威先生说："中国货币文化的光芒照耀了周围的世界。"[1]日本、朝鲜、安南、琉球、爪哇等在古代都属于中国货币文化体系。从唐代起，日本就仿照中国开元通宝铸造方孔圆钱（皇朝十二钱），到了宋代则输入中国钱，明代时，永乐钱甚至成了他们的主币，直到日本明治维新之前，仍然使用的是方孔钱。安南和朝鲜自宋代起铸造中国式的钱币，一直到近代。琉球在1873年以前，也铸造中国式的钱币。两宋以后爪哇以宋钱为主币，占城、暹罗、真腊、万象等印度支那半岛、南洋诸国，均铸行中国通宝钱。

中国货币文化的影响，除了表现在铸币上，也表现在纸币上。中亚的伊儿汗国于1294年、印度于1330～1331年流行过中国式的纸币；日本从1332年起，发行过几次纸币；朝鲜在明初发行纸币；北亚的窝阔台汗国也发行过纸币。马可·波罗把我国元代制造纸币的技术称为"大汗专有方士之点金术"[2]。

二、货币是社会经济发展的加速器

货币的作用是有目共睹的。在商品社会里，货币是人们须臾不可缺少的东西。开门七件事，柴、米、油、盐、酱、醋、茶，哪一样也不能少了货币的流通与交换。由于货币历史悠久，与人们的生活息息相关，所以人们对货币的认识就比较深刻。

---

[1] 彭信威：《中国货币史》，群联出版社1954年版，插图1。
[2] 马可·波罗：《马可·波罗行纪》，冯承钧译，东方出版社2007年版，第261页。

有人为其歌功颂德，如冒险远航发现新大陆的航海家哥伦布在给西班牙国王和王后的信里就说："黄金是一切商品中最宝贵的，黄金是财富，谁占有黄金，谁就能获得他在世上所需的一切。同时也就取得把灵魂从炼狱中拯救出来，并使灵魂重享天堂之乐的手段。"[1] 法国著名作家左拉在《金钱》一书中感叹道："啊，金钱！金钱是国王，金钱是上帝，它高于人们的血和泪。人们尊重金钱比尊重人类无用的小心谨慎要高得多，金钱始终处于强有力的地位！"[2] 中国也有许多谚语，如"钱能通神"、"有钱能使鬼推磨"、"世路难行钱作马，愁城欲破酒为军"等。

也有人则是看到金钱给人们带来的灾难和痛苦，对金钱极尽冷嘲热讽之能事，从而鞭挞那些见利忘义之人。左拉在《金钱》一书中还写道："啊，这个叫人堕落腐化的金钱，它会使一个人的灵魂冷酷无情，同时还会把别人灵魂中的善良、温柔和爱情都赶跑！只有金钱才是最大的罪人，一切人类的残酷和肮脏的行为，都是金钱导演出来的。"[3] 英国剧作家莎士比亚在《雅典的泰门》一剧中，借剧中人之口，对金钱进行了淋漓尽致地控诉："金子！黄黄的、发光的、宝贵的金子！……只这一点点儿就可以使黑的变成白的，丑的变成美的，错的变成对的，卑贱变成尊贵，老人变成少年，懦夫变成勇士……这黄色的奴隶可以使异教联盟，同宗分裂；它可以使受咒诅的人得福，使害着灰白色癞病的人为众人所敬爱；它可以使窃贼得到高爵显位，和元老们分庭抗礼；它可以使鸡皮黄脸的寡妇重做新娘，即使她的尊容会使身染恶疮的人见了呕吐，有了这东西也会恢复三春的娇艳。"[4] 中国晋朝有位叫鲁褒的文学家，写了一篇《钱神论》，在对金钱作用的描述和嘲讽方面比之莎翁有过之而无不及。他写道：

> 钱之为体，有乾有坤，内则其方，外则其圆。其积如山，其流如川……故能长久！为世神宝。亲爱如兄，字曰"孔方"。失之则

---

[1] 哥伦布：《哥伦布致西班牙国王和王后书（1503年）》，见齐思和，林幼琪选译：《中世纪晚期的西欧》，商务印书馆1962年版，第42页。

[2] 左拉：《金钱》，金满城译，人民文学出版社1980年版，第248页。

[3] 左拉：《金钱》，金满城译，人民文学出版社1980年版，第247页。

[4] 莎士比亚：《雅典的泰门》第三场，见《莎士比亚全集》（五），人民文学出版社1994年版，第62页。

贫弱，得之则富强。无翼而飞，无足而走。解严毅之颜，开难发之口。钱多者处前，钱少者居后。处前者为君长，在后者为臣仆……钱之所祐，吉无不利。何必读书，然后富贵。……由是论之，可谓神物。无位而尊，无势而热。排朱门，入紫闼。钱之所在，危可使安，死可使活；钱之所去，贵可使贱，生可使杀。是故忿诤辩讼，非钱不胜。孤弱幽滞，非钱不拔。怨仇嫌恨，非钱不解。令问笑谈，非钱不发……谚云："钱无耳，可闇使！"岂虚也哉。又曰："有钱可使鬼，而况于人乎。"子夏云："死生有命，富贵在天。"吾以死生无命，富贵在钱。……今之成人者何必然，唯孔方而已。[1]

清代嘉庆时四川总督蒋攸铦写了一首《劝民惜钱歌》：

钱，钱！你本是国宝，流源万事当先。堪美你内方似地，外圆象天。无翼能飞，无手能攀，周流四海，运用无边。有了你许多方便，无了你许多熬煎。有了你精神刚健，没了你坐卧不安。有了你夫妻和好，没了你妻离夫散。有了你亲朋尊仰，没了你骨肉冷淡。见几个登山涉水，见几个鸡鸣看天，见几个抛妻别子，见几个背却椿萱，见几个流浪江湖，见几个千里为官，见几个为娼为盗，见几个昼夜赌钱，看来一切都为钱。说什么学富五车、七岁成篇，论什么文崇北斗、才高邱山，论什么圣贤名训、朱子格言，讲什么穷理尽性、学贯人天。有钱时令人钦美，无钱时个个避嫌。惟憾你性太偏，喜的是富贵，恶的是贫贱。看来有无都被你挂牵。钱，你不似明镜，不似金丹，倒有些势力威权。能使人搬天揭地，能使人平地登天，能使人顷刻为业，能使人陆地成仙，能使人到处逍遥，能使人不第而官，能使人颠倒是非，能使人痴汉作言。因此上人人爱，个个贪。人为你昧灭天理，人为你用尽机关，人为你败坏纲常，人为你冷灰起烟，人为你忘却廉耻，人为你无故生端，人为你舍死丧命，人为你平空作颠，人为你天涯遍走，人为你昼夜不眠。钱，人人被你颠连。出言你为首，兴败你为先。成也是你，败也是你。到而今止你

---

[1] 鲁褒：《钱神论》，见《全晋文》卷一百十三，商务印书馆1999年版，第1197～1198页。

机关。你去我不烦，你来我不欢。免被你颠神乱志，废寝忘餐。从今后休说那有钱无钱。钱，你易我难，到大限到来买我还，人人都一般。倒不如学一个居易俟命，随分安然。岂不闻得失有定数，穷通都由天！[1]

这些描写反映了一定的现实生活，特别是当前的一些现象确实如此。不过，上述的社会现象并不是金钱造成的，而是社会关系、生产关系造成的，因此，我们对货币、对金钱要有一个理性的认识。

马克思在《共产党宣言》中说：资产阶级在历史上曾经起过非常革命的作用。他把这种非常革命的作用概括为12个方面，其中第1至第3方面表述如下：

> 凡是资产阶级已经取得统治的地方，它就把所有封建的、宗法的和纯朴的关系统统破坏了。它无情地斩断了那些使人依附于"天然的尊长"的形形色色的封建羁绊，它使人和人之间除了赤裸裸的利害关系即冷酷无情的"现金交易"之外，再也找不到任何别的联系了。它把高尚激昂的宗教虔诚、义侠的血性、庸人的温情，一概淹没在利己主义打算的冷水之中。它把个人尊严变成了交换价值，它把无数特许的和自力争得的自由都用一种没有良心的贸易自由来代替了。总而言之，它用公开的、无耻的、直接的、冷酷的剥削代替了由宗教幻想和政治幻想掩蔽着的剥削。
>
> 资产阶级抹去了一切素被尊崇景仰的职业的庄严光彩。它使医生、律师、牧师、诗人和学者变成了受它雇用的仆役。
>
> 资产阶级撕破了笼罩在家庭关系上面的温情脉脉的纱幕，把这种关系变成了单纯的金钱关系。[2]

马克思一方面认为资本主义的剥削是冷酷无情的、无耻的、露骨的，另一方面又认为这是一种革命。因为在反对封建统治方面，金钱关系、

---

[1] 蒋攸铦：《劝民惜钱歌》，全名是《总督部堂蒋劝民惜钱歌》，此处所录为四川自贡富厂萃丰乾记于民国六年（1917年）所发行的钱票背面所印，见萧清：《中国古代货币思想史》，人民出版社1987年版，第307页。"到而今止你机关"一句，另有"何如止了思钱念"一说。"到大限到来买我还"一句另有"大限到来买不还"一说。

[2] 马克思、恩格斯：《共产党宣言》，人民出版社1963年版，第39～40页。

"现金交易"是进步的。它打破了封建特权和等级制度，为社会的公平竞争创造了条件。17世纪法国的启蒙学者伏尔泰认为：货币、文字、重农学派魁奈的经济表是人类的三大发明，都是人类智慧的最高表现。当然这种说法有失偏颇。货币不是谁发明的，也不是国家政权凭空制造的，而是在商品交换中自发产生的。货币的产生，犹如给经济生活添加了催化剂，使经济发展获得了加速度，其作用是巨大的。

货币是一种可以与一切商品进行交换的特殊商品，具有表现商品价值（抽象劳动）和社会劳动的独占权，这就使货币仿佛有了一种神奇的力量，表现为一种至高无上的社会权力。从上述几位文学家对货币的歌颂和讽刺中也可以看到这一点。人们要想卖出自己的物品，必须与货币相交换；要想得到自己所需的商品，也必须首先得到货币。为得到货币，农民要多种粮食，工人要多生产产品，商人要多进行贸易。这里的生产目的是为了卖出，是一种商品生产。这种商品经济与自给自足的自然经济相比，发展速度要快得多，而在其中起杠杆作用的就是货币。其次，就整个社会经济而言，适度的通货膨胀可以促进经济的发展，这一点已为现代社会所证明。有计划地人为搞一些通货膨胀，就是利用货币的杠杆作用，因此，我们应该为货币正名，恢复货币的本来面目。

第二节　本书研究货币的角度和结构

在商品经济生活中，货币是人们接触最多最频繁的物品之一，因此，它在人们头脑中留下了深刻的印象。这种印象千差万别、各式各样，不仅是因为货币本身较为复杂，更主要的是人们的认识角度不同所致。从认识的角度讲，可以将人们对货币的印象归纳为三种类型。

一、把货币本身当作欣赏、收藏、研究的对象

这一类人是钱币爱好者、收藏者和研究者。他们是从钱币的材料、形制、文字、图案、制作等方面来认识钱币的。在他们眼中，钱币是一张一张或一枚一枚的具体物品，而不是在市场上作为一般等价物的特殊

商品。因此，不管是正在流通的，还是已退出流通领域的，都可以成为收藏、欣赏、研究的对象。他们所关心的是古今中外各种钱币的精美程度、数量多少、版别划分、生产工艺等。他们的目的是通过对货币本身的研究还历史以本来面目，并为当前货币的生产服务。

二、把货币当作财富的代表

这一类型是生活在货币经济中的所有人。这一类人看到货币可以给人们带来幸福、荣禄，也可以带来灾难、祸害，因此产生各种各样的看法。具有代表性的有两种，一种认为货币是幸福之本，一种认为货币是万恶之源。认为是幸福之本的往往形成货币拜物教思想，这一类人把追求金钱作为人生的最大目标，对金钱顶礼膜拜。另一类人则仇视金钱，把金钱骂得淋漓尽致。

三、把货币当作社会经济的血液

这一类人是货币思想家、理论家。在他们眼里，货币不但不是具体的物品，也不是简单抽象化的货币，而是整个社会经济运动中的传送带，像人体中的血液。对某一枚钱币的美丑和由金钱引起的人们的贫富荣辱，他们都视而不见。他们只注意货币在整个社会经济中所起的作用及如何发挥这种作用。在这方面，产生了许多伟大的思想家、理论家，如中国的单旗、管子、贾谊、晁错、桑弘羊、刘秩、刘晏、周行己、梁启超、孙中山等，外国的亚当·斯密、大卫·李嘉图、马克思、凯恩斯、弗里德曼等。

当然，以上三种人之间没有不可逾越的鸿沟。第三种人少一些，第一种人和第二种人同时又可以是第三种人。

本书是从第一种人的角度即钱币学的角度来研究货币的。

本书从结构上分为四个部分：第一部分，中国钱币学理论体系，绪论至第三章；第二部分，中国钱币史，第四章至第十二章；第三部分，钱币技术，第十三章至第十四章；第四部分，中国钱币学简史，第十五章。

第三节 钱币、钱币学的概念

前两节我们谈了对货币的一般认识和本书的结构等,本书名曰《中国钱币学》,那么,"钱币学"是一个什么概念呢?本书是围绕一个什么概念展开的呢?作为实物来讲,钱币和货币是一种东西,但在科学的意义上,它们又有不同的内涵。为阐明这个问题,我们还需要明确一下货币、货币学的概念。

一、货币、货币学的概念

货币:固定地充当一般等价物的特殊商品。

货币是在商品生产和商品交换的发展中自发地从商品界分离出来的。货币有五种职能:价值尺度、流通手段、贮藏手段、支付手段和世界货币。其中价值尺度和流通手段是最基本的职能,只要有这两种职能,就可以说是货币了。货币的这些职能是怎样显示出来的呢?也就是说,人们是通过什么途径认识到这些职能的呢?是商品交换,是在商品流通中显示出来的。如果农民种的粮食只供自己吃,工人生产的产品只供自己用,不到市场上进行交换,也就不需要价值尺度,不需要流通手段,也就没有货币了。货币是要流通的,这就需要对流通情形进行研究。货币学研究的是货币理论,诸如货币的形成和发展,货币的职能,货币的信誉,货币的购买力,货币的发行、流通、回笼和销毁,等等。

这样我们可以给货币学作如下定义:

货币学是研究货币在商品流通中的地位和作用以及货币是如何发挥这些作用的一门学科。

二、钱币、钱币学的概念

根据不同的标准,可以把货币分为不同的类别:以是否正在流通可分为历史货币和现行货币;以是否作为一般等价物参与流通可分为流通货币和非流通货币;以是否为专职等价物可以分为实物货币和专用货币。

这六种类别的货币并非都是钱币学研究的对象。

（1）历史货币。这是目前国内外钱币学界的主要研究对象。

（2）现行货币。虽然以往的钱币学理论上不承认钱币学要研究现行货币，但对现行货币的研究实际上一直在进行着。西方的钱币学也研究现行货币。

（3）流通货币。流通货币是钱币的主体，是钱币学研究的主要对象。

（4）非流通货币。指压胜钱、冥币、纪念币等。它具有货币的形体，很早就成为钱币学研究的对象。

（5）实物货币。除了用作交换媒介外，还有其他实用价值，可以直接消费。

（6）专用货币。指流通货币中的铸币和纸币等，是钱币学研究的对象。

以上六种货币类别之间，有对立关系，有交叉关系，还有从属关系。历史货币和流通货币均可分为实物货币和专用货币；现行货币是一种专用货币。当我们说历史货币、流通货币、现行货币为钱币学研究的对象时，实际上是指其中的专用货币。综合起来，只有专用货币和非流通货币是钱币学的研究对象；历史货币和流通货币中的实物货币不是钱币学的研究对象。

为什么专用货币和非流通货币是钱币学研究的对象，而实物货币不是？这可以从钱币学研究的内容来解释。钱币学研究的内容是钱币的形制、轻重、文字、图案、币材、铸印技术、辨伪等，其中形制为第一项内容，是研究其他各项内容的前提。如果一个物品不存在钱币（专用货币）的形制，也就不需对之进行钱币学研究，所以形制是钱币学研究对象能否确认的第一决定因素。这样，凡是具备钱币（专用货币）形制的，就有可能成为钱币学研究的对象；凡是不具备钱币（专用货币）形制的，不论是否为流通货币，均不会进入钱币学研究范围之内。非流通货币因具备钱币形制，成为研究对象；实物货币不具备钱币形制，被排除在外。

货币是充当一般等价物的特殊商品。货币的本质和职能是在商品流通中显示出来的，离开了流通领域，这些本质和职能将荡然无存，而货币的形制、轻重、文字、图案、材料、真伪均不需通过流通就自然存在着。换句话说，这些内容是货币的非流通属性。由这些非流通属性组成的货币，我们可以称之为非流通意义上的货币。这种非流通意义上的货币，就是钱币。

综上，我们可以给钱币、钱币学下这样的定义：

钱币是具有专用货币形制的非流通意义上的货币。

钱币学是研究具有专用货币形制的非流通意义上的货币的一门学科。

这样，我们可以很清晰地把货币与钱币区分开来，钱币是货币的载体，货币是钱币的灵魂。彭信威先生说："其实古钱的形制只是古代货币的躯壳，他的生命或灵魂是他的流通情形，尤其是他的购买力。"[1] 货币学从流通角度对货币进行研究，钱币学从非流通角度对货币进行研究。也可以说，货币学是对货币的动态性研究，钱币学是对货币的静态性研究。

诚然，作为实物货币的金、银、粟、帛也是货币的载体，也有非流通方面的属性。不过它们的非流通属性不是钱币学研究的对象，而各自有相应的学科进行研究。当它们处于静止状态（非流通状态）时，金、银是金属学研究的对象，粟是植物学研究的对象，帛是纺织科学研究的对象。换言之，这些实物货币离开流通领域后，可以退回到它们原来的类别中去。专用货币则无处可退，它们离开流通领域以后，与非流通货币一起，组成一类物体。对于这一类的物体，只有钱币学进行研究。至于铸币，固然需要金属学进行研究，但铸币不是单纯的金属，而是具有一定形制、文字、图案的金属，非金属学所能够全面涵盖。

第四节　钱币学研究的目的与意义

一、钱币学研究的目的

钱币学研究的目的是揭示钱币发展和演变的规律，亦即钱币设计与制造的规律。纵然每种钱币的设计都是主观的，但从历史长河中可以看出，每种钱币的设计与制造都是时代的产物，都受当时政治、文化、科

---

[1] 彭信威：《中国货币史·序言》，上海人民出版社1965年版，第13页。

技水平的支配与制约，因此，也就呈现出规律性。钱币学就是通过对历史钱币和现行钱币进行研究找出钱币发展的规律，即钱币设计与制造的规律。

二、钱币学研究的意义

钱币学从其基本属性上看属于人文科学，而其中技术性研究则要较多地借助于自然科学。随着商品经济和科学技术的高度发展，随着科学研究的不断深入，钱币学研究的意义越来越大。

1. 钱币学研究可以为钱币的设计与制造服务。钱币学是从非流通方面研究货币的，也就是对钱币外在的形态进行研究，可以直接为钱币设计与制造服务。随着现代社会的飞速发展，对钱币的设计与制造也提出了更高的要求，即钱币生产要快速、准确；钱币本身不褪色、不变形；非专业生产部门不能复制；在流通中又要求耐磨损，便于人们和计算机识读；等等。钱币理论研究可以为钱币设计与制造提供理论根据，币材研究、铸印技术研究、防伪技术研究本身就是设计与制造研究。钱币史又可以为钱币的设计与制造提供经验教训。所以，为钱币设计与制造服务，是钱币学研究的首要任务，这是钱币学的本质所规定的，也是各国政府、金融部门投入大量财力和物力进行钱币学研究的主要原因。

2. 钱币学研究可以为货币学研究提供科学的资料。货币学研究货币制度、货币流通和货币理论等。在这些方面的研究中，有时需要货币外在形态方面的资料，如货币制度中币材和金属货币的重量、物价上涨是否由于减重引起、劣币驱逐良币规律等，都与货币的外在形态有关。可以这样说，在许多方面，钱币学研究是货币学研究的先导和基础，没有科学的钱币学，就没有科学的货币学。

3. 钱币学研究可以为古文字学、历史地理学、美术史学等学科提供科学的资料。先秦币文同陶文、印文、钟鼎文等同样是古文字学的重要资料。《先秦货币文编》《古币文编》就是两部古币文字综合资料集。先秦钱币文字是古文字学的一个分支。先秦钱币多铸地名，通过对钱币铭文的研究，有助于先秦地理学研究的开展。《春秋战国货币地理研究》就是这方面的一个研究成果。钱币造型、书法和图案是美术史的重要资料。

压胜钱的文字和图案有助于道教史、思想史的研究。此外，钱币学对于古代度量衡制度、中外交通、古代民族等方面的研究，都有不同程度的作用。

4. 钱币学对于冶铸和印刷技术有着重要意义。铸币和纸币是钱币的主要形态。通过对钱币史的研究，可以了解古代冶铸和印刷技术。汉代的叠铸技术直接起源于铸钱。明代宋应星的《天工开物》中就有铸钱一节。金、元的钞版至今还有保存。古代铸币和纸币的制造，直接推动着冶铸业和印刷业的发展。

5. 钱币文化研究，可以显示中华文明源远流长和在古代取得的辉煌成就，对提高民族自信心和加强中外文化交流，有着不可低估的作用。

第五节　钱币学概念的产生与发展

钱币学在中国已有1400多年的历史，其间产生了许多著名的钱币学家和钱币学著作。但是，由于中国古代没有严密的逻辑学，没有对各门学科的综合与分类，所以中国古代就没有严格意义上的学科划分，也就没有各个学科系统的理论。这就是所谓"有术无学"。中国钱币学在古代只有谱录传世，而没有人提出过"钱币学是一门什么学科"的问题，更没有人去解决这个问题。清末民国年间，由于西方声光电化、文史经哲传入，中国学术界才逐渐接受现代意义的学科分类，并不断完善各自的学科体系。中国钱币学就是在这样的背景下开始从经验型向理论型转化的。

20世纪三四十年代，中国先后成立了中国古泉学会和中国泉币学社，他们分别创办了《古泉学》和《泉币》杂志。这个时期，"古泉（钱）学"的概念被正式提出。20世纪50年代，彭信威先生提出了钱币学的概念。1982年中国钱币学会成立，接受了钱币学的提法。1986年出版的《中国大百科全书·考古学》仍然将钱币学称为古钱学。

下面是几种有代表性的钱币学定义及观点。

（1）杨恺龄：古泉学"以考定典籍，搜求珍本，研究币制为主"[1]。

（2）张絅伯：泉货学"英文名Numismatics，考其释义，为研究泉货、制作、文字及其历史之科学也"[2]。

（3）彭信威：钱币学"必须是对钱币实物的研究"[3]。

（4）王贵忱："钱币学是研究钱币形制、文字及其制作特点和发展的一般规律的科学。"[4]

（5）郭彦岗：钱币研究的内涵包括对钱币形制的研究；对钱币发展脉络和体系的研究；历代货币政策与制度；研究历史货币的铸造、印刷、发行、钞法、钱法及其实施的利弊得失，总结和研讨货币流通的规律；历代货币信用机构，包括铸钱和印发纸币机构及其业务活动；货币思想、货币理论和一些单项的货币观点，包括对历史文献资料和考古科研成果的发掘、传播、交流、整理和探索。[5]

（6）吴荣曾：古钱学是"以古代钱币为研究对象的学科，又名古泉学……主要研究历代所发行的金属货币钞币的形制、大小、风格、铭文、成分、机能和艺术价值。尤以货币的单位、重量等为主要课题"[6]。

（7）叶世昌："钱币学是研究钱币形态理论的学科。"[7]

以上几种定义及观点，基本涵盖了20世纪中国钱币学理论研究的轨迹。但是，由于有的在逻辑上无法将钱币学与货币学区分开来，有的在实践上没有准确全面地概括钱币学的研究对象和研究内容，因而这几种定义及观点都是有缺陷的。

我们可以把这以上观点归纳为四种：第一种，钱币学是研究历史货币的；第二种，钱币学是研究钱币实物的；第三种，钱币学是研究钱币

---

[1] 杨恺龄：《弁言》，载《古泉学》1936年第1期。
[2] 张絅伯：《何为泉货学》，载《古泉学》1936年第3期。
[3] 彭信威：《中国货币史·序言》，上海人民出版社1965年版，第20页。
[4] 王贵忱：《古币著录和有关问题的探讨》，载《中国钱币》1984年第1期。
[5] 郭彦岗：《开拓钱币研究的新路子》，载《苏州钱币》1984年总4期。
[6] 吴荣曾：《中国大百科全书·考古学》，中国大百科全书出版社1986年版，第143页。
[7] 叶世昌：《钱币学和货币史》，载《中国钱币》1991年第1期。

形制、文字、币制、历史等方面的；第四种，钱币学是研究钱币形态理论的。前两种指的是钱币学研究的对象，后两种指的是钱币学研究的内容。这四种意见从不同层面不同程度揭示了钱币学的内涵：从纵向看，钱币学要研究历史货币（与现行货币相对）；从横向看，钱币学要研究钱币实物；从内容上讲，钱币学要研究形制、文字，等等。不过，我们还可以做以下分析。

第一种，钱币学是研究历史货币的。这种意见的基础是"钱币等于历史货币"，其来源于中国钱币学会与中国金融学会的工作分工。在1982年中国钱币学会成立之初，规定中国金融学会研究现行货币，中国钱币学会研究历史货币，并把这一任务写进了《中国钱币学会章程》。[1] 但这种定义并不是科学的划分，而是工作内容的分工。后来的实践证明，钱币学不但研究历史货币，也研究现行货币。1986年第二部《中国钱币学会章程》就去掉了"历史货币"的提法。[2] 诚然，直接称作"古钱（泉）学"，加上了一个"古"的限制词，这样一来，似乎"钱币学是研究历史货币"的命题就可以成立。但是"古钱（泉）学"的提法仍然不是一种科学的划分，因为从南朝顾烜开始的中国钱币学，每个时期的钱币学家都在研究当代钱币。所以古钱（泉）学并不能概括钱币学这门学科。

第二种，钱币学是研究钱币实物的。钱币学要研究钱币实物，但彭信威先生和现在有的钱币学家把是否研究钱币实物作为区别钱币学和货币史的基本依据。这种以钱币实物资料和钱币文献来划分两门学科是不确切的。

（1）研究钱币实物与研究钱币文献是不能截然分开的。对任何一类钱币实物的研究（特别是古代钱币），都必须借助于文献，否则我们无法确定其在历史上的位置，甚至无法确定其为货币。

---

[1] 1982年6月29日通过的第一部《中国钱币学会章程》第三条为："本会的宗旨是：……为推动我国历史货币研究工作的发展，为提高我国历史货币研究的科学水平，为我国四化建设做出贡献。"载《中国钱币》1983年创刊号。

[2] 1986年11月召开的第二次会员代表大会上通过的第二部《中国钱币学会章程》，将中国钱币学会的宗旨修改为："为推进钱币学、货币史研究，提高学术水平，为我国经济建设做出贡献。"载《中国钱币》1987年第1期。

（2）研究货币制度，特别是古代货币制度或金属货币制度，必须研究钱币实物；而货币制度是货币学研究的范畴，看来货币学（特别是货币史）也要研究钱币实物。

（3）如果研究钱币实物可以形成一门独立的学科，那么，与之相对的，研究钱币文献也应形成一门独立的学科，到目前为止，我们还没有见到这样一门学科，因为从理论上讲也是不可能的。

第三种，钱币学是研究钱币形制、文字、币制、历史等方面的。首先应该指出，杨恺龄先生和郭彦岗先生的定义把钱币学和货币史混为一谈了，因此在谈钱币学的定义时，应先把货币史的内容去掉。这种把钱币学研究的内容一项一项罗列出来的方法，在逻辑上叫外延定义法。钱币学采用这种定义法，有很大局限性。首先，定义要求用简练的语言来表述，外延定义法却罗列一大串，而用这一方法难以罗列完全，因为从不同的角度研究，从钱币学与不同学科之间的关系来研究，都会有不同的研究内容。其次，有些内容货币史和钱币学都要研究，如金属货币的成分与单位、重量、货币发行与流通区域等。显然，外延定义法无法说明这种现象。[1]

第四种，钱币学是研究钱币形态理论的。叶世昌先生对钱币学的界定是比较中肯的，通读叶先生的文章会更加深刻地理解这一点。但是，由于叶先生的表述过于简略，对钱币学的性质表述得不够全面准确。钱币学的理论体系能否建立起来，关键是要讲清楚与货币学的关系，同时要把钱币研究的实践概括进来。货币学是非常成熟的一门学科，货币的

---

[1] 刘森先生在《中国钱币学论》一文中，仍然采用外延定义法定义"钱币学"："社会科学的一个部门。研究钱币的形制、金属质地（成分）、制造工艺技术、文字、时代和图案等，阐述钱币产生和发展演变的具体过程及其规律的学科。钱币收藏学、钱币学史、钱币学一般原理和研究方法论等，均为钱币学之范围。"载《中国钱币》1997年第4期。

概念非常明确。由于钱币学与货币学研究的对象不完全重合，这样"钱币学是研究钱币形态理论的学科"中"钱币"就需要重新界定，而"形态"二字也无法准确表达钱币学研究的内容。[1]

---

[1] 关于钱币学理论体系问题，可参阅拙文《货币、钱币、钱币学》，载《舟山钱币》1990年第3、4期，1991年第1、2期。摘要刊载《中国钱币》1990年第3期。拙文《钱币学理论体系是逻辑与实践的统一》，载《中州钱币》1996年总6期。本章内容写于20世纪80年代末90年代初，最近20年有一些新提法，如1999年版《辞海》中增添"钱币学"条目，解释为"研究钱币的学科"。戴志强先生认为"钱币学是从文化的意义上对钱币开展研究的一门学科"。(《钱币学概述》，载《中国钱币》2010年第3期。)陈新余先生说："'货币（金融）学'是研究商品货币关系、货币流通理论以及银行、保险、证券等金融理论和实践的一门学科，同属于经济学的学科范畴，而'钱币（文化）学'也即'货币文化学'，则是研究历代流通货币实物及相关时代信息和社会信息的科学，从属于历史学专门史及其他相关学科。"(《中国钱币学基础》，南京师范大学出版社2006年版，第21页。)这些新提法仍然无法按逻辑规律把钱币学与货币学区分开来。

第一章　钱币学研究的对象、内容与方法

钱币学研究的对象有两大类，即专用货币和非流通货币。

根据我们对钱币学的认识和定义，钱币和货币虽然在物质实体上是一种东西，但二者的含义是不一样的。货币学从流通角度对货币进行研究，钱币学从非流通角度对货币进行研究。钱币学研究的内容是货币的非流通属性。根据钱币研究的深度和广度不同，其内容可分为四个层次：单体性研究、技术性研究、综合性研究、理论性研究。

方法论根据适应范围的广狭不同而有不同的层次。适应最广的是哲学方法论，其次为一般科学方法论，再次为专门科学方法论。专门科学方法论也有不同的适应范围，并且仍然可以分为更细的层次。钱币学方法论是对研究钱币方法的归纳与总结。

第一节　钱币学研究的对象

一、专用货币

货币从产生到现在，经历了实物货币、金属称量货币、金属铸币、纸币、电子货币等五个阶段和类型。这五种类型按照是否为"专职等价物"的标准，可以划分为专用货币和实物货币。专用货币是钱币学的研究对象。

专用货币有金属铸币、纸币（包括布币、塑料币等），这些物品除了用作货币以外，不再作其他用途。当它们处于流通状态时，其流通情形是由货币学研究的，如货币的购买力、货币的流通速度、各种货币之间

的比价等。当它们处于静止状态（非流通状态）时，其非流通属性是由钱币学研究的，如货币的形状、大小、成分、重量、文字、图案、铸造工艺、印刷工艺等。

实物货币，又叫商品货币。它们除了作为交换媒介外，还有其他实用价值，即可以用作直接的消费。在货币发展史上，金属铸币产生以前，有一个实物货币阶段；金属铸币产生以后，实物货币也长期存在，如先秦至隋唐时期的粟、帛，国外也有用盐、烟草、砂糖、可可豆作货币的。实物货币也有非流通方面的属性，不过它们的非流通属性不是钱币学研究的对象，而各自应有相对应的学科进行研究。

金属称量货币，可以分为有固定形状和没有固定形状两种。前者如汉代的马蹄金、唐宋金时期的银铤、元明清时期的元宝等；后者有各个时期的碎金子、碎银子等。有固定形状的金属称量货币应该划入专用货币，是钱币学研究的对象。没有固定形状的金属称量货币应该划入实物货币，当它们处于非流通状态时，是金属学研究的对象，而不是钱币学研究的对象。

电子货币是否为钱币学研究的对象，由于其发展得还不充分，现在还没有结论。从目前的情况看，电子货币应该是信息流，它没有物理形态，银行卡并不是电子货币的载体，而是持卡人的代码。货币信息是通过网络存储在服务器上的。有些电子钱包如公交卡等可以离开网络，通过拷贝方式交换数据。我们不倾向于把电子货币列为钱币学研究的对象。

二、非流通货币

钱币学除了研究流通货币中的专用货币，还研究流通货币以外的一类物品。这一类物品一方面具有专用货币的形状、质地等特征，即它们是专用货币的仿制品，另一方面它们不作为货币流通。根据这两方面的性质，我们称之为"非流通货币"。

非流通货币按照时代可以分为古代的压胜钱和近现代的非流通纪念币。压胜钱按照内容和用途，可以分为几十类，如生肖钱、吉语钱、冥钱、佛道宗教钱等。压胜钱有官府铸造，也有民间铸造，还有寺院铸造。纪念币在中国是随着银元和铜元的出现而产生的，分为流通纪念币和非流通纪念币。流通纪念币与普通货币一样，参与流通；非流通纪念币不参与流通。

研究压胜钱与非流通纪念币，目前，还没有形成独立的学科，因其形制与流通币相同，也成为钱币学研究的对象。

第二节 钱币学研究的内容

一、单体性研究

1. 研究钱币形制。形制是钱币的基本要素，也是钱币文化的重要特征，更是区别钱币与非钱币的依据。当我们拿到一枚（张）钱币时，首先接收到的信息就是形制。历史上，钱币的形制是不断进步的，先秦币形多种多样，秦以后方孔圆钱成为基本形制。在当代，形制是计算机识读钱币的一个重要参数。研究形制，可以从形状和大小两个方面着手。

2. 研究钱币文字。钱币绝大部分都标有文字，或纪重、或纪地、或纪值、或纪年、或纪发行单位等。钱币文字是钱币研究的重要内容。通过钱币文字，可以显示货币单位，了解各个时期的货币制度，也可以了解某些货币思想。钱币文字又是古文字学和书法艺术史的重要资料，有些还是消失了的民族文化的重要资料。钱币文字也是区别钱币版式的依据之一。

3. 研究钱币图案。图案是钱币的重要标志，特别是对希腊系统的钱币而言。中国古代的压胜钱和纸币也标有图案。钱币图案是美术史的重要资料，也是钱币防伪的主要手段。

单体性研究是钱币学的基础研究，它还可以有许多方面，有些可以概括到下文的研究领域中。

二、技术性研究

1. 研究钱币材料。从古到今，币材经常变化，借助科学的发展、社会的演变，使得钱币材料成为了一门独立的工业门类[1]。在币材的选用上，既要适于商品交换，其价值不能高于面值，又要有防伪的成分。通过对币材的研究，可以从宏观上了解各时期的经济状况，也可以从微观上找出货币流通变化的部分原因，如中国历史上每次货币减重后的物价上涨。从钱币材料的变化中既可看到人类探索钱币最佳重量的过程，又能反映各时期的科学技术水平。币材研究分为化学成分的研究、各种成分的比例研究和铸币重量的研究。

2. 研究钱币的铸印技术。钱币的铸印技术是与一般的科学技术水平相一致的。通过对钱币铸印技术的研究，可以为冶铸史和印刷史提供资料，也可以更全面地把握钱币的各种特征。今天的钱币铸印，已发展成为一门独立的科研生产体系。

3. 研究钱币辨伪与防伪。辨伪即通常说的鉴定，分为对古币的辨伪与现钞的辨伪。辨伪工作对钱币研究意义十分重大，通过辨伪，可以使钱币研究工作在真实的情况下进行，也可以制止伪钞对现行经济秩序的破坏。防伪工作可以说从国家垄断了铸币权就已开始，纸币的防伪从纸币产生之日起就已存在。钱币防伪技术，目前是高科学技术，虽然该项研究为保密性研究，但也属于钱币学的一个组成部分。

技术性研究根据与流通领域的关系也可以分为两个层次，金属铸币的成分、重量研究与单体性研究相同，属于钱币外观的研究，而各种成分的比例研究、铸印技术和防伪等则是更远离流通领域的研究。但由于商品经济和科学技术的高速发展，技术性研究在钱币学研究中的地位会越来越重要。

三、综合性研究

1. 研究钱币文化。钱币文化的概念已有人使用过[2]，但没见到具体定义。彭信威在《中国货币史》一书提出了"货币文化"的概念，他说：

---

[1] 新材料如镍包钢、塑料等，纸币的专用纸、专用颜料等。

[2] 耿道明、童赠银二位同志1986年11月在中国钱币学会第二次代表大会上的讲话中都使用了"钱币文化"的提法。载《苏州钱币》1987年总3期。

货币文化也是钱币学所要研究的一个重要方面。所谓货币文化，在广义上，是指一个社会发展到使用货币所需要的各种先进的条件，包括生产力和同这种生产力相适应的各种典章制度。在狭义上，是指钱币艺术，即钱币本身的形制、制作、文字和图型等。[1]

"钱币文化"就是彭信威先生所说的狭义的"货币文化"，钱币文化是与货币文化相对立的概念。钱币文化是指在一定时期、一定地域使用的有共同特征的钱币系统。钱币文化可以有不同的层次，如中国钱币文化、希腊钱币文化，属于一个层次；战国钱币文化、王莽时期的钱币文化属于一个层次；战国刀币文化、布币文化属于一个层次。货币文化指货币制度和由此产生的货币理论等，如中国古代的货币制度和货币理论就不同于希腊系统的货币制度和货币理论，由此形成中国古代的货币文化和希腊货币文化。

钱币文化研究是一种综合性研究。在单体性研究的基础上，总结出甲时期不同于乙时期，甲地域（国家）不同于乙地域（国家）的钱币特征。钱币文化的研究既可以为钱币史和钱币理论提供科学的研究资料，又可以反过来指导单体性研究。

2. 研究钱币史。钱币史的概念也有人使用过[2]，同样未见具体定义。根据我们对钱币的定义，钱币史就是非流通意义上的货币发展史。钱币史是与货币史相对立的一个概念。钱币史研究作为货币载体的钱币自身的发展史，货币史则研究的是货币制度、货币流通和货币理论的发展史。钱币史可以为货币史提供精确的货币制度的有关资料，也可以为当前钱币设计与制造提供借鉴。我们通过对钱币史与货币史的比较研究，可以看到，钱币的产生晚于货币，而钱币的消亡要早于货币。[3]

3. 研究钱币学史。钱币学史指钱币学产生与发展的历史。中国钱币

---

[1] 彭信威：《中国货币史·序言》，上海人民出版社1965年版，第20页。

[2] 《舟山钱币》有"钱币史"栏目。

[3] 有了实物货币就有了货币，而有了专用货币才有钱币，所以钱币的产生晚于货币。由于电子计算机的广泛使用，人类在不久的将来可以不用现金，买卖全部用记账（刷卡）方式，而商品经济将长期存在，货币亦将长期存在，只是作为货币载体的钱币将提前消亡。虽然纪念币之类还可能发行，但钱币的主体（流通币）将不存在。

学的遗产非常丰富，自南朝刘氏《钱志》、顾烜《钱谱》到彭信威的《中国货币史》，其间关于钱币学方面的著述有130多种，散见于各种文集中的零星材料则更多。钱币学史正是以这些遗产和当代的成果为对象，研究钱币学产生的历史背景、发展阶段、内容和方法、成就与不足以及对钱币学的总体认识，进而探讨钱币学发展的内在规律，为当前的钱币学研究提供借鉴。

四、理论研究

1. 基础理论研究。基础理论研究是在单体性研究、技术性研究、综合性研究的基础上，总结钱币发展的基本规律，定义钱币学的性质、内容及研究方向。它的内容大体可分为钱币的本质、钱币的发展规律、钱币的基本要素和研究钱币的意义等部分。基础理论研究反过来又可以指导单体性研究、技术性研究和综合性研究。

2. 方法论。研究钱币的方法有许多种，如排列比较法、测量法、金相化验法、科学发掘法等，这些方法组成一个方法整体。钱币学方法论正是从这个整体出发，去探寻各种方法之间的内在联系，弄清各种具体方法在钱币学研究中的地位、作用、合理性、局限性及适用范围，从而为各种具体方法的正确运用提供科学的理论指导。随着时代的发展，钱币学研究的内容日益扩大和深入，钱币学研究的方法也不断发展和完善，并由经验上升到理论，逐步形成钱币学方法论体系。钱币学方法论是对钱币学研究的经验程序、思想方法进行反思的理论产物，从一个层面反映钱币学发展水平，并为具体的钱币学研究提供方法论指导。

第三节 钱币学研究的方法

一、哲学方法论

哲学方法论是支配人们认识活动和实践活动的一般方式、方法的理论体系。它所研究的是自然界、社会和思维发展中最一般的东西，是以各门具体科学为基础，经过哲学加工而概括出来的最一般的原则、规律和结论。因此，它同各门具体科学相比，具有高度的抽象性和概括性，有最大的普遍性意义，是方法论的最高层次，适用于一切领域和部门。

我们说"用马克思主义指导钱币学研究"，主要是指用马克思主义哲学方法论来指导。马克思主义哲学方法论有"个别和一般"、"现象和本质"、"原因和结果"、"必然性和偶然性"等。

哲学方法论同现实的联系比较间接，只有经过一系列的中间环节才能作用于现实。它只是为人们认识世界和改造世界提供总的指导原则，而不提供具体的方法。当哲学方法在各个领域或部门实际运用时，就产生了具体的方法论。具体的方法论是指以某一专门学科为对象而进行研究时所采用的方法、原则及程序等的总和。

由于哲学方法论对于钱币学研究距离较远，我们这里不再展开讨论。

二、一般科学方法论

只依靠哲学方法论并不能解决现实科学研究中的具体问题，因此，在谈钱币学方法论时，如果只说"用马克思主义指导钱币学研究"，就显得空泛。所以，一定要有具体的方法论。具体方法论可以分为一般科学方法论和专门的方法论两个层次。

一般科学方法论既可用于钱币学研究，又可用于其他科学领域的研究。一般科学方法论是哲学在认识和实践中的贯彻和应用，又是对专门方法论的概括和总结，在层次上高于专门的科学方法论，又低于哲学方法论，处于中间的层次上。

一般科学方法论有许多种，如信息论、系统论、控制论、公理方法、归纳法、演绎法、历史与逻辑相统一的方法等。在钱币学研究中较为常用的和必须使用的方法主要有归纳法、演绎法、历史与逻辑相统一的方法。

1. 归纳法。归纳法是从个别前提得出一般结论的方法，即从许多个别事物的特点中找出这一类事物共同的、普遍的特点的方法。

在钱币学研究中，归纳法应用得较为普遍。蔡运章先生对平肩弧足空首布出土地点进行统计归纳，发现此布均出土于东周王畿之内，所以肯定此布为周王室铸币。蒋若是先生对秦半两出土地点进行综合归纳后发现秦半两均出土于秦国出兵的路线上。徐殿魁先生对唐代纪年墓出土开元通宝的归纳排列，总结出唐代开元通宝早、中、晚三期的特点，为开元通宝的阶段划分提供了可靠依据。

2. 演绎法。演绎法是从一般到个别，即根据归纳等方法得来的一般原理推论出个别事物的结论的方法。

在钱币学研究中，演绎法也是经常应用的。如布泉钱，根据史书记载，北周铸造布泉，据此可以认定布泉为北周铸币。但布泉有两种书体，一种为玉箸篆，一种为铁线篆。玉箸篆布泉与北周的永通万国和五行大布风格一致，定为北周钱无疑。铁线篆布泉则与北周铸币风格不同，而与王莽铸币风格一致。根据演绎法的原理，铁线篆布泉就可定为王莽铸币。考古材料也证明了这一点。1984年第3期《中国钱币》载有一篇《春秋代布考》的文章，认为"伐"字平肩弧足空首布为春秋时期代国（伐、代互通）所铸，蔡运章先生根据平肩弧足空首布是春秋中后期周王畿铸币这一公认的结论，认为代国在时代和地域上都是不可能铸造平肩弧足空首布的，从而否定了代国有布币的说法。[1] 彭信威先生根据孙权铸币的等级划分，认为应该有"大泉五十"。后来果然发现不同于王莽钱币而与孙吴钱币风格相同的"大泉五十"。

3. 历史与逻辑相统一的方法。历史与逻辑相统一的方法，即对于事物的结构、本质、规律的概括既要符合历史的方法，又要符合逻辑的方法。

我们在建立中国钱币学理论体系时，必须运用历史与逻辑相统一的方法。历史的方法，就是按照客观事物的历史发展去分析和揭示事物的本质及运动规律的方法。这种方法是从事物全部具体性和丰富性上再现客观事物的发展过程和人类认识的历史发展过程。建立中国钱币学理论体系，首先要对中国1000多年钱币学的历史进行研究。通过研究，总结出钱币学的对象、内容和方法，找出钱币学的本质特征。如果不从历史出发，抛开历史去建立钱币学理论体系，其结论必定与历史实际相违背。1000多年来，钱币学家沿着同一道路进行钱币研究，其中一定有其合理性和必然性。我们要从钱币学的历史出发，建立钱币学的理论体系，使

---

[1] 蔡运章、韩维亚：《〈春秋代布考〉商榷》，载《中国钱币》1985年第2期。

之符合千余年来的钱币学历史。有人认为过去的钱币学家"就钱论钱",不研究货币流通问题,这是旧钱币学的根本症结所在,从而要建立包括货币制度、货币流通、货币理论在内的新钱币学。但因为不是从历史出发,不是从钱币学内部去找规律,所以这种新钱币学就无法解释千余年来钱币学史的发展。

当然,历史的方法也有一定的缺陷。运用历史的方法,有时不得不追随历史进程中的各种曲折性和偶然性的因素,如过去的钱币学著作往往辗转抄袭,轻信神话传说,停留在就钱论钱的层面上,没有进行理论归纳和综合等。所以我们在建立理论体系时,还需要运用逻辑的方法,进而排除非本质东西的干扰。

逻辑的方法就是在分析综合的基础上,根据一定的逻辑规则,推演出根据充分、论证严密、首尾一贯的理论体系,从而去揭示、描述事物的本质、结构、规律的方法。以往的钱币学著作当中,有一部分关于货币制度、货币流通的记述,还有些著作提出"要按诸货币原理"来研究钱币。这就需要运用逻辑的方法将这些内容排除在外,因为这些是货币学研究的内容。所以,只有运用逻辑的方法,才能把钱币学与其他学科(主要是货币学)区分开来。

因此,在建立钱币学理论体系时,必须运用历史与逻辑相统一的方法。只有运用这一方法建立起来的理论体系才是科学的、合理的。在这里,"除了逻辑的要求和实践(历史)的检验以外,无论是几千年的习俗、宗教的权威、皇帝的敕令、流行的风尚统统是没有用的"[1]。

三、钱币学方法论

钱币学早期是金石学的一部分,后来是考古学的一个分支。因此,钱币学研究方法有许多是从考古学借用的,有些则是在钱币学发展过程中形成的。

1. 地层学方法。地层学方法是通过对不同类型"文化层"排列顺序的研究从而确立考古资料相对时序和演变顺序的方法。如果没有经过扰

---

[1] 齐民友:《数学与文化·绪言》,湖南教育出版社1991年版,第5页。

乱，上层的必然比下层的年代晚。这一方法是典型的考古学方法，而这一方法又是从地质学中学来的。钱币学研究中经常用到这一方法，特别是对先秦钱币的研究，如山西侯马1959年出土12枚大型耸肩尖足空首布，其出土地层为春秋晚期。根据地层学方法判断其为春秋晚期之物。

2. 类型学方法。类型学方法又叫标型学方法，是通过类型划分和排列科学地归纳、分析考古资料的方法。在近代科学中，生物学最早使用这一方法。类型学使考古学从传统历史学中分化出来，成为一门利用古代遗物来认识人类历史的学科。类型学方法是钱币研究最常用的方法，尤其是对钱币实物的研究。

先秦钱币分为贝、布、刀、圜四大类。布币分为空首布和平首布，空首布分为弧足和尖足，弧足布又分为平肩和削肩，如此等等。宋代元丰通宝分为四大类，每一类又分为若干小类。钱币学研究中的版别，就是运用类型学方法划分的。

3. 金相分析法。金相分析法是研究金属和合金的内部组织结构和化学成分的方法。我们通过金相分析，可以知道钱币的各种金属成分及其比例，从而了解各个时期钱币铸造的技术。根据这一方法，我们看到宋代钱币合金比例比起唐代更为合理。戴志强、周卫荣等先生在这一方面，已做了大量工作。

4. 古文字考据方法。古文字考据方法是通过对古代文字、语言词义的诠注，进行历史研究的方法。这是我国传统考据学的方法，它包含两层方法论上的意义：一是通过各种手段，考证清楚古文字本身的含义；二是以古文字为史料依据，去说明和研究某一历史问题。在这方面较有代表性的人物和著作有：马昂的《货布文字考》、商承祚的《先秦货币文编》、张颔的《古币文编》等。

5. 文化学方法。文化学是研究人类文化现象和文化体系的新兴学科。其研究方法除了社会调查外，主要有语言分析、心理分析、结构功能分析、系统分析、象征符号分析、文化比较分析、跨文化研究、文化区域与文化圈研究、传播研究等。在钱币学研究中运用的文化学方法主要有文化区域与文化圈研究、传播研究等。彭信威先生把从古代流传到现代的钱币划分为两个系统，一是希腊钱币体系，一是中国钱币体系。李铁生先生则划分为四个，除上述两个之外，又增加了印度钱币体系和阿拉伯钱币体系。

6. 文化圈分析法。文化圈分析法是指一定数量的文化因素在某地形成以后，以该地区为中心向外传播所形成的具有相同文化因素的区域。东方钱币文化圈形成于秦汉时期的以黄河流域为中心的广大区域，并随着文化和经济的对外交流向外传播。唐代传到日本，五代时期朝鲜和越南开始仿铸中国钱币，以后又向南洋传播。西方钱币文化圈起源于小亚细亚的吕底亚，形成于希腊时期的地中海沿岸，后来向北向东传播，一直到中亚和南亚。

7. 五字鉴别法。五字鉴别法是清代学者翁树培在研究宋钱时提出的鉴别方法。他说："辨之于其字、于其形、于其色、于其质、于其声，兼此五者，而精审焉。"[1] 这就是"字、形、色、质、声"五字鉴别法。钱币学家不但用此方法研究宋钱，还用它来研究其他钱币。彭信威先生在这五字之外，又增加一"重"字。这一方法在钱币研究中是最基本和最常用的方法。

8. 七字版别划分法。七字版别划分法是中日学者在划分宋钱版别时采用的方法。七字即"样（径）、缘、穿、郭、背、文（文字）、综（综合）"。但在具体运用中又有不同认识。周昆宁、杜宪一等先生认为应按上述顺序进行版别划分，周开骏、袁林等先生认为"字"是版别划分的第一步。[2]

---

[1] 翁树培：《古泉汇考序》，载《古钱大辞典》（上册），中华书局1982年版，第114页。
[2] 杜宪一、周昆宁：《北宋三圣铜钱的版别与对钱》，载《陕西金融·钱币专辑》1996年第24期，第24页。袁林、光平畋松、王立君：《大观通宝平钱版刍议》，载《陕西金融·钱币研究》1993年第12期，第2～7页。周开骏：《版别区分第一位要素应是"字"》，载《陕西金融·钱币研究》1997年第1期，第7页。

第二章　中国钱币文化

在第一章中，我们给钱币文化下的定义是在一定时期、一定地域使用的有共同特征的钱币系统。这样，中国钱币文化就有两方面的含义。

1. 中国钱币文化是指在中国境内使用的钱币系统。
2. 中国钱币文化是指在中国境内使用的与其他钱币文化（主要是希腊钱币文化）相区别的钱币系统。

第1种强调的是地域，下限到当代；第2种强调的是钱币特征，下限到1933年废两改元。我们现在是从第2种意义上讲中国钱币文化的。

第一节　中国钱币文化的类型

文化是一个含义非常广泛的概念，钱币文化相对而言也是一个含义广泛的概念，既可以指一类钱币，也可以指几类钱币的组合。因此，在一定地域，某一时期的钱币可以称为某时期的钱币文化，如先秦钱币文化、宋代钱币文化；某类钱币可以称为某类钱币文化，如刀形钱币文化、贝形钱币文化。不过在具体分析某时期钱币文化时，还是要划分类别的，因为钱币文化是以类型学为研究方法的。根据不同的类型标准，钱币文化有不同的划分方法。如按照文字分，中国钱币可以划分为大篆、小篆、隶书、楷书、西夏文等类别；按照铸造方法可分为范铸、翻砂铸等类别；按照币材分为金、银、铜、铁、铅、锡、石玉、泥陶、纸、绫等类别。我们现在以形状为标准把中国钱币划分为如下类型。

（1）贝形。有金质、银质、铜质、铅质、石玉质、骨质、泥陶质等。

（2）耒形。[1]铜质（钱币界原称耸肩尖足空首布、平首布）。

（3）耜（钱）形。铜质、银质（钱币界原称平肩弧足空首布、平肩平足空首布、平肩平足实首布）。[2]

（4）刀形。铜质、铅质。

（5）环形。铜质。

（6）方孔圆形。有金质、银质、铜质、铁质、铅质、锡质、石玉质、骨质、泥陶质等。

（7）龟形。泥陶质。

（8）饼形。有金质、银质、泥陶质。

（9）印子形。[3] 有金质、铅质、泥陶质。

（10）马蹄形。金质。

（11）麟趾形。金质、泥陶质。

（12）长方形。有金质、银质、铜质、铅质、纸质、绫质等。

（13）铤形。有金质、银质、铜质。

（14）元宝形。金质、银质。

（15）其他，如清末民国时期除元宝形、方形以外的银锭等。

---

[1] 耒形币指耸肩尖足空首布和平首布，因其形状仿耒，故称。唐代以前没有人称其为布，五代开始，将平首布称为古布，是相对于王莽时期的布币而言的，而王莽时期的布是"流布"，即流通的意思。清代发现空首布后经过100多年才有"空首布"的名称，但一直无解。20世纪50年代提出的"布镈通假"，只有文字学的意义而没有钱币学的根据。参见白秦川《耸肩尖足空首布起源于耒说》，载《中国钱币》1989年第1期；《先秦货币二考》，载《历史研究》1997年第2期。

[2] 耜、钱、镈、铲四种农具，大同而小异，或许同形而无异，因为考古学界现在也没有将其区分开来，同一器物在不同的报告中有不同的名称。"铲"字汉代才有，用"铲形"称先秦的器物不合适。没有人用"镈形"称先秦钱币。范文澜在《中国通史简编》（人民出版社1956年版）中将这一类钱币称为"钱（耕器）形"。古代往往耒耜连称，我们区分了耒形币，因此就把这一类钱币称为"耜形币"，同时也为了与广义的"铜钱、银钱"相区别。

[3] 印子形，北宋沈括在《梦溪笔谈》中将楚国金币称为印子金，概括得很形象，故称。

第二节 中国钱币文化的特征

中国钱币文化与西方钱币文化（古代中世纪）相比较，有以下特征。

一、硬币以铜铁为主

中国钱币从产生到清末，一直以铜质为主。铁钱在西汉至清咸丰年间时有时无地存在着，宋代有专门的铁钱流通区。银质货币在宋以后主要用于大额支付，并且始终属于称量货币，没有进入计量货币的阶段。金质货币只在战国时期的楚国使用过，至于是称量货币还是计量货币，现在还没有考证清楚。秦以后金质货币基本退出了流通领域。中国硬币以铜、铁为主的原因，主要是金银数量稀少，不敷流通使用。中国古代是一个早熟的社会，春秋战国时期商品经济就达到很高的水平，已经提出了高值货币的要求。楚国用黄金、白银作货币也说明了这一点。但是中国金银数量太少，无法承担此历史重任，大额交易还是采用以物易物的贸易形式。汉代黄金数量大增，但主要用于宫廷赏赐。汉以后中国大量黄金突然消失，成为一个历史之谜。[1]白银在宋代以后货币性逐渐加强，但一直是以银锭等形式存在，并未进入铸币状态。那么中国古代的高值货币是由什么承担的呢？从先秦至唐代主要是粟帛等，宋代以后是国家强行发行的纸币，清代则是银锭。

西方从希腊时期开始，即以黄金、白银为货币，虽然有时也使用铜币，但铜币没有成为主流货币。我们现在仍然能够看到希腊银币、罗马金币等。

东西方货币材质的差异，还受到观念因素的影响。欧洲人从青铜时代起，以黄金为尊，亚洲大陆及美洲印第安人以玉为尊，直到今天。"金

---

[1] 顾炎武在《日知录》中认为，东汉佛教传入中国后，用金粉涂饰佛像是黄金消失的主要原因，说佛寺是消金窟。彭信威在《中国货币史》中认为对西方贸易逆差使黄金大量流出造成了黄金消失。

与玉两者，分别为东西方人类物质文化的最高代表。"[1]

二、币面以文字为主

中国钱币从先秦至清末，硬币币面基本只有文字，没有图案，只有两例例外：一是唐代乾元重宝背祥云，二是明代崇祯通宝背跑马。非流通货币中图案多一些。形成这一特征的原因大体有以下三点：（1）先秦钱币均是从实用器发展而来，如刀、耒、耜等，这些实用器本来就没有图案，作为钱币也继承了这一特点；（2）钱币发展到圆钱以后，中间有孔，圆孔和方孔使币面无法设置优美的图案；（3）中国古代重文轻图，彭信威先生说，中国人讲善，所以钱面多用文字。

西方钱币则以图案为主。如英雄头像、帝王头像等。

三、制造方法以铸造为主

中国钱币基本上均为铸造产生，只有战国时期楚国的金币有一部分是打制而成。用铸造方法生产钱币，首先得益于古代中国精湛的青铜铸造工艺。根据考古发掘，夏商之际，中国已有青铜铸造；殷商时期，中国青铜铸造进入了辉煌阶段。钱币为青铜的一种，所以其制作方法应为铸造。其次，中国以铜、铁等金属为货币，币值含量低，交易中用量大，最多时北宋元丰年间每年铸造600万贯，不用铸造方法是无法满足流通需要的。

西方钱币则以打制为主。

四、币面中间有孔

中国钱币在确定为圆形以后，币面中间一直有孔。其影响之深，以至于彭信威先生在20世纪60年代还提出清末的机制铜币也应该造成有孔的。首先钱币有孔是为了贯穿。在圆形钱币出现之前，刀币、布币都是束札为捆的，三孔布、楚布、刀币等都有孔。南宋的钱牌上端有孔，元

---

[1] 王大方：《草原访古》，内蒙古大学出版社1999年版，第57页。

代孔齐《至正直记》就说:"……额有小窍,贯以致远,最便于民。"[1]之所以需要贯穿也正因为是铜铁币币值低,一般市易都需要较多钱币。其次,最早的圆钱,齐国为方孔,秦国由圆孔变为方孔。方孔持续2200多年,也是铸钱工艺的需要。当钱币在模范中铸出以后,周围有毛边,要穿在一根中轴上旋转打磨,圆孔不易固定,而方孔则易固定。方轴带动方孔圆钱,打磨效率高。再次,钱币的方孔,可以与中国的方块汉字相配合,非常清楚地辨别钱币的上下左右,而圆孔就无法做到这一点。[2]

西方钱币中间无孔。

第三节 中国钱币文化圈

由于中国古代经济文化对周围国家的影响,与中国相邻的许多国家也采用中国的钱币形态,因此形成了中国钱币文化圈。

中国钱币文化圈以中国为中心,包括亚洲大部分地区。东亚、东南亚的日本、朝鲜、琉球、安南、马来亚、爪哇等国家和地区仿行中国方孔圆钱,日本、朝鲜、印度、窝阔台汗国、伊儿汗国等仿行中国纸币。[3]

希腊钱币文化圈以希腊文化产生的巴尔干地区为中心,包括欧洲、

---

[1] 孔齐:《至正直记》,上海古籍出版社1987年版,第24页。

[2] 有些圆孔钱铸有起读标记,如"珠重一两十二"有一横作为起读标记。潘懿:《古钱读法辨》,载《中国钱币》2011年第1期。

[3] 详见本书绪论。

北非、西亚、中亚、南亚等地。15世纪以后，随着殖民主义的远征，希腊先进的钱币文化伴随着资本主义先进的生产方式，传播到了全世界。如今各国钱币基本上均为希腊钱币的继承和发展。[1]

---

[1] 彭信威先生认为从古到今延绵不断的只有两种钱币体系，即中国钱币体系和希腊钱币体系。李铁生先生认为世界有四大钱币体系，即中国钱币体系、希腊钱币体系、印度钱币体系、阿拉伯钱币体系。（见《世界四大钱币体系》，载2000年10月29日《金融时报》。）彭信威先生认为，阿拉伯钱币由于《古兰经》反对偶像崇拜，没有人物图像，其他与希腊钱币没有区别。作为典型的阿拉伯钱币是没有人物图像的，但早期和现代的阿拉伯钱币都有人物图像。印度在亚历山大大帝东征以后，其钱币就希腊化了。我们认为彭信威先生的划分方法较为合理，因为他使用的标准是一致的。

第三章 钱币的要素及一般特征

研究钱币学的目的是为了揭示钱币的发展规律，也就是钱币的设计与制造规律。对于钱币的设计和制造来说，钱币学不仅是滞后研究，也应该是超前研究；它不但要提供以往钱币设计的经验与借鉴，还要提供设计与制造的理论根据。钱币设计的内容，就是组成钱币的要素。

第一节 钱币的要素

钱币从最早的金属铸币——铜贝算起，已有3000多年的历史。我们根据钱币要素的完善程度，可以将钱币分为低级形态和高级形态两个时期。其完善程度的标志是17世纪中叶银行纸币的出现。在低级形态时期，钱币中所含钱币要素是不全面、不充分的。在高级形态时期，钱币中所含钱币要素是完整的、充分的，而当代钱币又是高级形态的最新发展。因此，我们以当代钱币为对象，来探讨钱币设计的要素。

钱币的要素概括起来有四方面，即币材、形制、文字、图案。

一、币材

币材的基本要求是耐磨损、不变形，本身价值不能高于面值，纸币要求不褪色，有些币材还有防伪功能。历史上，币材种类很多，有金、银、铜、铁、铅、锡、锑、镍、镁、铝、骨、石、玉、陶、泥、皮、布、纸等。当今币材可分为普通材料和专用材料两大类：普通材料如金、银、铜、锡、铅、镍、铝等，市场上都可买到，一般用于铸币；专用材料如专用纸、专用颜料、专用塑料等，市场上买不到，一般用于钞票。

二、形制

当代钱币的形制，硬币为圆形（也有圆形的变形，如正六边形、正七边形等），纸币为长方形。其原因是这两种形制携带方便，且有对称美感。历史上，钱币形制是不断变化与发展的，在实物货币转入金属铸币的初期，铸币形制是仿实物货币的，经过人们的长期探索，最后固定在圆形上。纸币则一开始就是长方形，历史上也偶有正方形，但数量极少。

三、文字

钱币的文字从内容上讲有6项：（1）面值和货币单位；（2）发行机构名称；（3）年版；（4）冠字号码；（5）签字或印章；（6）纪念文字（是纪念币的一个要素）。历史上钱币文字是多种多样的，有纪地、纪重、纪钱监、纪炉次，还有吉语、宗教教条等。有关流通的法律文字曾是钞票的一个要素，如今已在大多数钞票上消失了。

钱币文字有5种形式：（1）正常文字；（2）盲文；（3）缩微文字；（4）隐形文字；（5）特别记号（用于机器识读的标记）。

四、图案

钱币的图案分主景图案和花饰图案两大类。从内容上分有以下几种：（1）人物；（2）建筑物；（3）风景；（4）场景；（5）动物；（6）植物；（7）器物；（8）国徽；（9）行徽；（10）几何纹；（11）其他。

图案的形式有5种：（1）平印图案；（2）凹印图案；（3）水印图案；（4）变光图案；（5）隐像图案。

钱币的四种要素不是平行起作用的。钱币是以物质的形式来承载货币的。货币是价值尺度和流通手段的统一。货币能够作为价值尺度和流通手段，是因为它代表了一定货币单位的数量，即货币面值所显示的数量。因此，面值文字是货币成为价值尺度和流通手段的根本所在。钱币所承载的正是货币的这种单位数量。所以，面值文字是钱币要素的中心环节，在诸要素中居于主导地位。币材是面值文字赖以存在的物质基础，与面值文字的关系最为密切。形制、图案、其他文字是辅助性的要素，它们可以使发行机构和公众确认面值文字的准确性和合法性。然而，钱币的四种要素又是共同起作用的，每一种都不可或缺。只有面值文字没有币材是不可想象的现象；仅有币材和面值文字，无法确定真伪和承担法律责任的机构，公众不会承认其为钱币，也就无法完成货币载体的任务。

第二节　钱币的一般特征

钱币是币材、形制、文字、图案的有机结合。这种结合，形成了钱币的六大特征，即方便携带、经久不坏、便于识读、赏心悦目、仿造困难、民族特点。

一、方便携带

货币是一种特殊商品，是从商业贸易活动中产生并为之服务的。商业贸易活动在很大程度上是一种异地活动，需要携带货物或货币到外地去，因此，货币必须具有便于携带的特点。是否便于携带，取决于钱币的重量、形状和大小。

最早的专用货币是金属铸币，其特点是比重大，并且一定数量的货币单位与一定重量的金属相联系，如半两钱重十二铢，一磅货币是一磅白银。钱币的这种情况在商品经济不很发达的时代还可以存在，但到了高度商品化的时代显然已不能适应，因为大量的非常沉重的钱币不便于携带。11世纪中国出现的古代纸币，是对钱币重量的历史性突破。17世纪中叶，欧洲出现了近代纸币。由于纸币轻，适应了便于携带的要求，所以成为现代钱币的主体。

金属铸币，从便于携带的角度讲，要轻重适度。当代铸币，我们统计了19个国家和地区正在流通的硬币资料，最重的是新加坡1967年版1元（16.85克），最轻的是中国1955年版1分（0.67克）。但铸币在逐渐变轻，如新加坡硬币1985年版比1967版减重41.3%；美国铸币1982年以后减重24%。铸币的这种减重现象,正是为了便于携带。那么,重量的上限是多少呢?从目前情况看,以10克为宜。这19种铸币中有10种是没有超过10克的,新加坡若以1985年版计,则为11种。超过10克的8种铸币多为1975年以前版。

近20年来,硬币平均重量在向4~5克集中。中国第5套人民币1元为6.1克,1角为3.2克,平均重4.65克。欧元2元重8.5克,1分重2.3克,平均重5.4克。

钱币的形状很早就固定了,即铸币的圆形和钞票的长方形。圆形无棱角,长方形好握拿,不但便于零星使用,而且便于整捆、整箱地包装运输,所以圆形和长方形成为钱币的固定形状。下面我们分析圆形铸币的穿孔问题。

在古代,以中国为主的东方铸币有穿孔,以希腊为主的西方铸币无穿孔。目前,世界上还有少数国家的部分铸币保留穿孔,如日本50元、5元,丹麦25欧尔等。在交易中,如果大量地使用铸币,把铸币贯穿起来显然比较方便。中国古代以铜、铁等贱金属为货币,价值低,在交易中需大量使用,故穿孔就成为必要,这是中国古代铸币有穿孔的一个很重要的原因。西方以金银等贵金属作货币,交易中只需少量货币即可;若大规模交易,则用箱子等容器把铸币装起来,因此没有穿孔的必要。近代,铸币只作为小面额主币和辅币,辅币还规定了在交易中的使用限额,因此也没有穿孔的必要。日本、丹麦铸币上的穿孔也不用于贯穿。

钱币大小一直是人们探索的一个问题。我们对23个国家和地区的钞票资料进行统计和计算,总结出这23种钞票不同面额之间的票幅关系有以下6种。

(1)无规律:丹麦、挪威、新加坡(1986年版)。

(2)长宽分别等距离递增:中国(长11毫米,宽7毫米)、瑞士(长11毫米,宽4毫米)、马来西亚(长不定,宽4毫米)。

(3)等宽长比率(宽÷长=宽长比率):德国、澳大利亚、奥地利、中国香港为0.5,中国澳门、泰国为0.51,法国为0.53,英国为0.56。

(4)等宽:意大利(70毫米,1000里拉除外)。

(5)等宽、长度等距离递增:日本(宽76毫米,长递增5毫米),瑞典(宽

82毫米，长递增10毫米)、比利时、荷兰（宽76毫米，长递增6毫米)。

（6）等长宽：美国（156毫米×66毫米)、加拿大（155毫米×70毫米)、菲律宾（161毫米×67毫米)、芬兰（142毫米×69毫米)。

这6种关系，从第1种到第6种，规律性逐渐加强。从发展趋势看，也是这样，钞票将向规范化（等长宽）发展，起码是向等宽发展。规范化钞票整齐划一，不同面额的钞票同时携带，可以码放得整整齐齐，同时还可满足机器识读的需要。历史上，前5种属于欧洲风格，第6种属于美国风格。当前，两种风格都在发展，并在某些方面互相渗透。在现实中，美国风格不可能全部取代欧洲风格，但欧洲风格的钞票在自身范围内向最有规律的方向发展是没有疑问的。

具体来说，这23种钞票（20世纪80年代发行的）票幅最长的为新加坡1986年版1000元（197毫米），最宽的为法国1985年版500法郎（97毫米），最短的为意大利1982年版1000里拉（112毫米），最窄的为德国1980年版1马克（60毫米），最大宽长比率为瑞典1984年版克朗（82÷130＝0.631），最小宽长比率为中国1980年版2元（63÷145＝0.434）。由此可知，从发展趋势看，钱币的票幅在逐渐变小，这种趋势已持续了近一个世纪。最终票幅将稳定在如下范围：宽度66～76毫米，长度140～150毫米，宽长比率为0.47～0.53。

近20年来，许多国家发行了新钞票，而票幅尺寸的变化也证明了这一点。中国第5套人民币由第2种变成了第5种，即阶梯等宽（1元、5元为63毫米，10元、20元、50元为70毫米，100元为77毫米，长递增5毫米)。丹麦克朗由第1种变为第5种（宽72毫米，长递增5毫米)。大面额欧元也是等宽的（100欧元、200欧元、500欧元为82毫米)。韩国元2007年以前等宽76毫米，2007年以后等宽为68毫米。

在我们统计的19种硬币中，最大直径是新加坡1元（33.3毫米），最小直径是丹麦5欧尔（15.5毫米）。

中国第5套人民币1元直径25毫米，1角直径19毫米。欧元2元直径25.75毫米，1分直径16.25毫米。

因为纪念币不参与流通，所以不受以上所论规格限制。

二、经久不坏

货币为保持稳定，不能更新太快。中国半两、五铢到清末民初还在用，长达两千多年。因此，钱币必须具有经久不坏的特点。经久不坏，即不断裂，不变形，耐磨损，纸币不褪色。而能否经久不坏，主要在于币材和币形。

钞票纸一般以纤维较长的棉花、亚麻等为基质，再加入有特殊功能的添加剂，可以使钞票挺括、耐磨、不起毛、不断裂、防水、防油、阻燃。由于使用特殊油墨，不易褪色。长方形整齐的边缘可以减少磨损。小型规整的票幅，可以使人们在携带时免于折叠，对延长钞票寿命有一定的实际意义。

塑料作为钞票币材是新出现的，在解决防伪的基础上，将是很有希望的好材料。澳大利亚1988年发行的塑料钞票，实验时曾在水中煮了5小时，在地下埋了9个月，再放洗衣机里搅拌5小时，仍完好无损。据说折叠50万次也不会断裂。20多年来，已有25个国家和地区发行过塑料钞票，但大多是非流通的纪念币。

铸币的币材本身就有耐磨损、不变形的特点。圆形可以防止断裂（其他形状如中国古代刀形、耒形币就较容易折断）。另外，铸币的外廓也有耐磨损的功能。

三、便于识读

钱币识读主要指对面值的识读，分为常人识读、盲人识读和机器识读。盲人识读靠盲文、票幅以及有声货币的声响装置。机器识读靠暗记及规范化的票幅。常人识读靠面值文字、票幅、图案、颜色。从理论上讲，一套钞票，要想不引起面值之间的误读，必须以面值文字作为唯一的或主要的识读标记，其他如票幅、图案、颜色可以与面值相脱离。从实践中看，欧式钞票大多以票幅、图案、颜色作为识读的辅助标记。如果票幅、图案、颜色设计得当，非常便于识读；设计不当，往往引起误读。美国钞票不以票幅、颜色甚至图案（因为图案基调相同）作为识读的辅助标记，据说没有误读现象。美元作为国际货币，有些版别流行百年而不废，证明不用票幅、颜色来识读是完全可以的。从发展趋势看，票幅将首先失去识读的作用；图案和颜色会继续成为识读的辅助标记，但必须从理论和实践上解决图案和颜色引起误读的问题。

四、赏心悦目

钱币是一种使用十分广泛和频繁的物品，作为价值尺度被人们接受的同时，也必须在美感方面被人们所接受。不能设想人们愿意每天与面目非常丑陋的钱币打交道。此外，钱币是由金融机关或国家发行的，是发行机构的一种象征，也必须美观大方。在一定程度上，钱币反映着一定国度、民族的文化水准和艺术修养。19世纪初，由于英国钞票本身设计的保守，一位批评家写道：我认为公众团体应该关心他们国家的荣誉……我希望外国人不要把银行钞票看做是英国艺术的样品。可见他们把钞票的艺术内容上升到一个国家的艺术样品的高度，认为其关系着国家的荣誉。

钱币的美感包括三个方面，即币材、形制和艺术内容。

1. 币材要精良，不管钞票或硬币，材料都要光洁、坚挺。

2. 形制要稳重大方，长方形和圆形就符合这一要求。关于圆形铸币的穿孔，从美学的角度看，破坏了圆形的整体美，同时也无法在币面设置优美的图案。近代方孔钱形制被淘汰，除了携带时不需要贯穿之外，币面无法安排图案、形体缺乏美感也是一个重要原因。即使在现代，有些国家的有孔铸币也不如无孔铸币美观。

3. 钱币的艺术内容主要是图案，其次是文字，这是钱币能否赏心悦目的关键。

五、仿造困难

从古到今，伪造钱币的事件从未中断过。防止伪造，一方面要靠法律制裁和道德约束，另一方面要靠钱币本身的防伪功能，所以钱币要有仿造困难的特点。

钞票防伪靠币材和印刷技术。伪造钞票大致有4种类型，即印刷、复印、涂改、手绘。涂改和手绘是原始的、低级的手段，形成的伪钞粗劣，较易识别。胶印和彩色复印的伪钞质量好,数量大,对货币流通构成相当大的威胁。因此,钞票必须靠多种防伪措施来加强安全性。

币材的防伪措施有专用纸、水印、安全线等。印刷技术的防伪措施有平、凸、凹印刷,互补对印,边线对接,彩虹印刷,隐形文字,缩微文字,全息标识,光变油墨,荧光油墨,磁性油墨等。

六、民族特点

钱币一般是由国家机构或一定的经济集团或政治集团发行的,是发行机构在金融方面的一种象征,因此,钱币要有发行机构所在国家和民族的风格。这种风格是通过文字和图案来表现的。钱币文字,从形式上讲是国语使用的文字,同时可有流通区域内常用的其他文字,如人民币上除了有汉文外,还有蒙文、藏文等。钱币图案中的人物、风景、场景、动物、植物等必须是发行国所有的或有直接联系的,如人民币上的中国领袖人物和珠穆朗玛峰、英镑上的滑铁卢战场、美元上的白头海雕、日元上的樱花等。而第二次国内革命战争时期苏区币上印刷"武装保卫苏联",显然是李立三、王明等执行共产国际的错误指示而出现的反常现象。

第四章 先秦钱币

中国钱币文化源远流长,4000年前,已有贝币;商周时期,有了铜贝,这是金属铸币的滥觞;春秋战国时期,是我国钱币文化的自由奔放时期。

第一节 实物货币和金属称量货币

根据货币发展史,货币大体经历了实物货币、金属称量货币、金属铸币、纸币、电子货币等几个阶段。这几个阶段不能截然分开,前后有其继承性。

实物货币,又叫自然物货币。人类最早的交易是物物交换,直接用兽皮换粮食,或用粮食换食盐。后来随着交换的发展,以物易物不适应了,于是出现了可以与许多商品进行交换的固定实物,这就是实物货币。大家都可以用自己多余的生产物与实物货币进行交换,然后再换回自己需要的物品。

在中国古代,许多物品都充当过实物货币,如兽皮、粮食、食盐、布帛、农具、工具等。猪的下颌骨在许多地方也曾充当过实物货币。

实物货币概括起来有两类,一是外来物品,二是本地生产的可以出让的物品。

外来物品作为实物货币,中国古代使用较广泛的是贝壳,贝壳由于外边光洁,可以作装饰品,具有实用价值。中原地区最常用的天然海贝有四种:货贝、拟枣贝、阿文绶贝、伶鼬榧螺。在新石器时代晚期到商周的墓葬中,往往大量出土贝:青海乐都县柳湾出土3枚,云南元谋出土2枚,河南偃师二里头出土多批近200枚,安阳多次出土,最多一次6880

多枚。

从文献方面讲,贝作为货币也有许多证据,如与财富有关的汉字,均从"贝",宝(寶)、财、资、货、贸、贿、赂、费、贷、买卖(買賣)等均是例证。

许慎《说文解字》:"古者货贝而宝龟,周而有泉,至秦废贝行钱。"[1]

桓宽《盐铁论·错币》:"夏后以玄贝,周人以紫石。"[2]

司马迁《史记·平准书》:"农工商交易之路通,而龟贝金钱刀布之币兴焉。"[3]

可见,贝是我国古代一种重要的实物货币。贝币的单位是朋,一般认为一朋为十贝。[4]

贝的形制经历了小孔式、大孔式和背磨式的变化。早商以前,尽量保持原貌,只有小孔用于系带,孔径2毫米。早商开始,在端或中间有大孔,孔径3~8毫米。晚商开始,出现背磨式。[5]

金属称量货币是按重量进行交易的货币。在流通时必须进行成色鉴定和称重量才能确定其价值。它比实物货币先进。我国的金属称量货币早期主要是青铜,时代大约开始于殷商末期,盛行于西周和春秋时期。青铜称量货币可以是斧、铲、刀、环等器物,也可以是青铜块。这种青铜块出土较多,如河南洛阳、江苏金坛等地均有出土。青铜块的单位有锊、爰、金、镒、釿、斤、铢、石、钧等。

$$1锊(爰)=6\frac{2}{3}两=11\frac{13}{25}铢$$

---

[1] 许慎:《说文解字》,中华书局1963年版,第129页。

[2] 王利器校注:《盐铁论校注》(上),中华书局1992年版,第57页。

[3] 司马迁:《史记》卷三十,中华书局1959年版,第1442页。

[4] 关于贝币的计算法,王毓铨先生认为有3种:按数目、按重量、按朋(《中国古代货币的起源和发展》,中国社会科学出版社1990年版)。按数目、按重量的例子绝少,现在均认为是按朋。朋有2贝说、5贝说、10贝说、20贝说。10贝说影响最大。最早提出10贝说的是王国维,后郭沫若、陈梦甲进一步论证了这一说法。但遗憾的是这些论据均难成立。笔者主张朋无定数(参见白秦川:《先秦货币二考》,载《历史研究》1997年第2期)。

[5] 戴志强:《安阳殷墟出土贝化初探》,载《文物》1981年第3期。

1镒＝12钸
1两＝24铢

第二节　钱币的产生——铜贝

根据我们给钱币下的定义，实物货币和金属称量货币都不是钱币，人们不对它们做非流通方面的研究，因此，只有当金属铸币产生之后，钱币才算产生了。

金属铸币最早出现于商代晚期。1971年11月，山西省保德县林遮峪公社出土109枚铜贝（图4-2-1，同时出土112枚货贝）[1]。1953年，河南安阳大司空村出土3枚铜贝，长17毫米，最宽处13毫米。因此，我们认为中国钱币产生于商代晚期。

图 4-2-1

铜贝是否为专用货币，我们的观点认为是。还有一种观点认为铜贝是金属称量货币。[2] 即使是金属称量货币，因为有固定形状（贝形），我们仍然可以说是钱币，因为我们的钱币概念包括有固定形状的金属称量货币。

---

[1] 本书图片与原大小有所差异，以文字标注尺寸为准。

[2] 王毓铨：《中国古代货币的起源和发展》，中国社会科学出版社1990年版。黄锡全：《先秦货币通论》，紫禁城出版社2001年版。黄先生认为无纹铜贝既是铸币，又是称量货币。

第三节 布币

春秋战国时期虽然是我国历史上一个大动荡的时期，但经济文化都有飞速的发展，形成了几个大的经济政治区域，货币也随之形成几个大的区域。主要有三晋、周、燕的布币区，齐、燕、赵的刀布区，楚国的铜贝区等。本节谈布币。

布币是由古代农具"钱"演变来的。今天我们把货币叫做钱，正是由于古代中原地区的货币本身是农具钱。这种农具汉代以后叫做铲。为什么叫做布币，本节最后将专门论述。布币有原始布、空首布、平首布三个发展阶段。

一、原始布

原始布是农具钱向货币钱的过渡形态，保留有农具钱的形制特征，但不具备实用价值。其特征为刃口脆薄而平滑，銎部深入钱体中间（图4-3-1）。时代为西周晚期。[1] 原始布见于著录的有10多枚，去除重复、伪品和工具铲，真正的原始布只记录有6枚。[2]

图 4-3-1

二、空首布

空首布由原始布演变而来，其特征是銎退到布肩以上，在钱体中间有三条竖线象征原来的銎线。时代为春秋早期至战国中期。国别为周王室、晋国、卫国及战国时期的韩国。空首布按大的类别分为三类，即耸肩尖足空首布、平肩弧足空首布、斜肩弧足空首布。

---

[1] 郑家相、汪庆正认为是西周晚期，吴良宝认为是春秋早中期之交。见郑家相：《中国古代货币发展史》，生活·读书·新知三联书店1958年版。

[2] 吴良宝：《中国东周时期金属货币研究》，社会科学文献出版社2005年版。

1. 耸肩尖足空首布（图4-3-2）。晋国、卫国和赵氏的货币。[1] 其形制特征为：长銎、耸肩、尖足，銎在肩部以上，币身多有三条竖线，裆分为弧裆和平直裆两种。出土地域为今山西省侯马、稷山、运城、翼城、芮城、闻喜、绛县、太原、榆次、寿阳和河南省安阳、林州、浚县、灵宝、嵩县等。耸肩尖足空首布根据大小可分为5个等级。

图4-3-2

（1）特大型：通长118～129毫米，身长91～96毫米，肩宽56～71毫米，足宽71毫米，重53～55克。

（2）大型：弧形裆。面文有一、二、三、四、六、七、八、十、二十、白、日、吕、一日、上上、甘丹等。通长136～153毫米，身长91～107毫米，肩宽61～67毫米，足宽64～71毫米，重33～49克。

（3）中型：平直裆。面文有甘丹、剌等。通长130～135毫米，身长91～93毫米，肩宽50～56毫米，足宽61～64毫米，重30～38克。

（4）小型：平直裆，背多无竖纹。面文有文、工、金、羽、城、吕、朕、玄、玄金、侯、侯金、金六、一五、□□□黄钘等。通长117～122毫米，身长80～82毫米，肩宽43～49毫米，足宽50～54毫米，重14.7～32.5克。

（5）异型：长柄、宽平裆、足短不锐。通长87毫米，带范芯重15克。1984年山西榆次出土5枚。

耸肩尖足空首布的地名，发现有30余种，皆在晋境内。如甘丹（河北邯郸）、吕（山西霍州西南）、亥质（疑为狐厨，山西临汾西北）、剌（列人，河北肥乡东北）、申（寿，山西寿阳一带）、玄人（山西高平市）、梁（梁水，山西长子县东）、曰（涅，山西武乡西北）、阜人（疑为滏，

---

[1] 黄锡全认为春秋晚期三家分晋即为尖足平首布取代。(见黄锡全：《先秦货币通论》，紫禁城出版社2001年版，第102～105页。) 吴良宝认为战国早期仍继续铸造，主要是方裆型。(见吴良宝：《中国东周时期金属货币研究》，社会科学文献出版社2005年版，第77页。)

河北磁县境)、重以(董泽,山西闻喜东北)、羽(翼,山西翼城县东南)、工(山西新绛县)、叩(宣,山西垣曲东南)、疾(稷,山西稷山县南)、涧(山西洪洞汾河支流涧水一带)、莧(獂、源,河南济源市西北)、巽之(荀,山西新绛县西)、己(箕,山西蒲县东)、屠(陕西合阳)、邢(河北邢台)、喜金(鼓,河北晋州市)等。[1]

2. 平肩弧足空首布。平肩弧足空首布的特点是首空、肩较平、足弧。按形制轻重大小,可分为4种类型。

(1) 特大型:是原始布向早期定型大布演变的中间形态。銎部较长,下端退缩到銎与钱身相接处。銎呈六棱形。钱面出现三条平行竖线。肩部平直,下部稍宽,四周有廓,足面内凹呈弧形。钱面未见文字。通长140~150毫米,肩宽60~70毫米,足宽70~80毫米,重50~80克。现发现及著录的有11件。[2]

(2) 大型(图4-3-3):銎有三角突起和不规则穿孔。钱身面背均有三条直纹。造型规整,铜质精细。通长90~100毫米,肩宽48~50毫米,足宽50~53毫米,厚1~2毫米,重37克(带范塞泥,去泥后30克左右)。大多有文字,多为单字,少数有二字或四五字的。有的正反面都有铸文。文字有220余种,除明显数字、干支用字,有一些可能是名物、地名等。以下为部分文字:

图4-3-3

一、二、三、四、五、六、七、八、九、十、百、丙、戊、己、庚、辛、壬、癸、子、丑、寅、卯、巳、午、未、戌、亥、羊、行、益、吉、尚、富、大、定、贡、宗、昇、弃、上、册、是、共、伐、仁、武、文(图4-3-3)、示、合、同、智、董、松、零、垔、奜、喜、兑、弄、封、卜、利、祝、疾、克、兆、阜、穆、丕、台、吴、群、宁、时、奉、高、元、朱、升、亘、化、匕、贝、货、贸、禾、木、勿、鼎、竹、室、廪、仓、

---

[1] 见黄锡全《先秦货币通论》、吴良宝《中国东周时期金属货币研究》。
[2] 吴良宝:《中国东周时期金属货币研究》,社会科学文献出版社2005年版,第30页。

皿、鬲、尊、爵、田、戈、瓦、羔、黍、金、秆、来、屯、土、山、谷、日、月、云、雨、雪、王、公、君、侯、白、史、士、工、商、臣、周、柳、城、成、沇、州、于、盱、邬、亳、向、京、阳、平、留、甘、圸、盟、宋、斤、仐、釿、古、西、氏、空、厥、南、止、应、石、下、束、目、耳、屮、末、丘、夕、戚、甴、北、叔、市、井、侵、垂、戍、匚、石、介、二口、王氏等。

（3）中型：与大型布相比，只是形体略小，制作稍粗糙。通长81~89毫米，身长49~56毫米，肩宽40~45毫米，足宽43~49毫米，连范芯重20.5~27.9克，去泥后18~24克。中型布实物比大型布少。面文有20余种，有三、六、八、郱、武、方市、周南小匕、市南少匕、市中少匕、市东少匕、市西少匕、戍戈少匕、市南小匕背易等。

（4）小型：与大、中型布相比，形体变小，制作粗糙，肩部两端常有流铜现象。钱身近方形。面背纹饰有两种：一为三道平行竖线；二为中间一条竖线，两边各有一条斜线。通长63~81毫米，肩宽35~39毫米，足宽37~43毫米，连范芯重15~22克，去范芯重15克左右。铭文有二、十、百、武、丰、安周、安藏、东周（见彩图1）、邵也、官考等。

3. 斜肩弧足空首布。斜肩弧足空首布是春秋晋国韩氏和战国时韩国的铸币。与平肩布相比，首先是肩斜，面背均有二条斜线；其次是首空、长銎、弧足。可分为大小两种形制。

（1）大型：形体相当于平肩空首布的中型。斜肩，面二条斜线，背中一条竖线，两边各一条斜线，弧足，足部较宽。有的钱面有一个三角形穿孔。通长78~90毫米，身长48~63毫米，肩宽38~65毫米，足宽45~51毫米。连范芯重18.6~27.5克，去范芯后重19克左右。铭文有三川釿、卢氏（图4-3-4）、武、函易（一识首阳）四种。

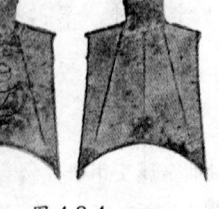

图4-3-4

（2）小型：形体特小、钱身轻薄，显得瘦长。通长69~76毫米，身长41~48毫米，肩宽36~40毫米，足宽40~44毫米，连范芯重14.7~20.7克，去范芯后13克左右。铭文有武、武安、安、武采、拭釿等。

关于斜肩弧足空首布，现大多认为是晋国

韩氏和韩国货币。朱活先生认为是周王室铸币，蔡运章先生原来也认为是周王室铸币。从出土地点看，均在洛阳周围和郑州一带；从铭文看，斜肩布的8种铭文，地名多属晋或韩；周王室受韩国胁迫，铸了面背中部一条竖线、两边各一条斜线的平肩布，表示与斜肩布为一个系统，因此，斜肩布不是周王室的铸币。[1]

斜肩布没有大型布，分大、小二等。其大型相当于平肩布的中型，因此，有人以为是战国时期的韩国铸造。其上限是否到春秋晚期，还有待考证。[2]

三、平首布

平首布是由空首布演变来的，并且是由耸肩尖足空首布演变来的。[3]

平首布是战国时期的铸币（郑家相认为春秋晚期已有出现），按形制可分为尖足布、类方足布、方足布、类圆足布、圆足布、三孔布、桥足布、锐角布、长布等。

长布为楚国铸币，锐角布是韩国铸币，桥足布是魏国铸币，三孔布、圆足布、类圆足布、类方足布、尖足布是赵国铸币，方足布是三晋、两周、燕国铸币（国属有不同意见，下文会简单提及，不展开讨论）。

1. 尖足布。其特点是平肩或耸肩、尖足、方裆，四周有廓。正面首部有两条竖线，面部中间一条竖线，呈"丫"字形。背面首部有一条竖线，

---

[1] 黄锡全：《先秦货币通论》，紫禁城出版社2001年版，第99～102页；吴良宝：《中国东周时期金属货币研究》，社会科学文献出版社2005年版，第51页。

[2] 范振安、霍宏伟：《洛阳泉志》，兰州大学出版社1998年版，第22页。

[3] 郑家相认为"平肩、斜肩空首布发展成桥足平首布、平底平首布、锐角平首布"。"空首桥足布发展为锐角平首布，再发展为方足小布、桥形方足布等；空首尖足布发展为平首尖足大布，再发展为尖足小布、类圆足类方足布、圆足布、三孔布"（见郑家相：《中国古代货币发展史》，生活·读书·新知三联书店1958年版，第37、91页）。显然不对。王毓铨认为空首布发展为桥足平首布，桥足平首布再发展为方足平首布；尖足平首布从尖足空首布发展而来（见王毓铨：《中国古代货币的起源和发展》，中国社会科学出版社1990年版，第44页。同书第45页发表裘锡圭观点认为，方足平首布从平肩空首布演变而出）。

面部两侧有两条竖线呈"小"字形。面文多为地名,背文多为数字。

尖足布分为大、小二等。大布通长80~82毫米,宽37毫米,重10.8~13.6克。小布通长54毫米,宽27毫米,重5.5~6.6克。从重量上看是二等制。

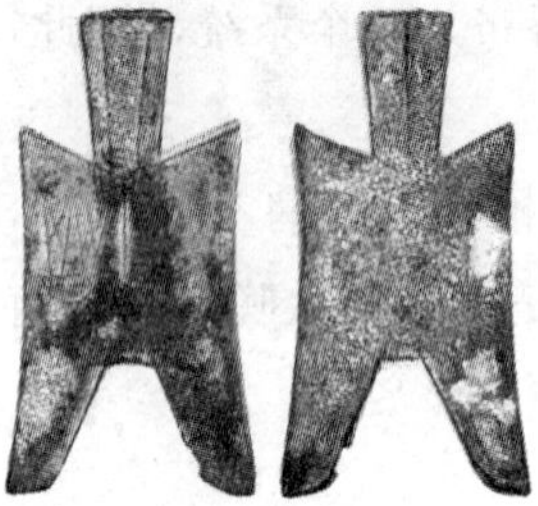

尖足大布目前发现有12种,面文是:閖(蔺)、兹氏(或省作"兹")、邪、易曲、榆即、晋易(图4-3-5)、虑虒、甘丹、大阴、丬(?)、贾(?)、邑(?)。

尖足小布面文种类较大布为多,有些与大布有对应关系,因此这里将大小布铭文一并列出:閖、閖半、兹氏、兹氏半、兹、邪、大阴、大阴半、大阜(阴省)、北兹钅斤、襄城、甘丹(邯郸)、晋易(阳)、晋易(阳)半、榆次、榆次半、阳邑、虑虒(一释为肤施)、虑虒半、虑半、武安、武平、中阳、西都、离石、新城、辛城、亲城、于(盂)、于(盂)半、大丌(箕)、霍人、襄平、平州、平匋(陶)、郛、郛阳、寿阳、博、尃、日(涅)、繁寺、娄弁(楼烦)、鄡邡、阳金(百阳)、半、安平、善往(无)、樗(峄)、若(骆)等。还有一些待考品,也有一些前人著录过,未见拓本(或只见摹本),如中都、皮氏(郎)、□平、莆子、隰城、平城、晋城、大阳半、成等。

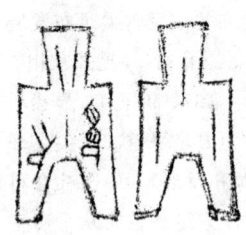

图4-3-5

尖足布是赵国的铸币,由耸肩尖足空首布直接演变而来。其时代在战国早期和中期。

2. 类方足布和类圆足布。此两类布是尖足布的发展,外观上是方足布、圆足布,纹饰上仍保留尖足布的纹饰,因此,郑家相命名为类方足布和类圆足布。

类方足布通长44~48毫米,足宽25~27毫米,重4.5~5.5克。

类方足布面文有:兹氏、兹氏半、虑虒(图4-3-6)、虑虒半、郛、榆即(次)、余(涂)水、大阴、武安、晋阳、平陶、离石、閖半(?)、襄成(?)等。

类圆足布,通长51~55毫米,足宽27~29毫米,重4.2~5.5克。

类圆足布面文有:閖、兹氏(图4-3-7)、兹

图4-3-6

氏半、兹、平陶、晋阳、邪半、大阴、阳曲、于等。

类方足布、类圆足布面文多见于尖足布中，重量一般与小型尖足布相等，甚至还轻小，因此，比尖足布晚，时代在战国中晚期。

3. 桥形布。桥形布因铭文中多数有"釿"字，又称釿布。桥形布是战国时期魏国铸币，分二釿、一釿、半釿三等制。主要特征为裆部为桥洞形或弧形，细分为有廓和无廓，面有竖线和无竖线，首有孔和无孔，缩颈和直颈，圆肩和平肩，桥洞裆和弧裆的不同。具体划分有五种类型：（1）缩颈圆肩桥裆（如安邑二釿，图4-3-8）；（2）缩颈平肩桥裆（如禾一釿）；（3）缩颈圆肩弧裆（如安邑半釿）；（4）缩颈平肩弧裆（如橹釿）；（5）直颈圆肩弧裆（如梁正币百当寽，图4-3-9）。

桥形布面文分"地名＋釿"、"梁＋釿"、"地名"三种形式。现发现20多种。其分别有：安邑二釿、安邑一釿、安邑半

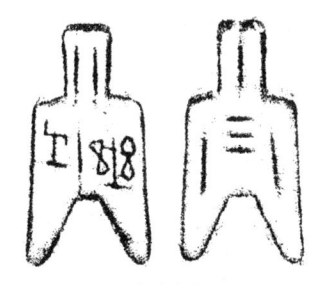

图 4-3-7

图 4-3-8

图 4-3-9

釿、阴晋一釿、阴晋半釿、甫反一釿、甫反半釿、高奴一釿、言阳二釿、言阳一釿、言半釿、禾二釿、禾一釿、禾半釿、卢氏半釿、陕一釿、共半釿、高（鄗）半釿、宅二釿、宅一釿、鄢半釿、𨞘（牧）一釿、梁重釿五十当寽、梁重釿百当寽、梁正币百当寽、梁半币二百当寽、山阳、安阴等。另有分布[1]、垣釿、橹釿三布存疑。

二釿布重20～32克，平均重26.9克；一釿布重11～18克，平均重

---

[1] 分布，2006年在河南临颍县出土一批6枚。

13.5克；半釿布重6～8克，平均重7克左右。

4. 锐角布。锐角布是战国时期韩国铸币。[1] 其特征为布首两端各有一突出的尖角，平首、平肩、方足，分平裆和尖裆两类。形制分大小两种，大型为平裆，小型为尖裆。

图4-3-10

（1）大型平裆布。正面从首至裆有一条竖线，文字分列左右，背面三条竖线呈"小"字形（与方足小布相似）。面背有廓，铸造工整。通长66～70毫米，足宽40～45毫米，重15.6～19.5克。面文共四种：百涅（盈、百涅）、舟百涅、卢氏百涅（图4-3-10）、亳百涅（未经确认）。涅，释盈，为吉语，释涅（杲），为标准。

（2）小型尖裆布。有两种面文：公、䇄（牧）。公字布正面有两条竖线，公字在中间，背面三条竖线呈"小"字形。通长45～50毫米，足宽28～30毫米，重5～7克。公字有释为上公（谷）、容、仚（浚）等。

䇄字布正面无竖线，字在中间，背面有两条斜线，或有数字，或上、下等字。通长48～52毫米，足宽30～32毫米，重9～10克。䇄有释垂、崝、魏等。

5. 圆足布。圆足布是战国中期赵国的铸币。[2] 其特征是圆首、圆肩、圆足、圆裆，面无线纹，背有两条竖线。

圆足布分大小二等，面文只有蔺（图4-3-11）、离石二种。背文有一、二、五、廿四等数字。

蔺字布，大者通长70～77毫米，面宽34～39毫米，重10.5～17.5克；小者通长

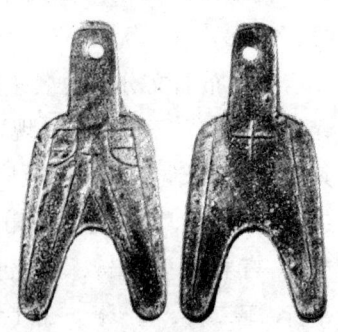

图4-3-11

---

[1] 黄锡全认为小型锐角布为魏国铸币，见其《先秦货币通论》第129页。
[2] 王毓铨、朱活认为是秦国铸币，黄锡全认为中山国、韩国曾仿铸过。见黄锡全：《先秦货币通论》，紫禁城出版社2001年版，第139～141页。

50～55毫米，面宽25～28毫米，重6～8.3克。离石布，大者通长71～78毫米，面宽36～39毫米，重10.5～18克；小者通长52～54毫米，面宽26～28毫米，重5.3～9克。

1986年秋，中山国灵寿故城出土大䘒字布石范、陶范多块。1992年8月河南新郑郑韩故城出土大䘒字布面背范32件，大离石面范1件。

圆足布由类圆足布发展而来。[1]

6. 三孔布。三孔布是战国晚期赵国的铸币。[2] 其特征是首部和两足部各有一个圆孔，圆首、圆肩、圆足、圆裆。

三孔布面背有廓，无纹饰，文字规整。面铸地名，背铸重量或数字。分大小二等，大者背文"两"，小者背文"十二朱"（一两二十四朱）。大型者通长70～79毫米，面宽37～40毫米，重13.7～17克。小型者通长51～55毫米，面宽26～28毫米，重6.36～9.25克。

三孔布总数约80枚，面文30余种。有南行易（唐）、上艾、北九门、宋子、亡邨（无终，图4-3-12）、渆阳、家阳、安阳、安阴、阿、上邮阳、下邮阳、上専（博）、下専（博）、平台、邥阳、枭、妬邑、雁即、邥（阙）与、辕（怀）、余亡（无）、浮（或释即裴）、五阴（陉）、戏、封氏、鄚、关、王夸、乇、夫酉（扶柳）、武阳等。另有鱼阳、郚，未经确认。

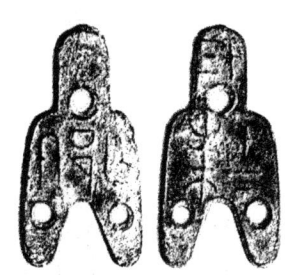

图4-3-12

7. 方足布。方足布的特征是方首、方肩、方足、方裆，有的束腰。正面一条竖线，文字分书左右，背三条竖线呈"小"字形。面文为地名，背多数无文，个别有数字及左十、右十、左、右等。

方足布中有五种面文（戈邑背一半、梁邑、安阳、宜阳、封邑），形

---

[1] 郑家相、吴良宝主此说，见《中国东周时期金属货币研究》第213页。汪庆正、黄锡全认为此说不能成立，见《先秦货币通论》第140～141页。

[2] 李学勤、裘锡圭、吴良宝认为是赵国铸币，郑家相、彭信威、王毓铨、朱活认为是秦国铸币，张颔、汪庆正认为是中山国铸币，黄锡全认为是魏国铸币。见吴良宝：《中国东周时期金属货币研究》，社会科学文献出版社2005年版，第227～231页。

体较大，相当于一釿布，通长47～51毫米，足宽30～32毫米，重8.5～14克。

其他均为小布，相当于半釿布。通长45～48毫米，肩宽23～26毫米，足宽24～29毫米，重3.5～8克。

方足布是战国中后期三晋、两周、燕国的铸币（楚国也铸行，与此有别，放在楚国钱币中介绍），目前发现有160多种面文，能够隶定120种左右，待考30多种。其中能够确定国别的有[1]：

（1）赵国：蔺、平原、代、安阳、平阳、干关、长安、土匀、榆即、寿阴、平于、中都、祁、阳邑、邸、邬、平阴、北屈、长子、北箕、平城、鄗、北丌（北箕）、平邑、鄸、涂（阳）、中邑、氐金（阴）、氐也（地）、星阳（清阳）、平列、人也（地）、沙也（泽）、邔（郇）、朼贝（棘蒲）、开（沃）阳、原阳、武邑、中亭、贝也（地）、䣼、贝土、鄯。

（2）韩国：宜阳、铸、阳城、尚子（长子）、纶氏、郏、甗、襄垣、壤阴、马雍、咎奴、屯留、涅、同是、乌廷、平阳、野（？）王、宅阳、唐是、露、於疋（邸）、邠（汾）、邬（长）子、邬（长）水、邢（尹邑）、尹阳、郊（鄑、崤）、安阳、平氏、四（汜）阳、邹、厄（比）阳。

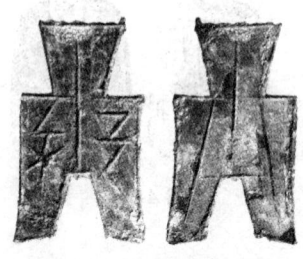

图 4-3-13

（3）魏国：莆子、梁、皮氏、酸枣、奇氏、向、高都、氏祁、露、虑阳、洀（州）、隰城、邦邑、鄂（泫氏）、王匀（垣）、土匀（军）、王自（官）、郱（耿）、秚（和，图4-3-13）、郲、平阳、阳也（地）、安阳、成阳、毌也（贯地）、坼句（沟）、甲父、昊（高）阳。

（4）周：东周、留、谷、郎、鄂土、尾寻、尸氏、北寻、王成（城）、巨（渠）子。

图 4-3-14

（5）燕国：与三晋布不同，耸肩、束腰、深裆，文字风格特别，背文有"左""右"等。面文有：安阳（旧释匋阳）、旅刀（韩皋）、纕平（襄平）、坪阴（平阴）、广昌（悦昌）、

---

[1] 以黄锡全隶定为本，以吴良宝隶定校之。

右明司强、宜平（图4-3-14）、平阳、辛城。

中子、昌中、平贝、平匀、屈寻、水、王氏等待考。

四、有关布币的几个问题

1. 空首布币形演变。从大的方面来讲，农具钱（铲）→ 原始布 → 空首布 → 平首布，是一个完整的链条，具体如何演变，又有不同看法。

（1）原始布→平肩弧足空首布→耸肩尖足空首布。[1]

（2）原始布（古布）→耸肩尖足空首布。[2]

（3）大型平肩空首布→斜肩空首布。[3]

上述第（3）式，应该成立。斜肩空首布形制与平肩空首布相仿，稍作改进，即可成型，并且是一种优化改进。两种空首布同出，说明一起流通过，后者可以在前者的基础上改进。从大小轻重上讲，前者重且大，后者轻而小。从时代上讲，前者出现的时代比较早。从铭文上看，二者较为接近。

第（2）式，基本可以成立。原始布早，耸肩空首布晚。但演变的中间环节缺少，无法解释为什么铲子形的原始布演变成了形制相差甚远的耸肩布。

第（1）式，吴良宝先生认为晋国的耸肩尖足空首布是在中原地区平肩空首布的影响下产生的。这中间需要更细致的推论，纵然在曲沃县发现了平肩弧足空首大布，仍然需要解释为什么其会向耸肩尖足形状演变的问题。

2. 平首布币形演变。

（1）耸肩尖足空首布→耸肩尖足平首布。[4]

（2）耸肩尖足平首布→平肩尖足平首布→类圆足布→圆足布→三

---

[1] 王献唐、黄锡全、吴良宝主此说。王献唐：《中国古代货币通考》（上册），齐鲁书社1979年版，第67页。黄锡全：《先秦货币通论》，紫禁城出版社2001年版，第95页。吴良宝：《中国东周时期金属货币研究》，社会科学文献出版社2005年版，第51～54页。

[2] 郑家相：《中国古代货币发展史》，生活·读书·新知三联书店1958年版，第36页。

[3] 蔡运章等：《洛阳钱币发现与研究》，中华书局1998年版，第30页。

[4] 各家均主此说。

孔布。[1]

（3）耸肩尖足平首布→平肩尖足平首布→类方足布→方足小布→类圆足布→圆足布→圆足三孔布。[2]

（4）平首尖足大布→尖足小布→类方足布→类圆足布→圆足布→三孔布。[3]

（5）弧足空首布→锐角布→方足小布→桥足布。[4]

（6）平肩空首布→桥足平首布（包括锐角布大布）→方足平首布（包括锐角小布）。[5]

（7）平肩空首布→方足平首布。[6]

对于以上演变说法，学术界及我们的认识如下：

（1）式是公认的，没有争议。

（2）式至（4）式，主要为赵国的铸币，虽有小的争议，但总体而言渐趋统一。

（5）式，锐角布的来源，郑家相、王毓铨均认为是平肩空首布。此说证据不足，现在已无人重提。

（6）式，桥足平首布的来源，王毓铨认为是平肩空首布。同样证据不足，无人响应。

（7）式，裘锡圭认为平肩空首布直接演变为方足布，更显粗疏。

就研究情况看，赵国铸币演变较为清晰，魏国釿布的来源和韩国锐角布的来源，目前尚无圆满解释。

耸肩空首布向下演变为耸肩平首布及其他两足类平首布。郑家相、

---

[1] 吴良宝：《中国东周时期金属货币研究》，社会科学文献出版社2005年版，第234页。

[2] 何琳仪、季旭升：《古币丛考·前言》，（台北）文史哲出版社1996年版。

[3] 郑家相：《中国古代货币发展史》，生活·读书·新知三联书店1958年版，第91页。

[4] 郑家相：《中国古代货币发展史》，生活·读书·新知三联书店1958年版，第91页。

[5] 王毓铨：《中国古代货币的起源和发展》，中国社会科学出版社1990年版，第44~45页。

[6] 裘锡圭主张此说，见王毓铨：《中国古代货币的起源和发展》，中国社会科学出版社1990年版，第45页注。

王毓铨、裘锡圭等虽然认为平肩空首布和斜肩空首布也演变出了平首布，但因为没有进行详细论证，学术界尚无法接受。

还有一些平首布，形制与上述不同。郑家相《中国古代货币发展史》第59页著录有三枚平肩平底布，传为清同治初年出土于山西荣河县。每枚面文六字，多不识。方若定为邓国铸，郑家相定为郑国铸，朱活定为魏国铸，黄锡全不录，吴良宝录而存疑。

"京"字布，平首平肩桥足布，郑家相定为周铸，朱活定为郑国铸，黄锡全不录，吴良宝录而存疑。

1995年9月1日，洛阳东周王城出土一枚平肩平首布，字文模糊不识。[1]

这三批平肩平底（或弧底）布，若能证明不伪，可以说明平肩弧足空首布也向下发展出了平首布。但现在钱币学界尚无法确定其真实性，故只能留待以后解决。

3. 布名源流。将钱（铲）形币称为空首布、平首布是钱币学界的习称。但无法就其来源给予明确的解释。现在钱币学界一般认为先秦时期钱形器叫"镈"，"布"与"镈"通假，所以钱形器就称"布"。这种解释是20世纪50年代才出现的。[2]

先秦文献中《周礼》《管子》《荀子》等书有布、刀布的论述。《史记》《汉书》中有布为货币的论述，但权威的注释没有将布解释为钱形器的。王莽铸行过11种平首布，一直到1954年彭信威《中国货币史》对此的解释都是"流布"的意思，况且王莽的"布泉"（《汉书》记为"布钱"）就是方孔圆形。北周的布泉、五形大布均是方孔圆形，就直接说明布没有钱形器的意思。东汉许慎《说文解字》、南朝顾野王《玉篇》等经典字书均没有布为钱形器的注解，因此，无论从文献学还是从王莽到北周钱币实物来讲，都无法得出布是钱（铲）形器的结论。

那么空首布、平首布名称的来源是什么呢？洪遵《泉志》除著录王莽十布外，还有"异布"等。"异布"指先秦时期的平首布。洪遵引用

---

[1] 程永建：《洛阳东周王畿出土奇特的东周布币》，载《中国钱币》2002年第2期。
[2] 杨宽：《战国史》，上海人民出版社1955年版，第51页。虽然作于1946年的王献唐《中国古代货币通考》中已有此观点，惜该书1979年才正式出版，无法作为证据。

了张台和《旧谱》对此布的论述。张台和《旧谱》的作者为五代宋初人,他们是最早把先秦平首布称为"布"的人。此后钱币学家因循不改,一直到当代。

本书为了论述的方便,仍称布币为空首布、平首布。[1]

第四节 刀币

刀币是由刀削演变而来的(削即刀或书刀)。时代在春秋末期至战国末期,先后流行于狄、鲜虞、中山、燕、齐、赵等国。刀币从形制上看,可分为尖首刀、明刀、齐大刀、直刀等,每种又可分若干小类。

一、尖首刀

因刀首较尖长,故名。尖首刀可分为大型、小型、针首、异型、截首五型。

1. 大型尖首刀。包括原始刀和无字大刀。其特点主要是体形大,刀背弧度大,刀首和刀身宽,首刃呈斜坡状等。通长176~189毫米,身长103~115毫米,首宽17~25毫米,重21.2~28克。

大型尖首刀主要出土于河北省中北部一带。时代为春秋晚期。过去多认为是燕国等周边地区铸币。现在黄锡全、吴良宝综合各种观点,认为是狄族所建鲜虞、中山等国的铸币。

2. 小型尖首刀。与大型尖首刀基本类似,只是体型略小,刀背弧度也相对较小,首刃出现内凹,刀柄上宽下窄明显。通长140~160毫米,首宽18~22毫米,重11.1~19.3克,多数在15克左右。

小型尖首刀大多铸有文字,多为一字,也有两三字的。面文有50余种,多为数字、干支,也有一些可能为地名。有一、

图 4-4-1

---

[1] 关于这个问题,可参阅拙文《先秦货币二考》,载《历史研究》1997年第2期。

二、三、五、六、七、八、九、十、二十、八一、上刀、勹刀、壬刀、邨刀、非、日、上、己、壬、土、刀、下、工（图4-4-1）、王、化、勹、于等。

小型尖首刀为春秋晚期至战国早期狄族人铸造。

3. 针首刀（或称锐锋刀）。特征是形体较小，刀首凹，末端如针尖，刀柄面二条竖线，背一条竖线。通长137～160毫米，首宽18～19毫米，刀尾宽13～16毫米，重5～9克。

针首刀大部分有文字，多为一字，个别有二字。据统计有70余种，多为数字、干支，可能也有地名。如已、行、公刀（图4-4-2）等。部分面文尚不认识。

针首刀只在河北北部的迁西、承德，辽宁凌源等地出土，易县燕下都也偶有出土。时代为战国中期。吴良宝等认为是肥、鼓等狄族部落铸造。[1]

4. 异型刀。特征是刀背由微弧逐渐变为平直，体形窄小。通长110～123毫米，重3.5克，有一种状如细针，重仅0.8～1.3克。

异型刀主要出土于山西北部一带。其面文有"西"字，黄锡全隶定为"卤"，意"卤城"，在今山西繁峙县东南。此型刀为赵国境内狄人所铸，时代在战国中晚期。[2]

5. 剪首刀（又称截首刀）。因其首部被剪去，故称。其特征是刀柄两面均有两道直线，文字位于刀身中间，刀环为圆形。其与小型尖首刀有一致性，因此应该是小型尖首刀一类。通长100～135毫米，身宽10～16毫米。

剪首刀有20多种面文，如口、行、非、上、刀、六（图4-4-3）等。集中出土于山东境内，为齐国使用无疑。但是

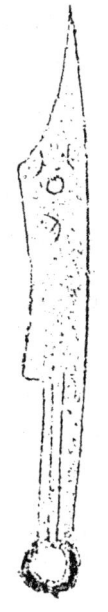

图 4-4-2

图 4-4-3

---

[1] 张驰认为是山戎族铸造，时代在战国早期。黄锡全则认为是白狄族铸造，时代在战国早期晚段或中期前段。见张驰：《尖首刀若干问题初探》，载《中国钱币》1993年第2期。黄锡全：《先秦货币通论》，紫禁城出版社2001年版，第215页。

[2] 黄锡全：《先秦货币通论》，紫禁城出版社2001年版，第215页。

否为齐国铸造，为什么要剪去首部等问题都有待更深入的研究。

二、燕明刀

燕明刀因刀面铸有"明"字而得名，为燕国铸币，由尖首刀发展而来。燕明刀可分为三种类型。

1. 尖首明刀。形制上没有脱离尖首刀，但形体较小，刀首平直，弧背较直。有的有"明"字，有的无"明"字。

无"明"字的尖首明刀称为"类明刀"。[1] 面文有六、十一、乙、上等。通长140～150毫米，首宽18～21毫米，柄宽8～10毫米，重12.8～16.1克。[2]

有"明"字的尖首明刀文字粗放有力，"明"字相对竖长，外笔有圆折也有方折。背文与尖首刀类似，或数字、或单字、或符号，约有近百种，如一、二、三、五、六、七、八、十、一八、千、万、二万、八万、千万、上、下、右等。

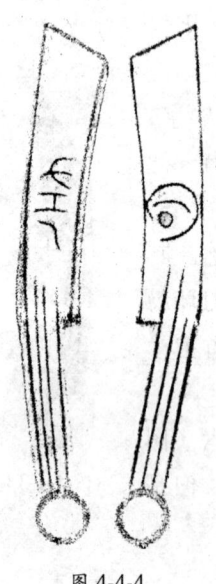

图4-4-4

2. 弧折明刀。与尖首明刀相比，刀首相对变窄，刀身上下同宽，刀刃没有内凹弧度，柄部纹饰多伸入刀身。"明"字变得较为扁平，但外笔圆折处多未断开。通长133～139毫米，重14.5～20克。背文以"左"（图4-4-4）、"中"、"右"及其与数字或其他文字组合为主，有200余种。

3. 磬折明刀。刀背为方折，直刃，刀首与刀尾宽度基本相同，刀柄面背竖线及内廓线伸入刀身。"明"字成扁"目"状，外笔圆弧处多已断开。通长132～136毫米，重13～19克。背文（图4-4-5）与弧折明刀类同，但又多出一些新内容，有200多种。

燕明刀中的尖首明刀的时代可追溯到战国早期，弧折明刀从战国中期到晚期前段，磬折明刀为战国

---

[1] 黄锡全：《先秦货币通论》，紫禁城出版社2001年版，第237页。

[2] 石永士、石磊：《燕下都东周货币聚珍》，文物出版社1996年版，第54～56页。

末期。

燕明刀的"明"字，杨宽、朱活释为"郾"，即燕国。胡石查、罗伯昭、郑家相释为"易"。《说文》有"日月为易"。"易"即"燕"。还有释为盟、莒、同、召、泉等。陈隆文认为是"日月"合文，是一种日月崇拜天道观的反映。[1] 黄锡全仍认为是"明"字，读作"明"或"眼"，"眼"即"燕"。[2]

三、齐明刀

齐明刀是指"明"字外笔为方折的明刀。这种刀最早于清代嘉庆年间在山东博山县香峪村出土，故冯云鹏等称其为博山刀。博山刀背有"莒冶"等铭文，

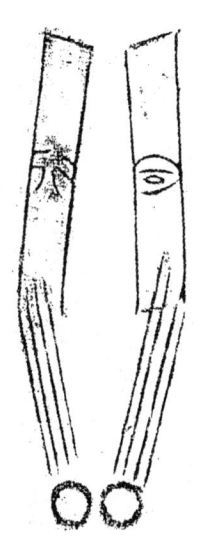

图 4-4-5

后来在齐境多处出土，铭文不限于莒冶等，但共同特征是"明"字外笔为方折，郑家相称其为齐明刀。[3] 现在学术界把具有这一特征的明刀，统称作齐明刀，以区别于燕明刀。

齐明刀可以分为四种类型。

1. 尖首齐明刀。形制同尖首刀，弧背，首刃内凹。青州有出土。通长146～150毫米，首宽20～21毫米，重14～15克。[4]

2. 弧折齐明刀。形制同弧折燕明刀，弧背，首刃平直。通长134～142毫米，首宽15～20毫米，重11～19克。青州有出土。[5]

3. 宽首齐明刀。由弧折齐明刀发展而来，刀首明显宽于刀身，刃部弧度较大。通长135毫米，首宽15～18毫米，重11～15克。

4. 窄小齐明刀。特征为窄小、轻薄，柄部或有一条直线。通长116

---

[1] 陈隆文：《春秋战国货币地理研究》，人民出版社2006年版，第264～271页。

[2] 黄锡全：《先秦货币通论》，紫禁城出版社2001年版，第246页。

[3] 郑家相：《明刀之研究》，载《泉币》1940年第1期。

[4] 黄锡全：《先秦货币通论》，紫禁城出版社2001年版，第262页。

[5] 丁昌五、程纪中：《山东青州发现一批截首刀和博山刀》，载《中国钱币》1990年第3期。

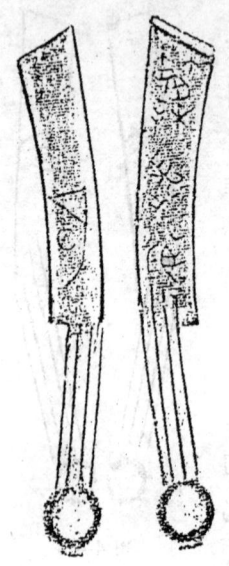

毫米，首宽10毫米。

齐明刀背文繁多，有数字、干支、地名、动物图形、生活用品图形（带钩、弹弓之类）等，如六、七、八、十一、万、乙、巳、分、公、生、田、明、平阳、莒、莒冶（图4-4-6）等。仅1960年河北沧县萧家楼出土的齐明刀背文就有570多种。这些背文与尖首刀背文有许多相同，可见齐明刀与尖首刀关系密切。

齐明刀是战国时期广义齐国境内的地方铸币，多在莒国或莒地铸造。时代为战国中晚期。宽首齐明刀应当是乐毅伐齐时莒、即墨两地齐人所铸。[1]

图4-4-6

四、齐大刀

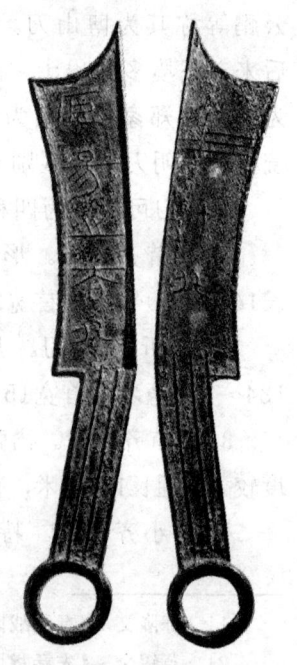

齐大刀是齐国所铸，形体硕大，面文有"大刀"二字的刀币。其特点为首部内凹较大，周边有廓，刀柄两面有两条直线，刀环较大。长度多为180～189毫米，其中即墨大刀的长度在150～160毫米；重41～64克，其中即墨大刀重23～25克。

根据形制和面文结构，齐大刀可以分为三种类型。

1. 之大刀型。刀身外廓线高于内廓线、刀柄廓线和刀柄直纹线，面文为地名加"之大刀"三字，背面上方有三条横纹线。铭文有即墨之大刀、安阳之大刀、齐之大刀三种。

（1）即墨之大刀（见彩图2）亦称五字刀。通长180～184毫米，身宽27～31毫米，重

图4-4-7

---

[1] 朱活认为齐明刀是燕国铸造的，其中博山刀一类是乐毅伐齐时铸造的。见朱活：《古钱新探》，齐鲁书社1984年版，第146页。

44.5～63.2克。背文有辟封、安邦、大昌、大行、吉、刀、上、工、日（璧）、屮、卜等。

（2）安阳之大刀（图4-4-7）。通长180～185毫米，身宽28～29毫米，重46～48.5克。背文只有一字，有上、刀、日（璧）、屮、卜等。

（3）齐之大刀。通长180～189毫米，身宽27～30毫米，重44.5～50.5克。背文有大昌、刀、上、日（璧）、卜、工等。

2. 莒大刀型。形制特点同"之大刀"，刀身外廓线高于内廓线和刀柄廓线、直纹线。面文没有"之"字。铭文有莒大刀、即墨大刀两种。

（1）莒大刀。至今仅见两枚。其中完整的一枚通长180毫米，身宽26毫米，重64克。

（2）即墨大刀。背面没有三条横纹，形体较小，较轻。通长150～160毫米，身宽20～25毫米，重23～45克。背文有大昌、工、昌、日（璧）、上、刀、十、三、九、卜等。

3. 齐大刀型。刀身外廓线与内廓线、刀柄廓线、刀柄直线在一个平面上，面文地名加"大刀"两字。铭文有齐大刀、齐返邦长大刀两种。

（1）齐大刀，又称三字刀（图4-4-8）。通长180～185毫米，身宽28～29毫米，重41～51.3克。背文50余种，有吉、昌、口、阢、行、大、安、易、内、至、立、上、土、工、丌、丘、方、日（璧）、禾、本、生、屮、刀、匕、卜、丁、毛、乙、正、乏等。

（2）齐返邦长大刀，又称六字刀。通长175～185毫米，身25～29毫米，重42.3～50.9克。背文有上、丌、日（璧）、卜、刀、工等。"返"字，过去有释"通、徙、赵、进、途、迟、建、造、近、返"等多种意见。现在以释"造"、"返"两说影响较大。

"大刀"二字，过去释为宝化、圜化、大化、去化、法化等。钱币学界多释"法化（货）"，意即法定货币。王献唐、李学勤、汪庆正、裘

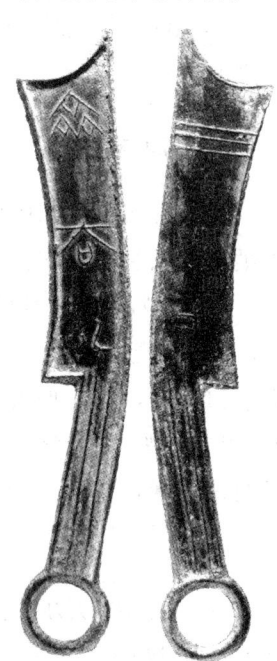

图4-4-8

锡圭等均释第一字为"大";吴振武释第二字为"刀",因此,现在一般都释为"大刀"。

齐国大刀的铸行时代为战国,其中之大刀型和莒大刀型较早,齐大刀型较晚。[1]

五、中山国直刀

直刀,因刀身平直而得名。其特征是圆首、直身、形体小,因此又称为圆首刀或小直刀。直刀分中山国直刀和赵国直刀。

中山国是白狄建立的国家,原称鲜虞,春秋末改称中山。公元前406年灭于魏,公元前378年复国,大约于公元前296年被赵国吞并。中山国在复国的80多年间,铸行直刀。

中山国直刀只有城白(图4-4-9)一种铭文,与赵国直刀比较,一是重大,通长134~136毫米,重14.5~16克,二是刀柄只有一条直线。中山国直刀没有背文。

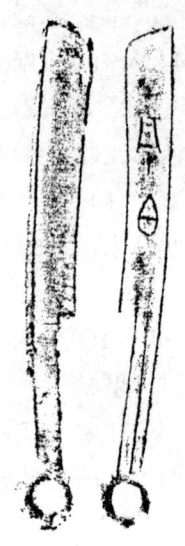

图 4-4-9

六、赵国直刀

赵国直刀形制同中山国直刀,圆首、直身。但比中山国直刀较轻小,刀柄有两条直线。根据其大小,可分为三型。

1. 大型。刀身多稍显弧形。通长124~145毫米,身宽15毫米,重7.5~16.5克,多数重10克以上。铭文有甘丹(邯郸)、甘丹刀、白(柏)人、白人刀、白、城刀、王刀等。

2. 中型。刀身略显弧型。面文蔺(又称蔺直刀)。通长105~111毫米,身宽12毫米,重7~8.6克。

---

[1] 关于齐国大刀的时代,争论颇多。郑家相、王毓铨、朱活、黄锡全等认为始铸于春秋时期。杨宽、汪庆正、李学勤等认为始于战国时期。张弛认为始于战国中期。何琳仪认为六字刀最早为战国晚期齐襄王时代。

3. 小型。刀身完全平直。面有言昜，又称言昜小直刀。有言昜新刀、言昜刀（图4-4-10）、言刀、言半。言昜，过去释晋阳。通长92～103毫米，身宽11～14毫米。

黄锡全认为，赵国直刀是受中山国直刀影响才铸造的，发展顺序为甘丹刀→白人刀→王刀→城刀→蔺刀→言昜刀。时代在公元前378年以后到战国晚期。[1]

先秦文献中有用刀作货币的记载。例如《荀子·荣辱》："余刀布，有囷窌"。《荀子·富国》："今之世而不然，厚刀布之敛……"《荀子·王霸》："县鄙将轻田野之税，省刀布之敛。"[2]

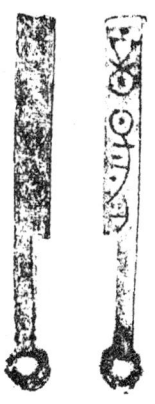

图 4-4-10

第五节 圆钱

圆钱[3]，即圆形钱币，分圆孔、方孔两种形状，是战国中后期使用较为普遍的钱币。根据文字特征和铸造国别来划分，可分为三晋两周圆钱、齐燕圆钱、秦国圆钱。

一、三晋两周圆钱

三晋两周圆钱的特征是圆孔，面文均记铸造地，至今见有20多种。

（一）**魏国圆钱**

魏国圆钱多无外廓。

1. 共（图4-5-1）。径44～46.5毫米，重14.8～18.5克。地在今河南辉县。

图 4-5-1

---

[1] 黄锡全：《先秦货币通论》，紫禁城出版社2001年版，第221～222页。
[2] 章诗同注：《荀子简注》，上海人民出版社1974年版，第32、96、122页。
[3] 圆钱，过去钱币界多称圜钱、圜金。圜钱又专指圆形圆孔钱。圆钱，过去狭义指圆形方孔钱。这种划分，没有理论依据，又易造成名称混乱。本书根据形状统称为圆钱。

2. 共屯赤金。径39～43毫米，重11克左右。

3. 垣。径40～43毫米，重8～10.6克，小的重5～6克。地在今山西省垣曲县东南。

4. 漆垣一釿。径35～38毫米，重12.9～15.7克。地在今陕西省铜川西北。

5. 漆睘一釿。"睘"可能是"垣"的假借字。径35毫米，重11.45克。

6. 济阴[1]。分大、小二等，大者径33～39毫米，重9～10.2克。小者径26～30毫米，重4.65克。地在今山西省荣河境。

7. 半釿。半圆形，重5.45～5.7克。1991年出土于陕西富县。

(二) **赵国圆钱**

赵国圆钱多有外廓，能够确认的有两种。

1. 蔺（图4-5-2）。地在今山西省吕梁市离石区西。径34～36毫米，重10.4～11.2克。

图4-5-2

2. 离石。地在今山西省吕梁市离石区。径35毫米，重10.6克。

(三) **两周圆钱**

两周圆钱多有内外廓，目前能够确认的有三种。

图4-5-3

1. 西周（图4-5-3）。西周公所在地（今洛阳王城公园）。径26毫米，重3.8～4.2克。

2. 东周。东周公所在地（今河南巩义市）。径25毫米，重4～6.6克。

3. 安藏（地名待考，或非地名）。径35～43毫米，重约10.7克。

二、齐燕圆钱

齐燕圆钱均为方孔，面文均记币值。

(一) **齐国圆钱**

齐国圆钱面文均有"賹刀"二字，面有内外廓，分为三种。

---

[1] 黄锡全、吴良宝释"毕阴"，地望待定。

1. 賹刀（图4-5-4）。径19～24毫米，重1.3～3克。"賹"，地名，在今山东省益都县附近。[1]

2. 賹四刀。径28～30毫米，重4.5～10.5克。

3. 賹六刀。径33～35毫米，重7～11.3克。

图 4-5-4

"刀"，过去释读为"化"。与齐大刀"刀"字相同。

（二）燕国圆钱

燕国圆钱面文有"明"或"刀"字。至今发现共三种。

1. 一刀。面有内外廓。径18～19.5毫米，重1.1～2.65克。铅质钱背文有"吉"字。

2. 明刀（图4-5-5）。无内外廓。径24～25毫米，重3～5克。

3. 明四。无内外廓。径26～29毫米，重4.2～4.6克。

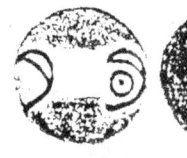

图 4-5-5

三、秦国圆钱

秦国是只铸行圆形铜铸币的国家。[2]1975年湖北云梦睡虎地秦墓出土的秦简，明确记载秦国有黄金、布帛和铜钱三种货币，并规定了布钱之间的比价关系，"钱十一当一布"。[3]

秦国圆钱分圆孔和方孔两种类型，面文多记重量"两"或"甾"，个别记地名或封号。

秦国圆钱分为以下六种。

1. 两甾（图4-5-6）。"甾"，重量单位。《说文》："甾，六铢也。"两甾为十二铢，二十四铢为一两，两甾即半两。面有内外廓，

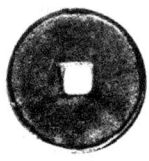

图 4-5-6

---

[1] 陈介祺主地名说。秦宝瓒认为是计量单位或金属重量单位，即"镒"，等于20两。何琳仪认为"賹"，记物也，表示当齐刀一枚。

[2] 《史记·秦始皇本纪》载秦惠文王"立二年，初行钱"。《六国年表》秦惠文王二年"天子贺行钱"时为公元前336年。

[3] 睡虎地秦墓竹简整理小组：《睡虎地秦墓竹简》，文物出版社1990年版，第36页。

或只有外廓。方孔，或近方孔。径29～32毫米，重4.9～7.8克。

2. 半睘。睘即圜、圆，半睘即半个圆钱，也就是半两。径27～30毫米，重6.9～12.5克。[1]

3. 半两。半两分"秦国半两"和"秦始皇半两"两种。过去一直认为是秦始皇统一中国之后才铸半两钱，现根据考古发掘证明战国时期已有。1980年四川省青川县战国秦墓出土7枚半两钱。在四川郫县、重庆巴南区和陕西凤翔县、西安长安区战国墓或遗址中均出土有半两钱。战国半两钱径20～37毫米，重2.1～11克。由于出土实物大小、轻重相差悬殊，我们无法用统计学的方法根据半两钱推算出一两或一铢的重量，甚至无法找出秦国半两钱的共同特征。现在对秦国半两和其他半两的区分和识别，主要靠出土的地层关系和共出器物来判断。

图4-5-7

4. 文信（图4-5-7）。方孔，无内外廓。钱面有四曲纹。径23～25毫米，重2.8～4克。"文信"指文信侯吕不韦，或说为吕不韦私铸钱。

5. 长安。多为传世品。二字一在穿右，一在穿下。径21～23毫米，重1.8～2.5克。秦王嬴政之弟封"长安君"，或说为长安君所铸。

6. 铢重一两·十二，铢重一两·十四。铢重一两·十二径38～39毫米，重9.8～13.9克。铢重一两·十四径38～40毫米，重9.4～15.6克。过去认为是权钱（即砝码），但它们轻重不一，故此说难以成立，且释读也不相同。

有一些圆钱的归属存在着争议，如"广平"、"襄二甾"，黄锡全暂归为赵国。"济阴"、"古"（或释"吉"）未定归属。

1. 广平。径31毫米。
2. 襄二甾。径26毫米，重6.2克。

韩国是否铸造圆钱，现在无法确定。根据魏、赵、两周、秦、齐、

---

[1] 此钱一说出陕西，但较少见。

燕均铸造了圆钱的情况来看，韩国也可能铸有圆钱。[1]

战国圆钱，魏国最早铸造，时代为战国中期。秦、赵、两周是受魏国影响铸造了圆钱。齐、燕圆钱是最晚出现的。

圆钱的出现，是货币形制的一大进步。其图形富于美感，方便铸造、携带。随着秦王朝的建立，圆钱成为唯一的钱币形制，在我国使用2000多年，并成为东方货币体系的主体。[2]

四、圆钱名称及起源讨论

圆钱，即圆形钱币，分圆孔、方孔两种。过去有把圆孔钱称圜钱、圜金。圜有几种意思，其中与钱币有关系的一是圆形，《广雅·释诂三》："圜，圆也。"[3] 二是钱币，《汉书·食货志下》："太公为周立九府圜法，黄金方寸，而重一斤。"李奇曰："圜即钱也。"[4] 既然圜钱、圜金等指圆形钱币，所以直接称圆钱更明白。但"圜法"一词不可写为"圆法"。"圜法"即钱法，翻译成现代汉语叫货币制度，是《汉书》以后的固定词语。对于圆钱，王献唐称环币，彭信威称环钱，郑家相称圜金，王毓铨、朱活、

---

[1] 河南省新郑市"郑韩故城"遗址出土有圆钱币范。但只有背范，不知是什么面文，无法与国别相联系。这表明韩国至少仿铸过圆钱。河南省文物考古研究所：《河南新郑新发现的战国钱范》，载《华夏考古》1994年第4期。

[2] 彭信威先生说："中国和希腊，约略在同时开始铸造货币，而且铸币发展的阶段，也有相像的地方。欧洲的钱币学家，把希腊古代的货币分为三个阶段：（一）古体或原始体，（二）自由体，（三）希腊体。……中国在汉以前的钱币，也可以分为三个阶段：（一）古体或原始体，（二）自由体，（三）秦体。中国的古体钱是以空首布为代表……春秋时代，约略到公元前四八一年（周敬王三十九年）为止，和希腊的古体时期几乎完全吻合。第二阶段是战国时的各种刀布，特别以布币为重要。约自公元前四八〇年到公元前二二一年（如果只算到秦惠文王二年行钱为止则为三三六年，又和希腊的第二个阶段吻合），特点是无论在形制方面或文字方面，都是自由奔放，也是当时货币文化的最高潮。第三阶段是秦惠文王用钱起或始皇把方孔的圆钱推行于全国起，此后中国的货币形制就固定了。"见彭信威：《中国货币史》，上海人民出版社1965年版，第57~58页。

[3] 王念孙：《广雅疏证》，中华书局1983年版，第85页。

[4] 金少英：《汉书食货志集释》，中华书局1986年版，第136~137页。

萧清、黄锡全称圜钱，唐石父称圆形钱，吴良宝称圆钱。他们有的区别了圆孔与方孔，有的没有区别。不管区别与否，外形都是圆的，故称作圆钱简单明了，而在具体叙述中分别讲圆孔与方孔就可以说清楚。用圜钱、圆钱来区别圆孔和方孔，还要加以注解，显得更麻烦。

　　学术界多主张圆钱由纺轮和玉璧演变而来。黄锡全进一步指出，"圜钱、玉璧二者可能均由纺轮所演变"[1]。彭信威不同意圆钱是由璧环演变的说法，他认为"珠玉不是真正的货币"，环钱和璧环同是由纺轮变来的。[2] 郑家相认为"圜金者，取式于璧环，由布化所递嬗之圆形货币也"[3]。朱活认为"圜钱直接取象于璧环"[4]。到目前为止，关于圆钱是由玉璧、纺轮演变而来的观点，还没有出现比较严密的论证。只有日本的学者论证说中国古代以珠玉为上币，并且"肉"、"好"是璧环的部位名称，钱币也用，因此有继承性。[5] 这种论证是粗疏的，也是难以成立的，彭信威先生已否定了这种论证。我们可以接着彭先生的思路，继续把这一观点的粗疏之处指出来：其一，玉璧、纺轮不是真正意义上的货币，特别是到了战国中期，刀布流行之时，更没有人将这两种东西作为货币；其二，刀布在战国中期并没有退出流通，即中国货币并没有中断，也就不需要由玉璧、纺轮等再次发展成货币，即中国货币在这时不需要二次起源。那么，应该怎样理解圆钱的出现呢？我们认为这只能从货币自身发展中来找原因。经过二三百年的货币发展，人们已经可以认识到货币的原始形态并不是最重要的，平首布已经远离农具的原始形态，刀币也不是实用器物，因此，只要具备价格的标准和能进行贸易（即价值尺度和流通手段）的优化形状的金属就可以被人们接受，而圆形无疑是最适合的形状。所以按照郑家相等先生所说即可，即圆钱由布化所递嬗，不必再牵强地与璧环、纺轮相联系。

---

[1] 黄锡全：《先秦货币通论》，紫禁城出版社2001年版，第303页。

[2] 彭信威：《中国货币史》，上海人民出版社1965年版，第54页。

[3] 郑家相：《中国古代货币发展史》，生活·读书·新知三联书店1958年版，第177页。

[4] 朱活：《古钱新探》，齐鲁书社1984年版，第263页。

[5] 彭信威：《中国货币史》，上海人民出版社1965年版，第53页。

第六节 楚国钱币

楚国是先秦时期南方大国，经济文化与中原不同，钱币类型也独具特色。[1]《史记》载楚国"每王且赦，常封三钱之府"[2]。楚庄王时，"庄王以为币轻，更以小为大，百姓不便，皆去其业。市令言之相（孙叔敖）曰：'市乱，民莫安其处，次行不定。'相曰：'如此几何顷乎？'市令曰：'三月顷。'相曰：'罢，吾今令之复矣。'……王许之，下令三日而市复如故"[3]。

楚国钱币有蚁鼻钱、布巾、钱牌、银铲币、金版与金饼等。

一、蚁鼻钱

现多称为铜贝。[4] 蚁鼻钱为商周以贝为币的遗制，形制仿货贝。正面一般多凸起，呈椭圆形，铸有阴文，上宽下窄；背面平，个别有字，也有空心的；下端有孔，有透穿不透穿之别；大小轻重不等，长12～20毫米，重0.6～5克。

1. 巽（图4-6-1）。巽字形似鬼脸，习称"鬼脸钱"。洪遵《泉志》

---

[1] 许多论著都把楚国钱币单独列出。有人认为先秦钱币存在黄河流域和长江流域两大体系，长江流域体系即楚国钱币。王毓铨：《中国古代货币起源和发展》，第136页。赵德馨：《论先秦货币的两种体系》，载《江汉论坛》2004年第9期。

[2] 司马迁：《史记·越王勾践世家第十一》，中华书局1959年版，第1754页。

[3] 司马迁：《史记·循吏列传第五十九》，中华书局1959年版，第3100页。

[4] 洪尊《泉志》引《旧谱》："其形上狭下广，背平面凸起。……面有文如刻镂，不类字。世谓之蚁鼻钱。"（卷九）"蚁鼻"比喻轻小。葛洪《抱朴子·论仙》有"以蚁鼻之缺，捐无价之淳钧（剑名）"，即因轻微的缺陷，而舍弃了无价的宝剑。朱活认为"蚁鼻"就是小钱，很可能是"一贝"二字的音转（《古钱新探》，齐鲁书社1984年版，第193页）。罗振玉提出为铜贝，现多从之。蚁鼻钱本来指楚国铜贝中的一种或两种，后泛指楚国铜贝。由于先秦铜贝还有其他时代和地区的，而蚁鼻钱专指楚国铜贝，因此，本书仍称蚁鼻钱。

图 4-6-1

称为"蚁鼻钱"。是楚铜贝中数量最多的,占99%以上。有释为晋、贝、当半两、哭、咒、襄、一贝等。释巽即馔,即钱。

2. 坌朱。字形似一只蚂蚁在鼻子上,习称"蚁鼻钱",数量少于巽贝。过去多读作"各六朱",有释有土之本、洛一朱、汝六朱、五朱、资等。刘零、刘雨释"坌朱",意"次于朱",表示若干分之一朱。[1] 黄锡全释为"圣朱",读"轻朱",意即轻小的铜贝。[2]

3. 全。全意可能指铜质完美、纯正。或全即巽,即钱。

4. 君、行、忻、匋、三、咒、两等,其意有待探讨。

二、布币

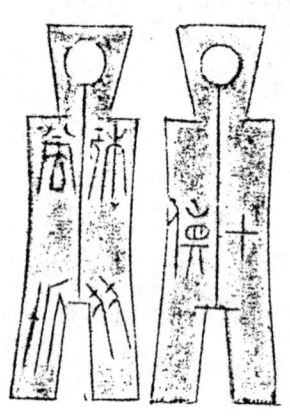

图 4-6-2

图 4-6-3

楚国布币属于方足布,但与中原方足布有明显区别。其特征为平首方足,周边有廓,首部有孔,通体狭长,文字单一。分大小两种。

1. 殊币当忻背十货(图4-6-2)。习称长布或楚大布。通长95~130毫米,身长72~79毫米,足宽32~39毫米,重10~40克。有释殊布当忻、殊钱当忻、旆钱当忻、杬比堂忻等。

2. 四币当忻(图4-6-3)。由于多是两枚足部相连,习称连布。面四币背当忻。意为四个小布当一个大布。通长81~83毫米,身长61~62毫米,足宽19~21毫米,重14.5~17.7克。

1983年11月,河南新郑郑韩故城遗址出土殊币当忻范两套,四币当

---

[1] 刘零、刘雨:《楚我陵君三器》,载《文物》1980年第8期。

[2] 黄锡全:《楚币新探》,载《中国钱币》1994年第2期。

忻范一套。[1]

三、钱牌

楚国铜钱牌，呈长方形版状，面背有廓，饰有勾连形卷云纹，或饰有云雷纹衬底。正面中央有环钱图形，并有四字铭文。共有三种。

1. 视金一朱（图4-6-4）。长89～92毫米，宽30～33毫米，厚1.5～2毫米，重34～39.9克。

2. 视金二朱。长105毫米，宽36毫米，厚1.5毫米，重59.8克。

3. 视金四朱。长128～131毫米，宽38～40毫米，厚3～3.2毫米，重110～137.5克。

"视"过去有释良、见、白、艮等。视金一朱，意为视同黄金一朱。其他两种类推。

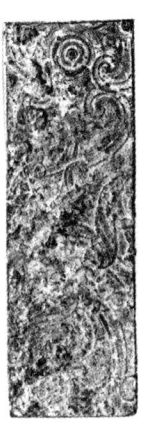

图4-6-4

四、银铲币

《史记》记载楚有"三钱之府"。贾逵解释"三钱"为金、银、铜，楚简中多次提到"白金"。

1974年8月河南省扶沟县古城村出土18枚银质铲形币。其特征为圆銎、平肩平足，除1枚为空首外，余皆为实首。可分短、中、长三式。

1. 短式（共6件）。其中一件为空首。长方形，平素无纹。通长100～110毫米，身长84毫米，身宽约58毫米，重133.1～162.7克。有一件近于无首，通长76毫米，身长76毫米，身宽56毫米，重89.4克。

2. 中式（共10件）。通长129～146毫米，身长117～120毫米，身宽62～64毫米，重182.7～210.2克；另有一件通长120毫米，身长117～120毫米，身宽59毫米，重138.5克，背文有X（五）。

3. 长式（共2件）。背文 X（五）。通长137～157毫米，身长137～142毫米，身宽58～59毫米，重157.5～188.1克。

---

[1] 因此有人认为楚布为韩国货币。

除了银铲币,还有银版"呈称"和银"巽"蚁鼻钱出土。

五、金版与金饼

《史记》记述:"虞夏之币,金为三等,或黄或白或赤。"[1] 黄即黄金。先秦能够确认黄金为币的,只有楚国的金版和金饼。

1. 金版。呈规则或不规则的长方形或方形。版面钤印,多为方形,少数为圆形。钤印有压印和铸印两种。1984年,河南息县出土了一枚铜质"郢爯"印模。

2. 金饼。实际是金版的一种特殊形制,即不规则圆形或椭圆形。分有印和无印。

根据地点,金版和金饼的面文有以下8种。

(1)郢爯(图4-6-5)。钤有郢爯的金币占绝大多数。郢为楚都,表示楚国的国都或楚国。楚多次迁都,所以郢有多个地点。如江陵、宜城、淮阳、寿春、钟祥等。 郢爯过去释郢爰,由于占金币大多数,郢爰成了楚金币的代称。[2]

图4-6-5

(2)陈爯。陈为今河南省淮阳县。公元前278年楚国迁都于此。

(3)鄟爯。鄟有郦、栎、历等解释,地望则分别有河南省内乡县西北、河南省禹州市、河南省新蔡县等说法。

(4)盐金。盐即盐城,今江苏省盐城县。过去释卢金。卢,今湖北襄阳附近。

(5)少贞。贞即鼎。读为钉,《说文》释钉:"炼饼黄金"。[3] 少或指沙汭,地在今安徽省怀远县。少贞过去释为颖、颖或鬲。

(6)羕陵。金饼。河南襄城县出土一件。具体地点不详,当与出土地相距不远。

---

[1] 司马迁:《史记·平准书第八》,中华书局1959年版,第1442页。

[2] 现在仍有学者坚持"郢爰"说。见黄德馨:《楚爰金研究》,光明日报出版社1991年版。

[3] 许慎:《说文解字》,中华书局1963年版,第294页。

（7）專禺。專，即郚阳、傅阳，今山东枣庄与江苏沛县一带。或主张郚，在今河南省上蔡县西南。

（8）中□。半印，其中一字为中，地名待考。

楚国金版和金饼[1]，大宗的主要出土于安徽寿县、阜南，河南扶沟、襄城，江苏盱眙，陕西咸阳等地。北宋人沈括在《梦溪笔谈》中曾详细地描述过金版的出土、形状、大小、重量，并称之为"印子金"。清光绪年间方浚益父子释出"郢爰"二字，"郢爰"也就成了楚金版的代称。

第七节　先秦钱币的特点

一、形制原始

先秦钱币从贝币算起，有2000年左右的历史，从春秋中期铜铸币算起，有500年左右的历史。由于处于钱币的萌芽和初始阶段，且春秋战国处于诸侯分封、列国争霸时期，因此先秦钱币形制原始、多样。布币、刀币就是农具、工具的形状，铜贝币就是贝壳形状。战国中期出现的圆钱，才是成熟的钱币形态，它最后统一了各种钱币。

二、质地多样

先秦钱币以青铜为主，但金、银、铅、陶均可制作钱币。秦以后，金一直未成为货币，银在明朝中期才成为法定货币，铅只在五代十国和清咸丰时很短暂地在某些地区制作过钱币，陶几乎没有再成为货币，只有五代时幽州刘守光父子使用过。

---

[1] 楚国金币，是一种称量货币。但有基本形状与铭文，因此有人称之为"初级铸币"。"初级铸币"的概念是模糊的，没有被人们接受。见黄德馨：《楚爰金研究》，光明日报出版社1991年版，第2~3页。

三、文字以地名为主，并有重量铭文

先秦钱币中，刀布铭文主要以地名为主，总数当在200以上。这些地名是主币名，与唐代会昌开元、宋代钱监、清代铸局作为背文不同，后者以"通宝""元宝"等为主币名，地名是次要的。

战国时期有重量铭文，主要是魏国的"釿"和秦赵的"两"以及楚国的"爰"。这些"釿"与"两"开始与重量有联系，且分为三等制或二等制。秦以后"半两""五铢"虽然以重量为文，但只具象征意义，例如"半两"，可以是八铢重也可以为四铢重，"五铢"也一样。

四、笔画随意

先秦钱币是在交换中使用的，其铸造文字是由作坊工人直接书写在钱范上的，因此，文字规范性差，随意性大。同一个字，可以有不同写法，增笔减笔都有。这一特点，使先秦钱币文字显得丰富，但也增加了今天释读的难度。

五、铸造方法主要是一钱一范

先秦钱币铸造方法原始，一钱一范，枚枚不同。当时主要使用泥范，使用一次后，范即损坏，不可重复使用。战国后期出现了石范，这样就使钱币的规范性增加了。汉代出现了叠铸以后，钱币就更规范、更标准了。

第五章　秦汉钱币

秦汉时期（公元前221～公元220年）是我国第一个大统一时代，国力强盛，以汉族为主体的中华民族最终形成。在货币制度方面，由于秦王朝的建立，战国时期各自独立的货币体系宣告结束。秦始皇用秦国的方孔"半两"钱统一了币制。此后2000多年，币文不断变化，钱币形制却是一脉相承。汉武帝铸"五铢"钱，五铢作为币文流行了700多年。

第一节　秦代钱币

公元前221年，秦始皇兼并六国，建立起中国第一个统一的专制主义的中央集权制国家。公元前209年，陈胜、吴广起义。公元前206年，秦朝灭亡。秦朝前后存在15年。

一、秦代三等货币

司马迁在《史记·平准书》中记载："及至秦，中一国之币为三等，黄金以镒名，为上币；铜钱识曰半两，重如其文，为下币；而珠玉、龟贝、银锡之属为器饰宝藏，不为币。"[1] 在这里，秦的货币制度为三等，黄金和铜钱，缺一等。根据云梦《睡虎地秦墓竹简》，一布等于十一钱，秦代货币的计量单位就是黄金→布→铜钱。

黄金为称量货币，以"镒"为单位。1镒等于20两。

布，《金布律》规定："布袤八尺，福（幅）广二尺五寸。布恶，其

---

[1]　司马迁：《史记·平准书第八》，中华书局1959年版，第1442页。

广袤不如式者，不行。钱十一当一布。其出入钱以当金、布，以律。"[1]

二、秦代钱币

秦代铜钱币文为半两。1两等于24铢，半两为12铢。

秦代半两是在战国半两（秦国半两）的基础上，加以规范。径25～34毫米，重2～10克。

要区别秦国半两、秦代半两、汉半两不太容易。根据出土资料，粗略归纳出秦代半两（图5-1-1）有以下几个特征。

图 5-1-1

1．极少有廓，大多没有内外廓，钱边有的经过加工。未加工的多有铸柄或铸口。

2．素背。

3．穿孔相对较小。

4．"半两"二字为秦篆（李斯篆），笔画多取方折，字体端正。字形较长，超过内廓上下线。平面隐起文，伴有块状。

秦代半两可以分为大样（见彩图3）、小样、大字、小字、肥字、细字、垂针、左读等多种版别。从半字分又可分为大半、小半、长半、斜半等，从两字分又可分为长两、长人两、连山两、十字两等。从穿孔分可分为广穿、狭穿、花穿等。从廓纹上可分为无廓、有外廓、穿上横、穿下横、穿上下横、铸口、铸柄等。另外秦代已出现了榆荚小钱，径13毫米以下，重0.3克左右。

三、方孔圆形钱的优点

方孔圆形钱之所以能够统一其他货币，并且流行2000多年，有几个

---

[1] 睡虎地秦墓竹简整理小组：《睡虎地秦墓竹简》，文物出版社1990年版，第36页。

原因[1]：

1. 圆形是最经济的图形，在最小的平面中可以得到最大的实用面积。因此战国末期，各国钱币均向圆形过渡。

2. 圆形没有棱角，不易折断致残。相反，布币、刀币等均存在这一问题。

3. 方孔便于加工。内孔原本是为了贯穿，方便携带。本来圆孔就可以达到这一目的，但钱币在铸出后，外缘非常毛糙，需穿在一根穿条上对外缘进行锉磨，这样圆孔就显得不方便。钱币铸为方孔，穿条也用方形，在锉磨时钱币与穿条形成一个整体，不易滑动。

4. 固定钱文位置。钱文位置在圆形圆孔钱币上是无法固定的，因为没有上下左右之分。在方孔钱币上，可以以内穿的四条边来区分上下左右。同时汉字为方块形状，与方孔配合，相得益彰。

第二节　西汉钱币

公元前206年，秦朝灭亡，刘邦为汉王，标志着汉王朝的建立。公元8年，王莽代汉，公元23年，王莽政权灭亡。人们把这一历史时期称为西汉，也有把王莽"新"朝单称的。钱币学上，由于王莽钱币较为重要，一般将其单列。西汉钱币以武帝元狩五年（公元前118年）为界，分为半两和五铢两个时期。

---

[1] 此外还有两种看法：1. 圆形方孔象征天圆地方的宇宙观。战国时期天圆地方的宇宙观较为流行，在《吕氏春秋》的《季春纪·圜道篇》和《季冬纪·序意篇》、《大戴礼记》的《曾子天圜篇》、《庄子》的《说剑篇》等文献中均有论述。《睡虎地秦墓竹简·为吏之道》有："中不方，名不章；外不员（圆）……"省略处据《说苑·谈丛》为"祸之门"。但没有直接证据认为二者之间有联系。最早将二者联系起来的是晋朝人鲁褒，他在《钱神论》中说："钱之为体，有乾坤之象，内则其方，外则其圆。" 2. 认为圆形方孔有美学意义。这种解释是很牵强的。在圆形中间挖出一个方孔，使圆形图案失去了重心和中心，破坏了圆形的美感，同时也无法布置优美的图案。所以古今中外的美术家几乎没有使用方孔圆形图案的。

图 5-2-1

1. 榆荚半两（图5-2-1）。汉承秦制，仍然使用半两钱。刘邦建国之初，认为秦半两太重，不便使用，并且秦代严刑峻法，使百姓痛苦不堪，因此，"更令民铸钱"[1]，即变通法律制度，使百姓自己铸钱，这就是历史上的"放铸政策"。百姓铸钱，没有规定标准，或规定标准没人监督执行，于是偷工减料，钱币铸造得越来越小，致使最后出现了非常小的榆荚钱。榆荚，又叫榆钱儿，即榆树的花果，以此形容钱币又薄又小。背平素，制作粗糙，肉薄孔大，轻重不一。径6～19毫米，穿5～11毫米，最轻的0.4克。

图 5-2-2

2. 八铢半两（图5-2-2）。西汉的放铸政策很快引起经济混乱，货币严重贬值。米石万钱，马匹百金。社会经济生活无法继续进行，必须进行改革。高后二年（公元前186年），朝廷取消放铸政策，由国家垄断铸币权，但是已无法恢复秦半两的重量，因此规定铸八铢重的半两钱。比秦钱减重三分之一。大样薄肉，文字扁平。径27～30毫米，穿8～10毫米，重4.5～5.3克。

图 5-2-3

3. 五分钱（图5-2-3）。汉高后三年（公元前185年），经过实践证明八铢半两钱还是较重，又铸小钱。重量为秦半两的五分之一，因此称为五分钱。秦半两重12铢，五分钱重2铢4絫。孔大，体薄，"半两"二字清晰整齐。径24毫米，重1～1.5克。

图 5-2-4

4. 文帝四铢半两（图5-2-4）。文帝即位，注意发展生产，稳定币值。文帝五年（公元前175年），因为五分钱太小，改铸四铢半两，重量为秦

---

[1] 司马迁：《史记·平准书第八》，中华书局1959年版，第1417页。

半两的三分之一。四铢半两形制较小，肉厚，制作整齐，文字谨严，背平素，无廓，个别有外廓。径30～32毫米，重2.2～3.1克。

文帝时撤销盗铸钱令，允许民间铸钱。于是出现宠臣邓通、吴王刘濞因铸钱"富侔天子"，故有"吴邓钱布天下"之说。

5. 三铢钱（图5-2-5）。武帝即位（建元元年，公元前140年）铸三铢钱。面文三铢，形体较小，背平素。径22毫米，重1.8～2克。三铢钱存世非常少。

图 5-2-5

6. 三分钱（图5-2-6）。武帝建元五年（公元前136年），取消三铢钱，铸四铢半两。重量为秦半两的三分之一，故称三分钱。与文帝四铢半两钱的区别在于有廓，即有廓半两。径21～24毫米，重1.1～2.5克。

图 5-2-6

7. 三铢钱、白鹿皮币、白金三品。武帝元狩四年（公元前119年），废三分钱，又行三铢钱，同时行白鹿皮币、白金三品。白鹿皮币，用皇宫内苑白鹿皮制成，方尺，彩绘，值40万。王侯宗室朝觐聘享时用以荐璧，实际是贡品而不是货币。白金三品：用银锡铅合金铸造的3种形状的货币：（1）上品圆形，龙纹，值3千；（2）中品方形，马纹，值5百；（3）下品椭圆形，龟纹，值3百。1955年长沙出土有泥质方形币和椭圆形币，1986年安徽六安出土有铅质龙、马、龟形器，1990年陕西省眉县出土有圆、方、椭圆形铅饼，有学者认为铅饼即白金三品。

8. 郡国五铢（图5-2-7）。汉武帝为解决财政困难，整顿币制，于元狩五年（公元前118年）令郡国铸五铢钱。面有周廓，背有内外廓。民多奸铸，版别不可胜数。

9. 赤仄五铢。武帝元鼎三年（公元前114年）至元鼎四年铸。《史记》

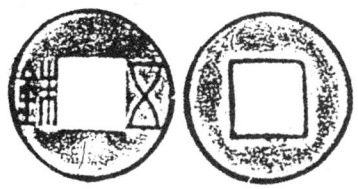

图 5-2-7

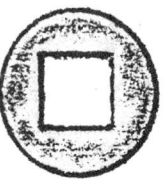

图 5-2-8

作"钟官赤侧"[1]。关于赤仄的释义，2000多年来，众说纷纭，莫衷一是。[2]

10. 三官五铢（图5-2-8）。武帝元鼎四年（公元前113年）禁郡国铸钱，专令三官铸。三官指水衡都尉下属的钟官、辨铜、技巧，地点在上林苑。三官五铢径25毫米，重3.5～4克。

图5-2-9

11. 小五铢（图5-2-9）文献不载，在墓葬或遗址中有出土。精粗不一，径11～12毫米，重0.3～0.73克，或为冥币。

图5-2-10

12. 磨边五铢（图5-2-10）又称剪边五铢。汉成帝时期出现的人为减重的钱币。

第三节　新莽钱币

公元6年，王莽毒死汉平帝，立孺子刘婴为更始帝，自己摄政。三年后，废孺子刘婴，自立为帝，改国号"新"。在王莽摄政和执政期间，四次变更币制，出现了一次影响极广、极深的货币混乱潮流。

一、第一次变革

居摄二年（公元7年），发行一刀平五千、契刀五百、大泉五十，与五铢并行。

1. 一刀平五千。"一刀"二字用黄金镶嵌，又名金错刀（图5-3-1）。长71.8～79.8毫米，重20.8～40.1克。版别有宽刀、窄刀、大平、小平等。

2. 契刀五百。长71.5～76.4毫米，重

图5-3-1

---

[1] 司马迁：《史记·平准书第八》，中华书局1959年版，第1434页。

[2] 有几种说法：以赤铜为钱廓；用子绀（赤铜）为钱；轮廓色赤；钱面倾斜；文字端庄轮廓周正等。

14.6～26.1克。版别有宽刀、窄刀（图5-3-2）、大字、小字等。

二、第二次变革

始建国元年（公元9年），废五铢、一刀、契刀，发行小泉直一，与大泉五十并行。

三、第三次变革

始建国二年（公元10年），制定"宝货制"。

图5-3-2

其内容为五物、六名、二十八品。五物为金、银、铜、龟、贝。六名为金货、银货、龟货、贝货、泉货、布货。具体分为金货一品，1斤值10000钱；银货二品，朱提[1]银，8两为1流，值1580钱，他银1流值1000钱；钱货六品（表5-3-1）；布货十品（表5-3-2）；龟货四品（表5-3-3）；贝货五品（表5-3-4）。

表5-3-1　钱货六品表

名　称	规　格	价值（钱）	径（毫米）	重（克）	版别
小泉直一	径6分	1	14～18.5	0.8～3.15	大样（图5-3-3）、小样、大字、阔轮、广穿、狭穿、合面、合背等。
么泉一十	径7分	10	16～17.2	2.3	大样、小样（图5-3-4）等。
幼泉二十	径8分	20	18.5～19.5	2.3～3.98	大字（图5-3-5）、小字、背阔轮、肥廓等。
中泉三十	径9分	30	19.8～25	3.4	中方折、中圆折（图5-3-6）等。
壮泉四十	1寸	40	20.3～24	3.95	大字（图5-3-7）、小字、肥廓等。
大泉五十	1寸2分	50	26.5～29.5	0.63～10.3	大样、小样、厚重、大字、细字（图5-3-8）、左读、重轮、阔轮、细廓、重廓、广穿、狭穿、花穿、四出纹、重文、合背、铅质、铁质、鎏金等。

---

[1] 朱提，音 shūshí，古县名，西汉置，治所在今云南昭通，因朱提山而得名。

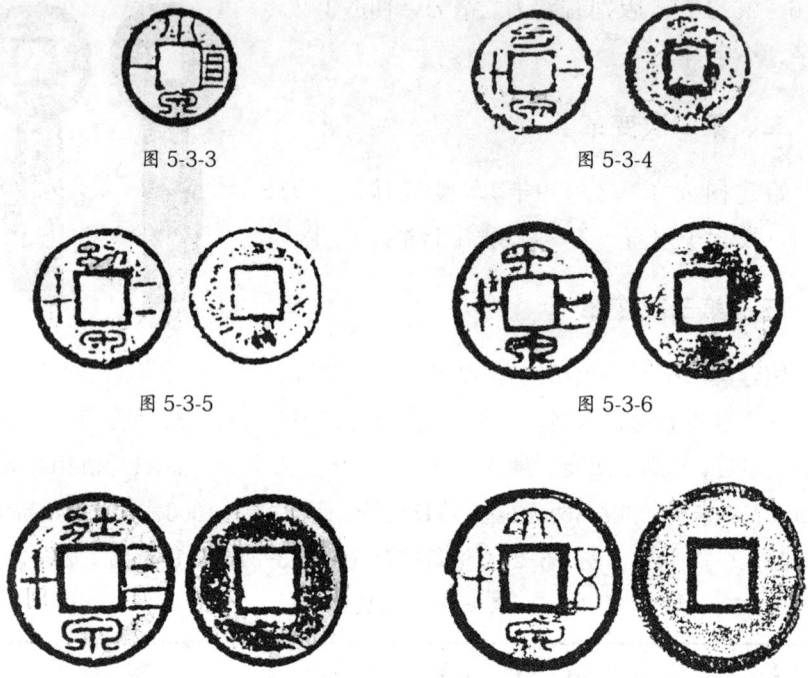

图 5-3-3

图 5-3-4

图 5-3-5

图 5-3-6

图 5-3-7

图 5-3-8

表 5-3-2 布货十品表

名 称	规 格	长（毫米）	重（克）	版 别
大布黄千	2寸4分	51.2～59.5	8.4～19.5	通穿、不通穿（图5-3-9）等。
次布九百	2寸3分	49.3～52	10.4～14.5	通穿（图5-3-10）、不通穿。
弟布八百	2寸2分	46.8～52	12	通穿、不通穿（图5-3-11）。
壮布七百	2寸1分	45.2～49.6	8.5～16.3	通穿、不通穿（图5-3-12）。
中布六百	2寸	44～47.3	8～9.1	通穿、不通穿（图5-3-13）。
差布五百	1寸9分	39.4～44	6.6～7.7	通穿、不通穿（图5-3-14）。
序布四百	1寸8分	39.6～41	6.6～9.3	通穿、不通穿（图5-3-15）。
幼布三百	1寸7分	36.5～39.6	7.8～11.1	通穿（图5-3-16）、不通穿。
么布二百	1寸6分	31.2～38	5～8.2	通穿、不通穿（图5-3-17）。
小布一百	1寸5分	33.9～35.6	5.8～10.9	通穿（图5-3-18）、不通穿。

第五章 秦汉钱币 85

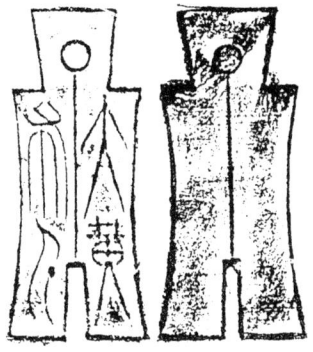
图 5-3-9

图 5-3-10

图 5-3-11

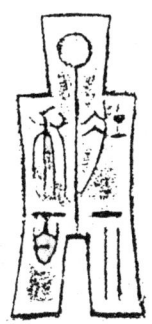
图 5-3-12

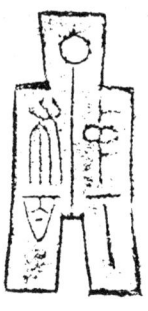
图 5-3-13

图 5-3-14

图 5-3-15

图 5-3-16

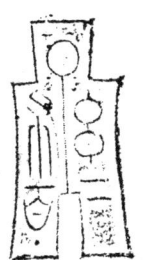
图 5-3-17

图 5-3-18

表 5-3-3 龟货四品表

名 称	规 格	价值（钱）
元龟	尺2寸	2160
公龟	9寸	500
侯龟	7寸以上	300
子龟	5寸以上	100

表 5-3-4 贝货五品表

名 称	规 格	单 位	价值（钱）	附 注
大贝	4寸8分以上	朋	216	2枚为朋
壮贝	3寸6分以上	朋	50	2枚为朋
么贝	2寸4分以上	朋	30	2枚为朋
小贝	1寸2分以上	朋	10	2枚为朋
贝	1寸2分以下	枚	3	不得为朋

四、第四次变革

天凤元年（公元14年），发行货泉、货布，其他作废。

1. 货泉。径12.6～32.1毫米，厚0.8～7毫米，重0.2～31.5克。版别分无廓、单廓、重廓、饼钱四大类，细分有大字（图5-3-19）、小字、重文、面星、背文字等100多种。

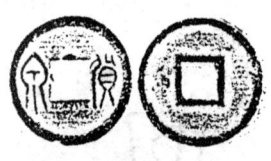

图 5-3-19

2. 货布（图5-3-20）。长55～59.3毫米，首长17～19.5毫米，首宽18～19.5毫米，穿径3.8～5.5毫米，肩宽22～23毫米，足宽22～25毫米，厚2～3毫米，重12～19.8克。版别有小样、厚重、小字、宽档、决纹、合背等。

此外，王莽钱币还有布泉、国宝金匮直万。

1. 布泉（图5-3-21）。史书无载，与莽钱同坑出土，形制、文字有莽钱风格，定为莽钱无疑。径23～28毫米，厚1～2毫米，重2.7～3.95克。版别分厚重、星纹、决纹、合背等。

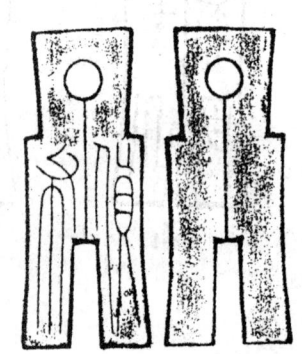

图 5-3-20

2. 国宝金匮直万（图5-3-22）。通高62.5毫米，径31毫米，下宽29毫米，厚4毫米，重41.6克。

图 5-3-21

五、王莽钱币的特点

1. 币种混乱。王莽钱币在十几年中经历了四次变动，这种现象在中国钱币史上是很少见的。因为，货币在经济生活中大量使用，需要相对稳定，否则将对社会造成很大危害。王莽政权的失败，与其币制频繁变动有关，特别是宝货制，把之前历史上所有的货币种类都搬出来了。

2. 制作精美。钱文用悬针篆（又叫铁线篆），文字圆润流畅，如"货布"二字，笔画最长达30毫米以上，而宽度不超过0.3毫米。置之掌上，赏心悦目。金错刀"一刀"二字，用黄金镶嵌而成，形状奇异，似一把钥匙。后来的文人雅士总把金错刀与美好的事物相联系。东汉张衡写道："美人赐我金错刀，何以报之英琼瑶。"宋钱昭度写道："荷挥万朵玉如意，蝉弄一声金错刀。"唐孟浩然写道："美人骋金错，纤手脍鲜红。"因此，王莽也被后人誉为第一铸钱高手。

图 5-3-22

3. 稀少珍贵。王莽钱币多为大钱，当五十、五百、五千等，在当时不值钱，但过了2000多年，莽钱有些品种就很难得到，如国宝金匮直万存世只有2枚（有认为伪者，传近年陕西有出土），壮泉四十也非常稀少。除货泉、大泉五十、小泉直一、货布、大布黄千外，其他均少见，因此王莽钱币十分珍贵。

第四节　东汉钱币

23年，绿林军推翻新莽政权，西汉灭亡。25年，刘秀重建汉朝，建都洛阳，史称东汉。220年，曹丕代汉称帝，东汉亡。

1. 建武五铢。汉光武帝建国之初，仍用五铢旧钱。且王莽乱后，货币杂用布帛金粟。建武十六年（40年），光武帝接受马援建议，恢复铸造五铢钱。东汉五铢钱与西汉相比，钱体较粗糙，周廓文字线条较粗，钱文、外廓在一个平面上,正面没有内廓,文字松散,不紧凑。径25~26.1毫米,厚1~1.8毫米,重2.3~5.15克。

(1) 东汉早期五铢。版别有大样、背四决纹(图5-4-1)、穿上横、穿下横。

(2) 东汉中期五铢。版别有重五、长铢、传形、背四决纹、穿上星、穿下星、五内星、五上星、竖纹、阴纹、蝌蚪纹、鸟纹、合背等。径22~26毫米,厚1~1.7毫米,重1.7~3.65克。

图5-4-1

(3) 东汉晚期五铢。版别有传形、横纹、竖纹、鸟纹、星纹。径25.5~26毫米,厚0.9~2毫米,重2.4~3.7克。

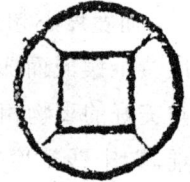

图5-4-2

2. 铁五铢。《后汉书·公孙述传》记载,公孙述于建武元年(25年)自立为天子,年号龙兴,铸铁五铢。过去认为是中国最早的铁钱。而根据出土材料,西汉已有铁半两。

图5-4-3

3. 四出五铢。汉灵帝中平三年(186年)铸新型五铢,质量较好,主要特征是背面有四出纹(内廓四角与外廓之间有连线),又叫角线,故称四出五铢。径26毫米,厚1.2~1.6毫米,重3.4~4克,版别有正样(图5-4-2)、左读、星纹等。

4. 綖环钱、对文钱。东汉晚期,货币混乱,小钱盛行,民间即把厚重大钱一剪为二使用。剪开后的外圈称綖环(图5-4-3),内圈称对文(图5-4-4)。后世有专门铸对文钱的。

图5-4-4

5. 董卓五铢。汉献帝初平元年(190年),董卓搜括长安、洛阳的铜器及旧钱,改铸小钱。《三国志》记载:"大五分、无文章、肉好无轮郭、不磨锉。"[1] 董卓五铢粗制滥造，文字不清，轮廓不全，不磨边。径10～18.5毫米，厚0.7～1.7毫米，重0.4～1.8克。版别有无文（图5-4-5）、五金、对文、竖纹、内廓、外廓等。

图5-4-5

6. 益州五铢。汉灵帝中平元年至汉献帝建安十九年（184～214年）刘焉、刘璋父子割据益州时铸造。面文五铢，特征是钱文接廓离轮，"五"字狭窄，笔画较粗，"铢"字笔画纤细，"金"字狭短，"朱"字较长，特长者上下两端窄

图5-4-6

细，直抵外廓。面无内廓，间或有穿上一横者。外廓宽阔，不规整。径24～25.4毫米，穿宽9～9.6毫米，厚1～2毫米，重2.1～3.7克。版别有粗五（图5-4-6）、细字、长朱等。

第五节　汉代金银币

西汉黄金较多，史书记载赏赐达90多万斤，王莽时国库存60万斤，东汉以后记载突然减少。除了汉武帝白金三品和王莽的宝货制，汉代还有其他几种金银币。

1. 金五铢。1980年陕西咸阳出土一枚，径26毫米，孔11毫米，厚2毫米，重9克。1990年河南巩义又出土一枚。

2. 金饼。金饼形似干柿，俗称柿子金，战国晚期已出现，汉代较多。有的背面刻文字，如"寅"、"土"（图5-5-1）、"斤九朱"、"辰"、"张"

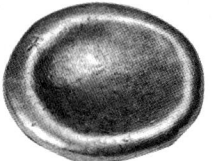

图5-5-1

---

[1] 陈寿：《三国志》卷六，中华书局1959年版，第177页。

等。大者径47～84毫米，重200～370克。小者径17～29毫米，重12.6～20.5克，俗称金豆。

3. 麟趾金（图5-5-2）。底面圆形，上部中空，向一方斜收，战国晚期已出现。汉武帝太始二年（公元前95年），"更黄金为麟趾、褭蹏，以协瑞焉"[1]。底面或侧壁多有铭文，如"大"、"太夫"、"位"、"黄"、"吉"、"大吉"、"令止"、"辰"、"八"等。底径50～65毫米，高22～35毫米，重200～280克，一般重250克，约等于汉代一斤。

图 5-5-2

4. 马蹄金（图5-5-3）。即史书所记褭蹏，与麟趾金大体相同，只是底部为椭圆形。铭文有"上"、"阁"、"斤二两十二朱"、"上十斤"、"斤一两口口铢"、"斤一两十十朱"、"斤十两二十三朱"、"三"、"十"等。底面长径60毫米以上，短径40毫米，重210～460克，重约250克。

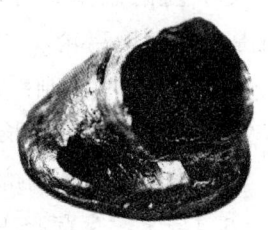

图 5-5-3

第六节　汉代新疆钱币

新疆自古就是中国领土。西汉宣帝神爵二年（公元前60年）设立西域都护府，将新疆纳入朝廷管辖。新疆地处丝绸之路必经之地，东西方文化在这里融合交汇，钱币文化便具有东西方文化交流的明显特征。汉代于阗王秋仁统治时（175～220年），铸有汉佉二体钱。其统治中心在今和田地区，钱币背面有马、驼图案，俗称"和田马钱"。

和田马钱由打制而成，圆形无孔，正面为汉文，背面中心有马图或骆驼图，周边为佉卢文。

1. 马图六铢钱。正面汉文"六铢钱"，有的中间有一"ぅ"形符号。

---

[1] 班固：《汉书》卷六，中华书局1962年版，第206页。

背面中间马图，周围佉卢文，汉译为"大王、都府之王秋仁之（钱货）"（图5-6-1）。径17～22毫米，厚1.5～4毫米，重2.1～5.2克。

2. 马图廿四铢。正面中间贝形符号，外环汉字"重廿四铢铜钱"；背面中间马图，外环佉卢文，分为两种，汉译分别为"大王、众王之王、太上秋仁之（钱货）"、"大王、众王之王、都府之王秋仁之（钱货）"（图5-6-2）。径23毫米，厚4毫米，重14.8克。

3. 骆驼图六铢钱。正面中间"彡"形符号，汉字"六铢钱"，背面佉卢文，汉译为"大王、众王之王、太上秋仁之（钱货）"（图5-6-3）。

4. 骆驼图廿四铢。正面中间"彡"形符号，外环汉字"重廿四铢铜钱"，背面中间骆驼图案，外环文字漫漶不清，应与六铢钱相同（图5-6-4）。

图 5-6-1　　　　　　　　　图 5-6-2

图 5-6-3　　　　　　　　　图 5-6-4

第六章　魏晋南北朝隋钱币

魏晋南北朝时期（220～581年）是我国历史上最长的动乱时期。由于兵连祸结，货币经济有所倒退，实物经济有所回潮，因此不断出现谷帛为市的情况。另一方面，由于政治分裂和经济的区域化，钱币制度较为混乱。这一时期，仍以五铢钱为主流，但非五铢倾向也很明显，出现了年号钱、国号钱等。隋代又统一到五铢钱，为铢两货币画上了句号。

第一节　三国钱币

一、曹魏五铢

分文帝五铢和明帝五铢。文帝黄初二年（221年）三月"复五铢钱……冬十月……以谷贵，罢五铢钱"[1]。明帝太和元年（227年），复五铢钱。从版别上尚难分清文帝五铢和明帝五铢。魏五铢特点为"五铢"二字被外廓侵压、广穿、面无内廓，可分为大中小样。大者径24～25毫米，重2～2.8克；中者径24～25毫米，重1.3～2.6克；小者径20毫米左右，重1克左右。版别很多，钱形、钱文、外廓、内廓、记号等随意性很大。钱文多有简笔、省笔。大样有大字（图6-1-1）、长朱、粗字、传形等版别；中样有粗字、细字、隐铢、简朱、面上下星、面背阴文等版别；小样有大

图6-1-1

---

[1] 陈寿：《三国志》卷二，中华书局1959年版，第78页。

字、小字、双星、面背阴文等版别。另有一种五朱钱，与魏五铢同出，风格特征相近，也应为魏钱。分大小两种：大者径20～23毫米，重1.1～2.9克；小者径20毫米以下，重0.6～1.7克。版别有小字、长字（图6-1-2）、短五、左读、广穿、平背等。

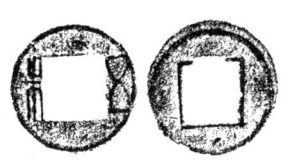

图6-1-2

二、蜀汉钱币

刘备据益州后，军费不足，开始铸钱。[1] 前后铸有直百五铢、直百、直一、太平百钱、世平百钱、大平百钱、大平百金、定平一百等。

1. 直百五铢。直百隶书，五铢篆书，分大、中、小三等：大者径27～29毫米，重7～10克；中者径25.5～26.9毫米，重5～7克；小者径23.5～24.5毫米，重3.2～3.5克。背多阴刻数字、花纹或文字，如八、｜、王、羊、出、◇、三◯、∽、$、一、二、七、十川、十四、十一、十二、二十、百、千、木、工、小十、中、星纹等。版别有大样大字（图6-1-3）、小字、细字、阔轮等。

图6-1-3

2. 犍为直百五铢。背穿左有为字，表示犍为郡所铸，为方孔圆钱背铸地名的滥觞。径26～29毫米，重5～10克。版别有大样粗字、细字（图6-1-4），背阴纹等。另有铁钱，较小。

图6-1-4

3. 太平百钱。大平、太平、世平，均代表世代平安之意。径25～28毫米，

图6-1-5

---

[1] 及拔成都，士众皆舍干戈，赴诸藏竞取宝物。军用不足，备甚忧之。巴曰："易耳，但当铸直百钱，平诸物贾，令吏为官市。"备从之，数月之间，府库充实。（见陈寿：《三国志》卷三十九，中华书局1959年版，第982页裴松之注引《零陵先贤传》。）

重5～7克。版别有篆书粗字（图6-1-5）、篆书细字、隶书平长竖、隶书平短竖等。

4. 世平百钱。篆书，径27～28.5毫米，重6克。分粗字、细字（图6-1-6）。

图6-1-6

5. 大平百钱。读作"太平百钱"，背面分有水波纹和无水波纹两类。有水波纹者分篆书（图6-1-7）、隶书、篆隶相间等。径24.4～27.3毫米，重3～8克。无水波纹者分大、中、小三种。版别分粗字、细字、平长点等，无内外廓。背文较多，有二、十、十三、廿、廿一、廿六、廿八、卅八、五十、七十四、八十四等。径17～25.3毫米，重1～4.5克。

图6-1-7

6. 大平百金。"金"为钱字省笔，原因是钱体太小。径12.4～16.5毫米，重0.7～1.2克。版别分左读（图6-1-8）、背阴文二竖、小钱等。

图6-1-8

7. 定平一百。《说文》："定，安也。"定平即安平、平安。本为小钱，又分大、小两种：大者径15.5～17毫米，重0.8～1.4克；小者径13～13.5毫米，重0.4～0.5克。版别有光背（图6-1-9）、背文等。背文多种，有二、五、六、十、卅、卌、一、三、四、五二、十三、卅六等。

图6-1-9

8. 直百。由直百五铢简化而成。分大小二种：大者径16.5～19.9毫米，重1.6～2.8克；小者径11～12.9毫米，重0.2～0.55克。版别有百省笔、左读、小字（图6-1-10）、面上星、背文等。背文多为阴刻文，有王、己三、四、廿、

图6-1-10

图6-1-11

廿三、六十、一、二、六、十等。

9. 直一。径12.4～12.5毫米，重0.45～0.5克（图6-1-11）。

三、孙吴钱币

孙吴钱币均为虚价大钱。据《三国志》记载，孙权嘉禾五年（236年）铸大泉五百，赤乌元年（238年）铸大泉当千。今见还有大泉五十、大泉二千、大泉五千等。

1. 大泉五十。是彭信威先生最早推断出应有此等钱，近年来出现，有孙吴钱风格。

2. 大泉五百。版别有大样、大字、粗字（图6-1-12）、星纹、合背等。分大小二种：大者径30～73.1毫米，重7～9.9克；小者径26～29.6毫米，重4～7克。

图 6-1-12

3. 大泉当千。大小不一，特大型径36.6～44.1毫米，重13.6～18.8克；特小型径23毫米，重2.4克。版别较多，有大字、细字（图6-1-13）、异大、异泉、异千、星纹等。

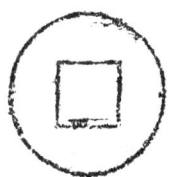

图 6-1-13

4. 大泉二千。径31～33毫米，重5.1～9.6克。版别有粗字、小字、细字（图6-1-14）、异书等。

图 6-1-14

5. 大泉五千。径38～39.7毫米，重10.6～14.9克。版别有粗字（图6-1-15）、细字等。数量极少。

图 6-1-15

第二节 晋代钱币

1. 西晋五铢。据史书记载，西晋没有铸钱。但根据出土资料却发现有一种晋墓出土而前代没有的五铢钱，应为西晋早期蜀地所铸。其文字规整，千枚一式，径21毫米左右，重1.7～2.7克。版别有光背、星纹、背阴文等。背阴文有一、二、三、四、五、七、八、十、十一、十二、十六、十八、十九、廿十、廿一、廿三、廿卌、廿五、廿六（图6-2-1）、廿八、卅一等。

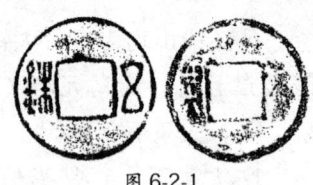

图 6-2-1

2. 太元货泉。东晋孝武帝太元年间（376～396年）铸造，径21.5～22毫米，重1.5～2.3克（图6-2-2）。

图 6-2-2

3. 沈郎五铢。东晋吴兴人沈充所铸五铢小钱，世称"沈郎钱"。以往的谱录均把没有金旁的五朱作为沈郎钱（图6-2-3）。三国墓中已有此种五朱钱出土。后人一般把沈郎钱作为小钱的代称。

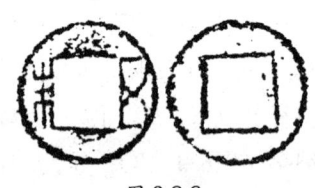

图 6-2-3

第三节 十六国钱币

十六国时期（304～439年）铸钱较少，主要有西凉、后赵、成汉、夏四个政权铸了钱。

一、西凉钱币

1. 张轨五铢。晋愍帝永嘉七年（313年），凉州刺史张轨采纳太府参事索辅建议，铸五铢钱。版别特点不明。

2. 凉造新泉。317年，元帝过江，张轨子张宪自立为王，国号"凉"，铸凉造新泉。大小不一，径12～21.2毫米，重1.2～2克。文字浮浅，多漫漶不清。版别有小凉（图6-3-1）、大泉、小泉、粗字等。

图6-3-1

二、后赵钱币

图6-3-2

319年石勒建立赵国，史称后赵，铸丰货钱。钱文突破铢两常规，含有丰富财货之意。径23～25毫米，重1.5～3克。版别有方贝、圆贝、细字（图6-3-2）、星纹等。

三、成汉钱币

成汉李寿于汉兴年间（338～343年）铸汉兴钱，是我国最早的年号钱。径17～18毫米，重0.6～1.5克。分直读和横读，隶书为直读，篆书为横读。版别有光背、背星纹、背阴文等。背阴文有三、五、六（图6-3-3）、十等。

图6-3-3

四、夏钱币

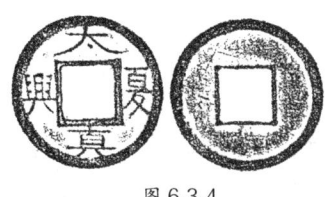

图6-3-4

夏赫连勃勃真兴年间（419～420年）铸太夏真兴钱（图6-3-4）。钱文为国号加年号，径23～25毫米，重2.2～2.5克。

第四节　南朝钱币

南朝宋、齐、梁、陈四个政权均铸有钱币。

一、刘宋钱币

刘宋政权（420～479年）铸有四铢、孝建四铢、孝建、大明四铢、两铢、永光、景和等钱币。

1. 四铢。宋文帝元嘉七年（430年）始铸。规整标准，面无内廓，径21.4～24毫米，重1.5～3.5克。版别有光背（图6-4-1）、粗字、细字、小字、狭字、星纹、月纹等。星月纹位置面、背均有，有单星、双星、双月、三星、四星等。

图 6-4-1

2. 孝建四铢。宋孝武帝孝建元年（454年）始铸。面"孝建"为年号，背"四铢"为重量。字体为篆文中的薤叶体。轻重大小悬殊，版别种类很多。径13～23毫米，重0.4～2克。版别有大样长金、四铢侵廓、离廓、阔轮（图6-4-2）、四倒书、四铢传形、合背、倒合背、面背星纹等。

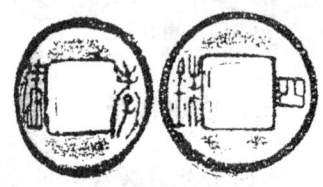

图 6-4-2

3. 孝建。由孝建四铢减重省略四铢而成。体轻薄，字多平夷，廓细或无。径14～19.5毫米，重0.3～1.45克。版别有光背（图6-4-3）、合背、倒合背、传形、面背星纹等。

图 6-4-3

4. 大明四铢。宋孝武帝大明年间（457～464年）铸，面大明，背四铢。径20.5～22.4毫米，重1～2克。极罕见，版别有阔轮（图6-4-4）、传形等。

图 6-4-4

5. 两铢。宋前废帝永光元年（465年）铸。由于四铢减重而变为两铢。径18.2～19毫米，重0.9～1.2克。版别分粗字（图6-4-5）、细字等。

图 6-4-5

6. 永光。宋前废帝永光元年（465

年）铸。钱文纤细，铸造精整，极罕见。径17～18.5毫米，重0.9～1.5克。版别有大样、细字（图6-4-6）、小样等。

7. 景和。宋前废帝景和元年（465年）铸。文字风格同永光，极罕见。径18～19毫米，重0.9～1.4克。版别分阔轮（图6-4-7）、狭轮等。

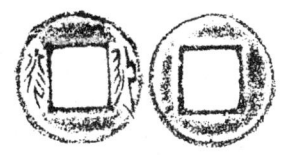

图 6-4-6

图 6-4-7

二、南齐钱币

齐武帝永明八年（490年）铸五铢钱，无法确认。

三、南梁钱币

南梁（502～557年）铸有天监五铢、公式女钱、铁五铢、太清丰乐、二柱五铢、四柱五铢等钱币。

1. 天监五铢。梁武帝天监元年（502年）始铸。肉好周廓，制作精整，径22～24毫米，重2.5～3.6克，版别有大铢、阔轮（图6-4-8）、狭轮等。

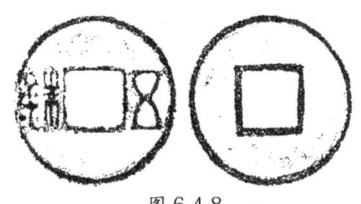 

图 6-4-8　　　　　　　　　　图 6-4-9

2. 公式女钱。梁武帝天监元年（502年）始铸。特点是面无内外廓，背有内廓无外廓，因是官定式样的小钱，故称公式女钱。径20～23毫米，重1～2.5克，版别有宽五、狭五、小样（图6-4-9）等。

3. 铁五铢。梁武帝普通四年（523年）始铸。背均四出纹，官铸私铸混杂，大小轻重不一，径19～25毫米，重1.6～5克，版别有大样广穿、大样狭穿（图6-4-10）、传形、重钱文、小字、星纹等。

4. 太清丰乐。梁武帝太清年间（547～549年）铸。四字按右左下上排列，

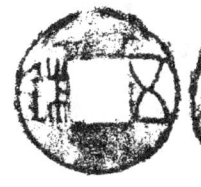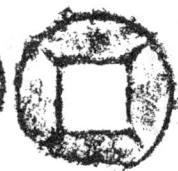

图 6-4-10

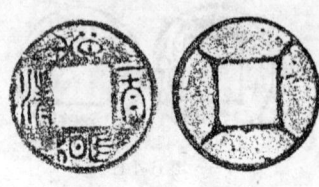

图 6-4-11

图 6-4-12

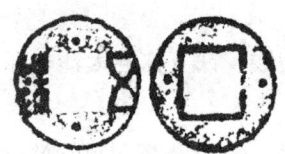

图 6-4-13

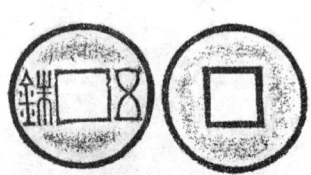

图 6-4-14

图 6-4-15

图 6-4-16

文字古朴，径21.6～26毫米，重2.1～3.7克。版别有大样（图6-4-11）、小样、阔轮、狭轮、无四出文等。

5. 二柱五铢。梁元帝承圣年间（552～555年）铸，同天监五铢，穿上下各一星，故称二柱。径22～23毫米，重2.5～3.3克，版别有面有内廓、面二竖廓（图6-4-12）、传形等。

6. 四柱五铢。梁敬帝太平二年（557年）铸，面背各二星故称（图6-4-13）。径22～23毫米，重2～2.8克。

四、南陈钱币

南陈（557～589年）主要铸有五铢和太货六铢钱。

1. 文帝五铢。陈文帝天嘉三年（562年）铸。"五"字二横微伸，铢与太货六铢风格相同，径24.6～25.2毫米，重2.3～3.5克，版别有粗字（图6-4-14）、细字等。

2. 太货六铢。陈宣帝太建十一年（579年）始铸。篆文精美，铸造精整，为六朝钱币之冠，径24～25.5毫米，重3.4～4克，版别有粗字（图6-4-15）、细字、阔轮、小样等。

3. 后主五铢。陈后主时期（583～589年）铸。面无内廓，铢字金旁狭窄，四点微小，径24～25毫米，重2.3～3.1克，版别有短五（图6-4-16）、大五、粗字、细字、星纹、月纹等。

第五节 北朝钱币

北朝（386～581年）五个政权北魏、东魏、西魏、北齐、北周均铸有钱币。

一、北魏钱币

386年北魏建国，直到太和十九年（495年）魏孝文帝改革，才开始铸钱。

1. 太和五铢。孝文帝太和十九年（495年）始铸。因允许私铸，版别较多，径21.5～26.1毫米，重1.2～4.9克，版别分大样、小样、折腿太（图6-5-1）、弧腿太、双点太、粗字、细字、异书等。

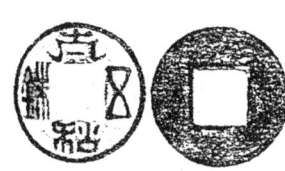

图6-5-1

2. 永平五铢。宣武帝永平三年（510年）始铸。私铸亦多，大小不一，"五铢"二字修长，径18.4～25.5毫米，重0.5～4.4克，版别有大样长字、大样大字（图6-5-2）、长字弯铢、粗字、细字、小样平背等。

图6-5-2

3. 永安五铢。孝庄帝永安二年（529年）始铸。"永"、"安"、"铢"三字借廓省笔，有的背上土，与穿孔组成一吉字。径21～25毫米，重1.9～5克，版别有大样粗字、斜五、斜永、背四出、背四决、背土（图6-5-3）等。

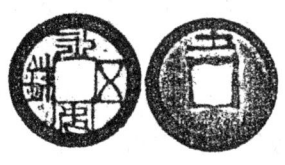

图6-5-3

二、东魏钱币

永安五铢。东魏（534～550年）孝静帝武定元年（543年）始铸。五字直笔，铢字金头微斜，径21～24毫米，重1.9～2.2克，版别分大样（图

图6-5-4

6-5-4)、小样等。

三、西魏钱币

大统五铢。文帝大统元年（535年）铸。五字直笔，左一竖画，面无内廓，径20～25.5毫米，重1.3～4.1克（图6-5-5）。

图 6-5-5

四、北齐钱币

常平五铢。文宣帝天保四年（553年）所铸。文制精好，面无内廓；径18～24.8毫米，重1.4～4.1克，版别有粗字（图6-5-6）、细字、背巨星、小样等。

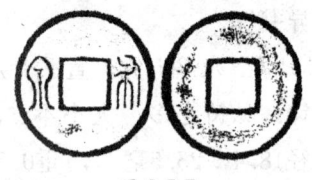

图 6-5-6

五、北周钱币

北周铸行布泉、五行大布、永通万国三种钱。

1. 布泉。周武帝保定元年（561年）铸。钱文玉筯（zhù）篆，与王莽的悬针篆布泉不同。肉好周廓，千枚一式，径25～25.5毫米，重3～4克，版别有光背（图6-5-7）、花穿等。

2. 五行大布。武帝建德三年（574年）铸。文意为金木水火土相生相克，循环不息，永远流通。径21～27.9毫米，重1.5～5.1克，制作精美，版别有大样粗字（图6-5-8）、大样细字、大样扁五、大样小行、大样倒合背、合背粗字、粗字、小样细字等。

图 6-5-8

图 6-5-9

3. 永通万国。静帝大象元年（579年）铸。文意为永远在天下流通，篆文华美，为中国钱币书法的典范。径25～29毫米，重2.8～7.9克，版别有大样粗字、大样细字（图6-5-9）、大样阔轮、合背、小样倒合背等。

第六节　隋代钱币

隋代仍然铸造五铢钱，分置样五铢、五铢白钱等。

1. 置样五铢。文帝开皇元年（581年）铸，因当时在各关卡放置百枚作为样品，用以鉴别，其他钱不许流通，所以叫置样五铢。文字方正较长，"五"字直笔，穿孔右边有一竖画，外廓宽，没有内廓，径16～25毫米，重0.75～3.5克，版别有大样粗字、大样细字（图6-6-1）、大样星纹、传形、合背、粗笔大字、粗笔小字、粗字、细字、小样大字、小样小字、小样细字、小样广穿等。

2. 五铢白钱。开皇五年（585年）铸，因加入锡铅较多，铜色灰白所以称五铢白钱。五字曲笔，其他同置样五铢，径22～23毫米，重2.2～2.6克，版别有大字（图6-6-2）、小字、粗字等。

魏晋南北朝时期，黄金数量减少，货币性特征与作用在中原地区趋于消失，单位由汉代的"斤"变为"两"。钱币单位出现"文"、"贯"，秦汉时期为"钱"。

此外尚有许多无考品，如穿上下五铢、两铢、续铢、大吉五铢、五子、五工、五五、泉泉、货货、五大货泉、五五五铢等。

南北朝时期，有许多私铸小钱。当时对小钱的称呼有鸡目、鹅眼、耒子、细钱、荇叶、对文等。

图6-6-1

图6-6-2

第七章 唐五代十国钱币

从唐代开始，钱币称"宝"，不再以重量命名，表明人们对货币的认识有所加深。白银的货币性有所加强，出现了汇票性质的飞钱。总之，唐代不仅是我国封建社会的一个转折，也是钱币史上的一个转折。

第一节 唐代钱币

唐代（618～907年）是一个长期大一统的朝代。唐代钱币简单统一，以开元通宝为主，另有一些年号钱。

一、开元通宝

高祖武德四年（621年）始铸。钱文开元通宝，由给事中（掌驳政令之事，门下省属官）欧阳询制词并书，隶间八分，径24～25毫米，重4克。1钱重2铢4絫，10钱重1两。中国衡制因此变为1斤重16两，1两重10钱，而以前1两重24铢。

开元通宝不是年号钱，是开辟新纪元的意思。读作开通元宝也可以。

开元通宝铸时长、铸量大、版别复杂，根据考古发掘，可以将其分为早、中、晚三期。

早期开元通宝从高祖武德四年至玄宗开元中期。特征为肉好周廓，工艺精湛，钱文深峻，"开"字笔画疏密有致，间架匀称，"元"字首画短小，次画横长，左挑，"通"字走之前三笔不相连，略呈三撇状，

图 7-1-1

甬部上笔开口较大,"宝"字贝部内两短横与左右两竖不相连;光背。版别有大样粗字、大样细字、大样大字(图7-1-1)、粗笔大字、细笔大字等。

中期开元通宝从玄宗开元晚期至文宗开成年间。特征是钱背有星月纹,钱文笔画疏松,纤细而清秀,字体较早期瘦长,"元"字第一笔稍长,第二笔有左挑、右挑、双挑及不挑,"通"字走部拐折,"甬"部上笔略大、开口较扁小,"宝"字较小,"贝"部中间两横变长。版别有当十、大样、大样背上星、元右挑、元双挑背上孕月(图7-1-2)、月纹、日纹、星纹、合背、鎏金等。

图 7-1-2

晚期开元通宝从武宗会昌五年(845年)至哀宗天祐四年(907年)唐灭亡。其特征为门内"降井"突出,文字浮浅漫漶,面背星月纹杂乱,外廓较阔,铸工草率,错范多。会昌开元即属此类。会昌开元由各地置炉铸造,背文肥瘦大小不同、字迹不清、位置不一。

会昌开元是武宗会昌五年(845年)始铸的背带文字的开元通宝钱。背有地名或钱监名,昌字有说是会昌年号。背字共有23种:京(京兆府)、洛(洛阳)、益(西川)、梓(东川)、昌(扬州)、荆(江陵)、襄(襄阳)、蓝(蓝田)、越(越州)、宣(宣州)、洪(江西)、潭(湖南)、兖(兖州)、润(浙西)、鄂(鄂州)、平(平州)、兴(兴元府)、梁(梁州)、广(广州)、福(福州)、桂(桂阳)、丹(丹州)、永(永州,一说不知何意)。文献记载还有并(并州)、扬(扬州),此二钱未见实物。

1. 开元通宝背"昌"(图7-1-3)。面文阔狭各异。"元"字分左挑、右挑、不挑。"昌"字多在穿上,少数在穿下或穿左。有大字、小字、粗字、细字之分。面背或有星月纹。

图 7-1-3

2. 开元通宝背"京"(图7-1-4)。"京"字多在穿上,少数在穿左或穿下。多有星月纹。写法上有双京、反京、倒京、横京等。

3. 开元通宝背"蓝"(图7-1-5)。"元"字左挑、右挑、双挑、不挑。"蓝"字多在穿右,

图 7-1-4　　图 7-1-5

图 7-1-6　　　　图 7-1-7　　　　图 7-1-8　　　　图 7-1-9

间有穿上。多有星月纹,也有虎头纹及云纹,为蓝字钱独有。

4. 开元通宝背"丹"(图7-1-6)。"丹"字多在穿上,少数在穿右。分大丹和小丹。有星月纹。"元"字分左挑和不挑。

5. 开元通宝背"洛"(图7-1-7)。"洛"字在穿上。"元"有左挑、右挑和不挑,有星月纹。

6. 开元通宝背"兖"(图7-1-8)。"兖"字在穿上。分大兖和小兖。有星月纹。

7. 开元通宝背"平"(图7-1-9)。"平"字在穿上。分大平、小平、长竖、短竖,"元"左挑、不挑。有星月纹。

8. 开元通宝背"荆"。"荆"字在穿右。分大样、星、月纹等(图7-1-10)。

9. 开元通宝背"襄"(图7-1-11)。"襄"字多在穿右、穿上,亦有在穿左,多不清晰。"元"字左挑、不挑、双挑。有星月纹。

图 7-1-10　　　　图 7-1-11　　　　图 7-1-12　　　　图 7-1-13

10. 开元通宝背"梁"(图7-1-12)。"梁"字多在穿上,在穿下者多向右横列,梁字水旁写作二点。"元"字左挑、右挑、双挑、不挑均有。有大样、星月纹等版别。

11. 开元通宝背"兴"(图7-1-13)。"兴"字在穿上,侵轮,工整。"元"字左挑。有星月纹,也有双兴者。

12. 开元通宝背"润"(图7-1-14)。"润"字多在穿上,少数在穿下倒书。"元"字左挑、右挑、双挑、不挑均有。有星月纹。

图 7-1-14　　　图 7-1-15　　　图 7-1-16　　　图 7-1-17

13. 开元通宝背"越"（图7-1-15）。"越"字多在穿下，在穿上者有倒书。"元"字左挑、不挑。有星月纹。

14. 开元通宝背"福"（图7-1-16）。"福"字多在穿上，在右下者绝少。分大字、小字。"元"字左挑、不挑。有星月纹、合面等。

15. 开元通宝背"宣"（图7-1-17）。"宣"字在穿左、穿右。"元"左挑。有星月纹。

16. 开元通宝背"洪"（图7-1-18）。"洪"字穿上、下、左、右均有，正书、倒书、横书。"元"左挑、右挑、双挑、不挑。有星月纹。版别繁多。

17. 开元通宝背"鄂"（图7-1-19）。"鄂"字在穿上，分大字、小字。"元"字左挑、右挑、双挑、不挑。有星月纹。

图 7-1-18　　　图 7-1-19　　　图 7-1-20　　　图 7-1-21

18. 开元通宝背"潭"（图7-1-20）。"潭"字在穿左，隶书。"元"字左挑、不挑。版别不多。

19. 开元通宝背"益"（图7-1-21）。"益"字在穿上，分大字、小字。"元"左挑。版别不多。

20. 开元通宝背"梓"（图7-1-22）。"梓"字在穿上。"元"字左挑、右挑。有星月纹。

21. 开元通宝背"广"（图7-1-23）。"广"字多在穿右，也有在穿左和穿下的。"元"字左挑、右挑和不挑、双挑。有星月纹。

22. 开元通宝背"桂"（图7-1-24）。"桂"

图 7-1-22　　　图 7-1-23

字在穿右。"元"字左挑或不挑。有星纹。

23. 开元通宝背"永"（图7-1-25）。"永"字在穿上或穿下。"元"左挑、右挑或不挑。有星纹。

会昌开元中，永字最少，丹、平、福、桂次之，洪字最多，京字反书者少见，潭字有铅钱。

图 7-1-24　　　图 7-1-25　　　　图 7-1-26

二、乾封泉宝

唐高宗（李治）乾封元年（666年）所铸。钱文楷书（"宝"为隶书），秀丽端庄，铸工精整。径25～28毫米，重3.7～4.9克。当时规定一当开元通宝十枚，作价过高，引起通货膨胀，不久即停铸。版别分阔轮、狭轮（图7-1-26）、加冠宝、粗字、细字、宝下星、背斜纹、背日月星云纹、小样光背、小样平背等。另外有鎏金、铅质等。

三、乾元重宝

唐肃宗（李亨）乾元元年（758年）始铸。钱文隶书。分当十、当五十、小平三种，版别甚多。

1. 乾元重宝当十。径25～34毫米，重6～19.8克。背有祥云、瑞雀、星月纹、十、光背等。分大中小样，版别甚多。大样有背右月、背下月、背下云等；中样分元不挑、背上十、背右星、背上云、背下雀（图7-1-27）、背

图 7-1-27　　　　　　　　　图 7-1-28

左雀、光背等；小样分大字、小字、背下月、合背、倒合背等。

2. 乾元重宝当五十。为乾元二年（759年）铸，背重轮，又称"重棱钱"。径31～36.5毫米，重9.8～26.5克。背有祥云、瑞雀、星月纹等。分大中小样：大样有面左星、面背各四星、背四月纹、背下月、背左月、背下云（图7-1-28）、背四云、合背等；中样分阔轮、狭轮、背上月、背左月、背下云等；小样分大字、小字、粗字、细字、阔轮、背下星等。

3. 乾元重宝小平。为代宗宝应年间（762～763年）铸。径20～26.9毫米，重2.4～6.1克。背有祥云、星、月等。大样有光背、背上云、背上云下月等；中样有光背粗字、光背细字、面背星（图7-1-29）、月纹、背开元通宝、背元、背洪等；小样有光背狭轮、背下俯月、平背阔轮等。

图7-1-29

中国古代钱币正用品只有文字，没有图案，乾元重宝背有祥云、瑞雀等图案是很特别的。此外，乾元重宝也是中国钱币称重宝的开端。

四、大历元宝

唐代宗大历年间（766～779年）铸。根据出土地点判断，此钱应铸于安西地区（今新疆库车）。径21.8～24.4毫米，重2～4克。铸作粗率。分小大（图7-1-30）、小元、小元宝、小宝、平背、背双月、小样粗字、小样细字等版别。另有一种"元"字钱，为大历元宝省文。径19.5毫米，重2克左右。

图7-1-30

五、建中通宝

唐德宗建中年间（780～783年）铸，与大历元宝一样，同铸于安西地区。径21～23毫米，重2.3～2.7克。分粗字（图7-1-31）、细字、大建等版别。另有"中"字钱，为建中通宝省文。径20～21毫米，重2.1～3.4克。

图7-1-31

六、咸通玄宝

唐懿宗咸通十一年（870年）桂阳监铸。铸工不精，传世稀少。径22～23毫米，重3.9克左右。分阔轮（图7-1-32）、狭轮两种。

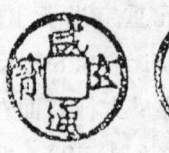
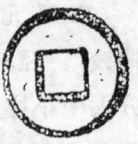

图7-1-32

七、史思明钱币

图7-1-33

1. 得壹元宝。唐乾元二年（759年）史思明据洛阳所铸。钱体重大，文字雄伟，为当百大钱。径32～37.8毫米，重7.7～26.6克。分大中小样，背有多种星、月纹。"元"字均为左挑（图7-1-33）。

2. 顺天元宝。唐乾元二年（759年）四月，史思明建元"顺天"，铸"顺天元宝"。"元宝"二字仿开元钱，"元"字左挑，文字雄伟，背多有星月纹。铜质精美，钱体厚重。为当百大钱。径32.5～39.5毫米，重18～34.6克。分大中小样，版别甚多（图7-1-34）。

图7-1-34

八、唐代金银钱币

唐代金银钱币包括金银钱、金银铤、银饼等。金银钱主要是开元通宝，1970年西安何家村出土金开元30枚、银开元421枚。

金铤有"张通儒进"金铤、"乾元元年"金铤、"参军裴"金铤、"员外同正"金铤、"万"字金铤等。

图7-1-35

银饼有"通州税口"银饼、"洊安县开元十九年"银饼（图7-1-35）、"怀集县开元十"银饼等。

银铤有"郎宁郡天宝二年贡"银铤、"杨国忠进天宝十载"银铤、"杨国忠进和市"银铤（图7-1-36）、"安边郡和市"银铤、"杨国忠窟课"银铤、"刘钵天宝十三载"银铤、"彭果进"银铤、"建中二年"银铤、"乾符六年"银铤、"崔焯进贺冬"银铤、"岭南道税商"银铤、"波斯伊婆郝银壹铤"等。

九、飞钱

唐宪宗时，商人在京城把钱交给诸军、诸使或诸道设于京城的进奏院，或在各道或主要城市有联号的大商号，携券到其他地区的指定地方取钱。这种异地取钱的凭证叫飞钱，又叫便换。唐代飞钱是中国历史上早期的汇票业务形式。

图7-1-36

第二节　五代钱币

907～960年，为五代十国时期，是中国历史上一个短暂的割据时代。五代指中原的梁、唐、晋、汉、周五个政权，均铸有钱币。除后晋一度允许私铸外，其他时期铸钱较少，但少而精。

一、后梁钱币

后梁（907～923年）铸有两种钱。

1. 开平元宝。梁太祖朱温开平年间（907～910年）铸。真书，当十，铸造规整。径43毫米，重18.43克，此钱为孤品（图7-2-1）。铅质开平元宝为小钱，铸工粗劣。径17.6毫米。广东出土，

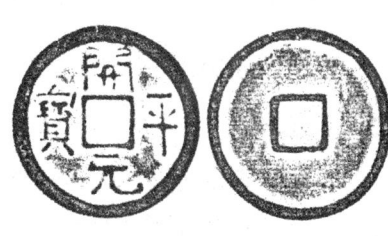

图7-2-1

112　中国钱币学

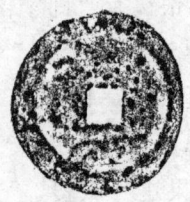

图 7-2-2　　　　　　　　图 7-2-3

或为南汉刘隐奉朱温正朔而铸（图7-2-2）。

2. 开平通宝。真书，当五，径35毫米，重14.1克，此钱为孤品（图7-2-3）。

二、后唐钱币

天成元宝。后唐明宗天成年间（926～930年）铸。平钱，仿开元通宝，但精美不及。径23～23.8毫米，重2.8～3.9克。版别有小字、大元，面长方穿等（图7-2-4）。

图 7-2-4

三、后晋钱币

天福元宝。后晋高祖天福三年（938年）铸。允许天下私铸。径19～24毫米，重1.8～4克。版别较多，分大中小样。有星月纹（图7-2-5）。

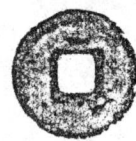

图 7-2-5

四、后汉钱币

汉元通宝。后汉乾祐年间（948～950年）铸。仿开元通宝。径23～25毫米，重2.6～4.5克。有星月纹，铸造较精（图7-2-6）。

图 7-2-6

五、后周铅币

周元通宝。后周世宗显德二年（955年）下诏铸。仿开元通宝。钱体规整，字匀书精。当时毁佛寺3336座用来铸钱，民间认为此钱

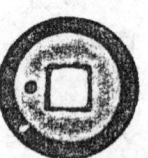

图 7-2-7

可得佛保佑。后世仿铸较多。有星月纹，钱径24～26毫米，重3～4.6克。分大中小样，版别较多（图7-2-7）。

第三节 十国钱币

与五代同时，中原以外出现了十个政权，史称"十国"。其中有七个政权和幽州铸有钱币，与五代相比，十国钱币大钱多、铅铁钱多，十分混乱。

一、吴越钱币

吴越政权（907～978年）都杭州，铸铅开元通宝、铅五铢。

1. 铅开元通宝。文字浮浅，多漫漶不清，铸工粗率。径19～36毫米，重1.1～4克。版别较多，有大样、小样、光背、平背、有廓、无廓、广穿、圆穿、背星月纹等（图7-3-1）。

2. 铅五铢。字文不清，穿上一横。径20毫米，重2克。

图7-3-1

二、楚国钱币

楚国政权（927～951年）都长沙，铸有铅开元通宝、乾封泉宝当十、铁乾封泉宝当十、天策府宝当十、铁天策府宝当十、乾元重宝大钱等。

1. 铅开元通宝。铸工粗劣，文字不清，径22～25毫米，重2.2～4.6克。版别分大样、小样、大字、小字、面背星月纹等（图7-3-2）。

2. 天策府宝。当十大钱。楷书字清朗，光背，铸造精整。后梁乾化元年（911年）封马殷为天册（策）上将军，马殷开"天策府"，因铸"天策府宝"。径40～42.3毫米，重29.5～44.6克。版别分粗字、细字、天接廓连轮、天离廓连轮、天离廓离轮（图7-3-3）。另有铜质鎏金。铁天策府宝，轻重大

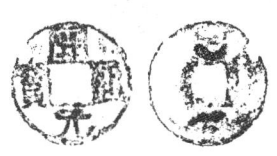

图7-3-2

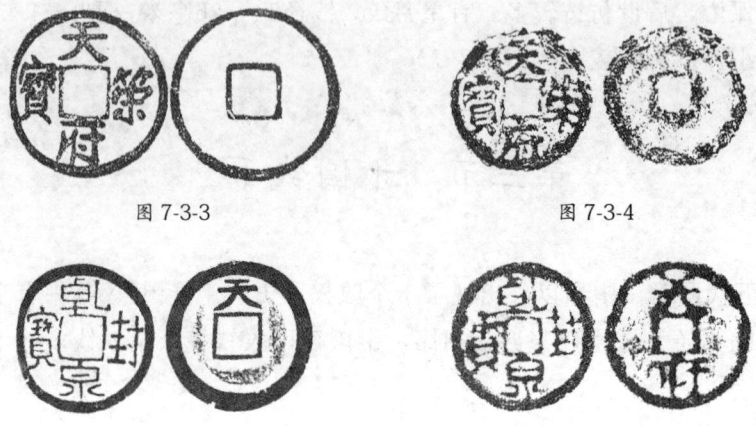

图 7-3-3　　　　　　　　图 7-3-4

图 7-3-5　　　　　　　　图 7-3-6

小同铜钱。径38.5～42.5毫米，重25.5～39.6克。版别分大样、小样等（图7-3-4）。

3. 乾封泉宝。钱文仿唐乾封泉宝，隶书，重大。径33.6～41毫米，重30.9～40.8克。背文有"天""天府"等，版别分粗字、细字等（图7-3-5）。铁乾封泉宝，轻重大小同铜钱。文字多样，大小杂出。背文有"天""天府""天策""策府"等。径32.8～45毫米，重7～48.5克（图7-3-6）。

4. 乾元重宝。当十大钱，隶书，字划粗壮，光背。径34.5～42毫米，特大者重44.3克（图7-3-7）。版别分大样、特大样、重轮等。

图 7-3-7　　　　　　　　图 7-3-8

三、闽国钱币

闽国（909～945年）都长乐（今福州），铸有开元通宝、永隆通宝、天德通宝、天德重宝等。

1. 开元通宝。形体特大，或为开炉钱，径50.9毫米（图7-3-8）。

图 7-3-9　　　　　　　　　图 7-3-10

铅开元通宝，分小平和当十两种。小平径22～24毫米，重3～4.5克。版别有背闽、背殷、背福、背建和面背星纹等（图7-3-9）。当十径36～39毫米，重12～33克。背闽、巨星、巨月（图7-3-10）。

铁开元通宝，大小同铅当十钱，背有闽、殷、巨星、巨月等，径38～44毫米，重22～32克（图7-3-11）。

 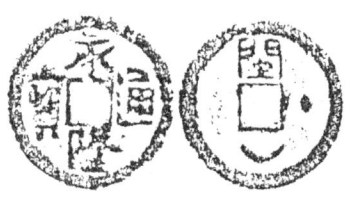

图 7-3-11　　　　　　　　　图 7-3-12

2. 永隆通宝。王曦永隆四年至五年（942～943年）铸。背上闽下月右星，为铁范铜钱。径37.2毫米（图7-3-12）。铁永隆通宝，当十大钱，背上闽、下月、面星或背星，一钱一范铸造，是中国最晚的范铸钱币，版别甚多。径36.3～41毫米，重15.9～30克（图7-3-13）。

3. 天德通宝。隶书，铸于王延政天德年间（943～945年）。径35.5毫米（图7-3-14）。

4. 天德重宝。背上殷，当时王延政改国号为"殷"。径31.5～34.2毫米，重13.1～16.5克。版别分大样、小样、粗字、细字等（图7-3-15）。

图 7-3-13　　　　　　　　　图 7-3-14

图7-3-15

图7-3-16

图7-3-17

图7-3-18

图7-3-19

图7-3-20

铁钱大小同铜钱。背上殷。径31.5～33.6毫米。版别有粗字、细字。

四、南汉钱币

南汉（917～971年）都兴王府（今广州），铸有乾亨通宝、乾亨重宝、铅五五、铅开元通宝等。

1. 乾亨通宝。刘䶮乾亨年间（917～925年）铸。径23.7～23.8毫米，重2.9～3.7克。版别有平背、背四决等（图7-3-16）。

2. 乾亨重宝。径24～25毫米，重3.3～5克。版别有光背（图7-3-17）、平背、背四决等。铅钱，文字简陋，径24～27.4毫米，重3.5～4.8克。版别有光背、星月纹、传形、反书、左读、背邕、背邕等。背邕，纪地邕州（今南宁、邕宁等），"邑"为"邕"省（图7-3-18）。

3. 铅开元通宝。刘晟乾和十二年至十六年（954～958年）铸。楷隶相间，文字多不规范。径20～25.2毫米，重2.2～4.4克。版别分背上南、上南下纪数、上兴下纪数（图7-3-19）、上金下纪数、右宝、右宝左纪数、上三、光背、平背、背南四。"兴"当指南汉都城兴王府。

4. 铅乾元通宝。"乾"字反书，铸作粗劣。径21.1毫米，重2.4克（图7-3-20）。

5. 铅乾元重宝。文字简陋，铸作不精。径21.4～23毫米，重2.4～2.9克。有大样、反书（图7-3-21）等版别。

6. 铅五五。五五当为仿"五铢"简化而成。径19.1～23.5毫米，重2～3.8克。版别分面上开、面上下月、光背、背右南、右南左纪数、右兴左纪数（图7-3-22）、右金左纪数、下宝上纪数、背宝等。

五、前蜀钱币

903年，唐朝封王建为蜀王。907年王建独立，国号蜀，建都成都，统治今四川全部和甘肃、陕西、湖北一部分。925年为后唐所灭。铸六种年号钱。

1. 永平元宝。永平年间（911～915年）铸。径21～24毫米，重2～4克。版别分无点永、圆穿等（图7-3-23）。

2. 通正元宝。通正元年（916年）铸，径22～25.9毫米，重2.4～6.2克。版别分元左挑、右挑（图7-3-24）、双挑、面背星月纹等。

3. 天汉元宝。天汉元年（917年）铸。楷书，文字清丽。径22～25毫米，重1.5～5克。版别分光背、面背星月纹、日纹等（图7-3-25）。

4. 光天元宝。光天元年（918年）铸。钱文由行、楷、隶书组成。径22～23.8毫米，重2～6.5克。分粗字、细字、面背星、月、日纹等版别（图7-3-26）。

5. 乾德元宝。乾德年间（919～924年）铸。乾德二字楷书有隶意，文字漫漶。径22～25毫米，重1.8～5.6克。分粗字、细字、大字、小字、光背、平背、面背星月纹等版别（图7-3-27）。

6. 咸康元宝。咸康元年（925年）铸。"咸康"二字楷书，铸工粗率，背错范较多。径22～25.8毫米，重2.5～6克。版别分光背、平背、圆穿、花穿、面背星月纹等（图7-3-28）。

图7-3-21

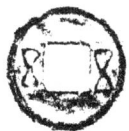

图7-3-22

图7-3-23

图7-3-24

图7-3-25

图7-3-26

图 7-3-27

图 7-3-28

六、后蜀钱币

925年后唐灭前蜀，封孟知祥为西川节度副使。934年孟独立，965年被北宋所灭，史称后蜀。铸有大蜀通宝、广政通宝。

1. 大蜀通宝。铸于明德年间（934～937年）。径22～24毫米，重4.6克左右。极少，有面星纹、平背等版别（图7-3-29）。

图 7-3-29

2. 广政通宝。铸于广政年间（938～965年）。径22～24.5毫米，重2.3～4.6克。分大字、细字、粗字、面星、异书等版别（图7-3-30）。

图 7-3-30

3. 铁广政通宝。径22～24.5毫米，重2.9～3.6克。有圆贝宝、背圆穿等版别（图7-3-31）。

图 7-3-31

4. 铅广政通宝。径23～26毫米，重4.5克左右。有大样、小贝宝、广穿等版别（图7-3-32）。

图 7-3-32

七、南唐钱币

937年，李昪代吴称帝，建都金陵（今南京市），国号唐，史称南唐。975年被北宋所灭。铸有大齐通宝、唐国通宝、开元通宝、大唐通宝、永通泉货、保大元宝等。

1. 大齐通宝。铸于昪元元年（937年），李昪称帝时立国号为"大齐"，因时间短，铸额

图 7-3-33

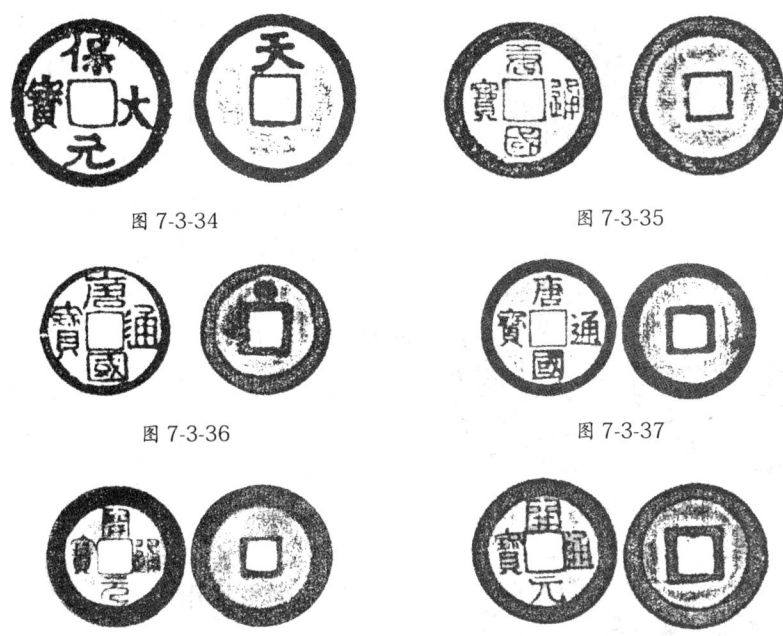

图 7-3-34　　　　　　　图 7-3-35

图 7-3-36　　　　　　　图 7-3-37

图 7-3-38　　　　　　　图 7-3-39

少，仅见二枚，俗称"四眼大齐"和"缺角大齐"。径22.4～22.8毫米（图7-3-33）。

2. 保大元宝。铸于南唐灭楚（951年）之后的楚地。背天。径31～34毫米，重15～17克（图7-3-34）。版别有离廓连轮、离廓离轮等。另有铁钱。

3. 唐国通宝。铸于显德六年（959年）。有铜、铁、铅三种质地，分小平、当二、当五，铜质有当十大钱，有篆书、隶书、楷书三种书体（图7-3-35、36、37），铸作精美，文字秀丽，开对钱先河。光背为主，有星月纹。当五径32～33.5毫米，重15～16.3克。

4. 开元通宝。铸于保大年间（943～957年）。篆、隶二种书体，篆书为徐铉所书。与唐开元通宝相比，其特点为阔轮、小字、狭穿。有小平、当十。版别有大样、小样、光背、四决、四出、星、月纹等。径22～26毫米，重2.1～4.4克，当十钱径38～42毫米，重12～20克（图7-3-38、39、40）。

图 7-3-40

图 7-3-41

图 7-3-42

图 7-3-43

图 7-3-44

图 7-3-45

5. 大唐通宝。铸于保大年间晚期（953～959年）。隶书，径20～24.5毫米，重2～4.2克。版别分小样、光背（图7-3-41）、星月纹等。另有铁质和"大唐镇库"特大钱（图7-3-42）。

6. 永通泉货。铸于交泰二年（959年）。分当十、当五二种。当十隶书，径37～39毫米，重9.6～17.3克。有小样、光背（图7-3-43）、平背之分；另有铁钱。当五篆书，径31～31.6毫米，重5.3～7.1克。分光背（图7-3-44）、平背。

八、幽州钱币

唐末五代之交，刘仁恭、刘守光父子割据幽州19年（895～913年），铸行了许多大钱，铜铁兼有，并且用堇泥作钱。钱文有永安一十、永安一百、永安五百、永安一千、顺天元宝、应圣元宝、乾圣元宝、应天元宝、货布、五铢等。

1. 永安一十。楷书，左右上下读，铸工精良。径28.3毫米，罕见（图7-3-45）。铁钱径27.3～29.8毫米，重10～14.7克。

2. 永安一百。右左上下读，面廓细，背廓宽。径28～32毫米，重9.8～17克。有光背（图7-3-46）、背下星、小样等版别。铁钱分大样、小样，径30.6～33.2毫米，重12.1～16.3克。

3. 永安五百。右左上下读，书体工

整,径38.1毫米(图7-3-47)。铁钱径39毫米,重27.4克。

4. 永安一千。右左上下读,阔轮,分大样、光背(图7-3-48)、上铸柄等。径45.8~60毫米,重30.9~74.8克。铁钱分大样、小样,径46~59.5毫米,重35~70克。

5. 铁顺天元宝。仿史思明"顺天元宝"。分背星(图7-3-49)、背千、背百、背十等,径28~60毫米,重17~66.4克。

6. 应圣元宝。旋读,楷、隶相间。背上拾,径33.6毫米(图7-3-50)。

7. 乾圣元宝。旋读,楷、隶相间。背上百,径34.3毫米(图7-3-51)。

图7-3-46

图7-3-47

图7-3-48

图7-3-49

图7-3-50

图7-3-51

图7-3-52

8. 应天元宝。旋读，楷、隶相间。背上万，径37.8毫米（图7-3-52）。根据以上三枚钱推测，还应该有背上千钱。

9. 货布。仿王莽货布形制。背三百，制作工整，长55毫米，重19克。铁质长55～57.5毫米，重20.3～24.4克（图7-3-53）。

10. 铁五铢。仿隋五铢。五字左竖廓。径22毫米，重3.3克（图7-3-54）。幽州钱币主要出土于今北京郊区大房山一带。

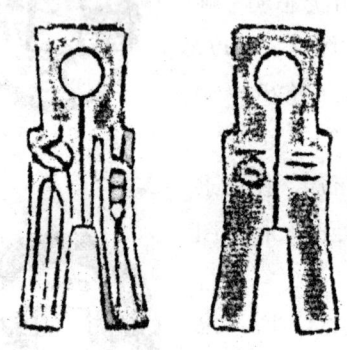

图 7-3-53

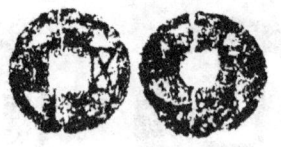

图 7-3-54

第八章 宋辽西夏金钱币

宋辽西夏金时期，政治上，同时有两个或三个政权并存。经济文化上，宋朝达到了中国古代社会的高峰。北方政权相对落后，但也努力向宋朝学习。同时以宋朝为代表，钱币文化也达到了高峰。年号为文、书体多样、铜铁并用、纸币出现、银铤定型，构成了这一时期的特点。

第一节 北宋钱币

提起宋代，人们会用"积贫积弱"来形容。尽管军事上宋代屡屡失败，但在经济文化领域，却是超过汉唐的。从钱币文化方面看，无论是钱币数量、钱币艺术，还是钱币种类，都达到了中国封建社会的顶峰。

宋代以铜钱为主，个别地方盛行铁钱，并出现了中国乃至世界上最早的纸币。白银的货币性进一步加强。

一、北宋铜铁钱

1. 宋元通宝。宋太祖时期（960～976年）铸造。隶书，对读。小平。有大样、大字（图8-1-1）、中字、小字、长元、小元、狭通、长通宝、接廓、广穿等版别[1]。铁钱有阔宋、狭

图 8-1-1

---

[1] 北宋钱币从钱名、书体等方面划分，最为复杂。版别研究成就也最高。"版别"一词是钱币学中的习用语，现在还没有统一的确切定义，因此，这里的版别是类别、版别、版式等的混用语。

图8-1-2

图8-1-3

图8-1-4

图8-1-5

宋、阔元、长宝、小字等版别。径26毫米，厚1.1毫米，重4克[1]。

2. 太平通宝。太宗太平兴国年间（976～984年）铸造。隶书，对读。小平。有正字（图8-1-2）、大字、小字、阔通、阔通宝、长通、长通宝等版别。铁钱有大字、狭平、短通、狭穿等版别。有折十型。径24.6毫米，厚1.2毫米，重3.3克。

3. 淳化元宝。太宗淳化年间（990～994年）铸造。真、行、草三体，旋读。小平有正字（图8-1-3）、小字、大宝、楷书缩水、背星、铁母等版别。铁钱有大样、小样及折十等版别。径24.9毫米，厚1.3毫米，重4.4克。

4. 至道元宝。太宗至道年间（995～997年）铸造。真、行、草三体，旋读。小平有正字（图8-1-4）、大字、小字等版别。径25毫米，厚1.1毫米，重3.9克。

5. 咸平元宝。真宗咸平年间（998～1003年）铸造。小平有正字（图8-1-5）、大字、小字、长平、长元、阔宝、接廓、隐廓、小样厚肉等版别。径24毫米，厚1.1毫米，重3.1克。

6. 景德元宝。真宗景德年间（1004～1007年）铸造。楷书旋读。小平。有正字（图8-1-6）、大字、小字、狭宝、隔轮、接廓等版别。铁钱折十，有大德、斜德、长宝等版别。径25.9毫米，厚1.4毫米，重4克。

7. 祥符元宝。真宗大中祥符年间（1008～1016年）铸造。楷书旋读。小平。有

---

[1] 此数据为图例钱数据，后同。

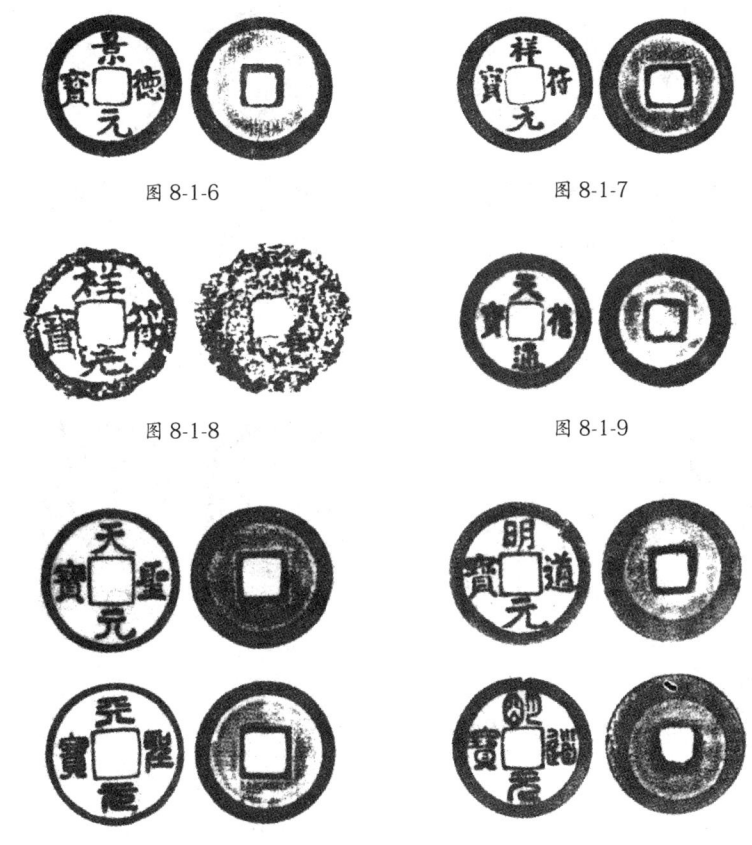

图 8-1-6

图 8-1-7

图 8-1-8

图 8-1-9

图 8-1-10

图 8-1-11

阔元（图8-1-7）、狭元、大元、阔宝等版别。径24.7毫米，厚1.2毫米，重3克。铁质有折十及类折二钱。折十有大字、小字版，类折二有狭符、阔元（图8-1-8）、狭元版。径28.1毫米，厚2毫米，重6.4克。

8. 天禧通宝。真宗天禧年间（1017～1021年）铸造。楷书旋读。小平。有大字、小字（图8-1-9）、阔宝、狭宝等版别。铁钱类折二，有阔通、狭通版。径24.1毫米，厚1.3毫米，重3.8克。

9. 天圣元宝。仁宗天圣年间（1023～1032年）铸造。始有对钱。楷、隶二体，旋读。小平。有广穿（图8-1-10）、狭穿、隐起文、正廓、广廓、细廓、隐廓、长孔、阔天、昂宝等版别。铁钱楷、隶、篆三体，旋读。类折二。有楷书狭圣、隶书小字、篆书大字、小字、短宝等版别。径

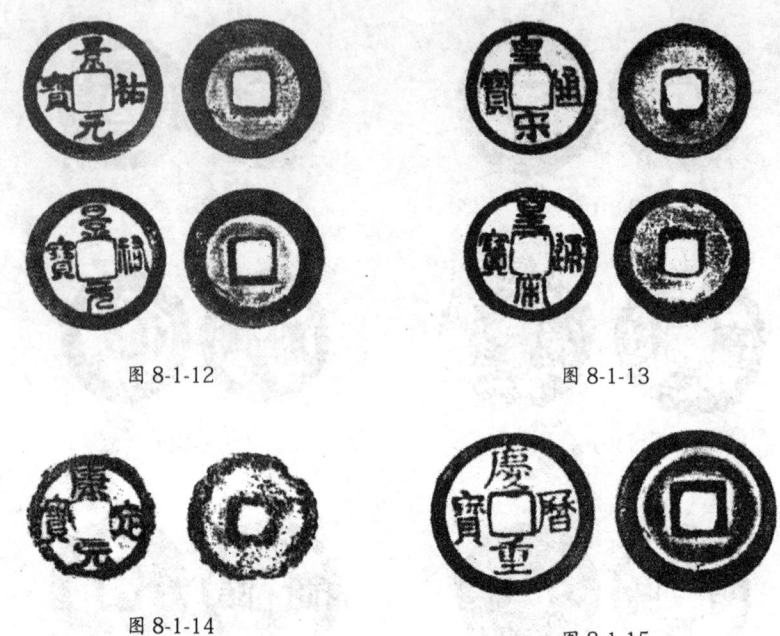

图 8-1-12　　　　　图 8-1-13

图 8-1-14　　　　　图 8-1-15

25.6毫米，厚1.4毫米、1.1毫米，重4克、3.6克。[1]

10. 明道元宝。仁宗明道年间（1032～1033年）铸造。小平。楷、篆二体，旋读。对钱。有正字（图8-1-11）、大字、大宝、异书等版别。铁钱楷书，旋读。类折二型。有大字、小字版。径25.9毫米、26毫米，厚1.3毫米，重4.7克、4.8克。

11. 景祐元宝。仁宗景祐年间（1034～1038年）铸造。楷、篆二体，旋读。对钱。小平。有阔轮（图8-1-12）、广穿、狭穿、面四决纹、隐廓、大字、隐起文、离宝等版别。铁钱类折二型，楷书旋读。有长祐、短祐、长景、长宝等版别。径25.8毫米、25.7毫米，厚1.2毫米，重3.7克、3.4克。

12. 皇宋通宝。仁宗宝元二年至皇祐六年（1039～1054年）铸造。楷、隶、篆三体，对读。对钱。小平。有大字（图8-1-13）、小通、长通、狭通、阔轮、细廓等版别。铁钱小平，楷、篆二体，对读。有楷书正字、大字、小字、缩宋、篆书大字、小字等版别。径24.8毫米、24.3毫米，厚1.3毫米，

---

[1] 对钱为二枚数据，标一个数据为二枚数据相同。如本条中的径25.6毫米。

重4.2克、3.8克。

13. 康定元宝。仁宗康定年间（1040～1041年）铸造。铁质，小平。隶书旋读。有阔元版（图8-1-14）。径23.6毫米，厚2.2毫米，重5.6克。

14. 庆历重宝。仁宗庆历年间（1041～1048年）铸造。楷书对读、旋读。折十。有大字（图8-1-15）、长重、短重、铁母等版别。径29.6毫米，厚1.7毫米，重7.6克。

15. 至和元宝。仁宗至和年间（1054～1056年）铸造。楷、篆二体，旋读。对钱，小平。有大字、美制、广穿（图8-1-16）、狭穿、隐廓等版别。有铁钱。径24.6毫米、24.5毫米，厚1.3毫米、1.2毫米，重3.9克、3.8克。

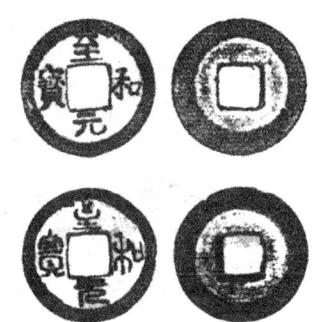

图8-1-16

16. 至和通宝[1]。楷、篆二体，对读。对钱。小平。有阔轮、广穿、接廓、隶通（图8-1-17）等版别。径25.2毫米、24.8毫米，厚1.3毫米，重4.2克、3.9克。

17. 至和重宝。楷书对读、旋读。折二。有铁母背坊、背虢（图8-1-18）。有小平样。铁钱折三，楷书旋读。有正字、大字、长和、长宝、背坊、背河、背同等版别。重12.2克。

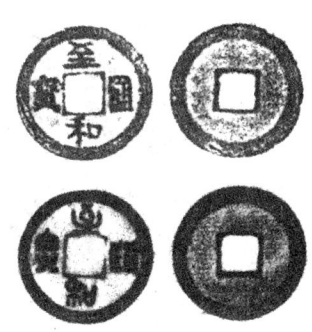

图8-1-17

18. 嘉祐元宝。仁宗嘉祐年间（1056～1063年）铸造。楷、篆二体，旋读。对钱。小平。有阔字、小字、仰嘉、阔祐、狭祐、阔元、退元、楷书隶宝、面四决、隐廓、接廓、广穿、狭穿（图8-1-19）等版别。径23.7毫米、23.5毫米，厚1.5毫米、1.3毫米，重4.7克、3.2克。

图8-1-18

19. 治平元宝。英宗治平年间（1064～1067年）铸造。楷、篆二体，

---

[1] 同一年号钱只在第一次出现时标注铸造时间。

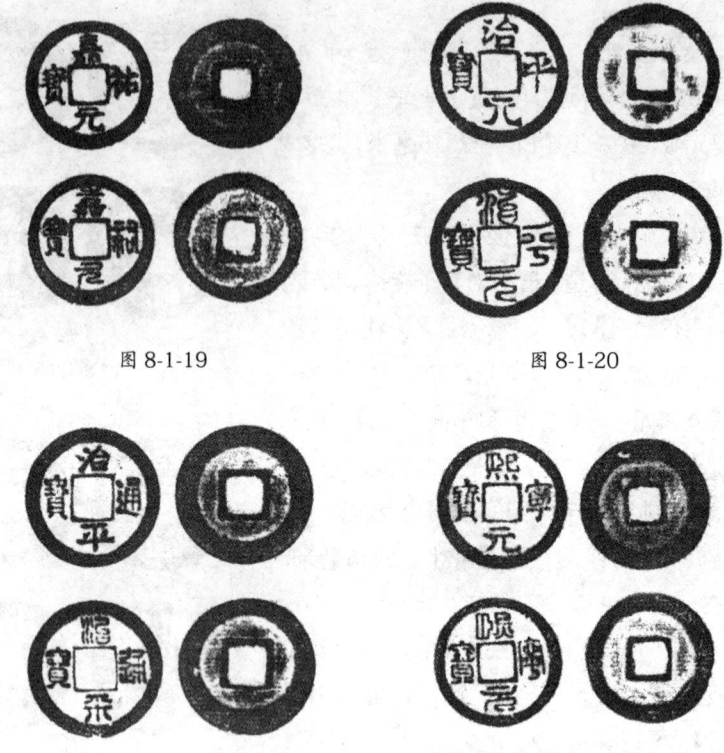

图 8-1-19　　　　　图 8-1-20

图 8-1-21　　　　　图 8-1-22

旋读。对钱。小平。有正字、大字（图8-1-20）、阔轮、狭字、细轮、昂宝等版别。径25.6毫米、25.4毫米，厚1.4毫米，重4克、3.9克。

20. 治平通宝。楷、篆二体，对读。对钱。小平。分长字（图8-1-21）、大通、小通等类。径24.8毫米，厚1.3毫米、1.2毫米，重4.3克、3.9克。

21. 熙宁元宝。神宗熙宁年间（1068~1077年）铸造。楷、隶、篆三体，旋读。对钱。小平。有正廓（图8-1-22）、大字、小字、狭字、缩字、狭元、正足宝、阔字等20多类。折二孤品。铁钱楷书，小平。有大字、正廓等版别。径24毫米，厚1.4毫米、1.2毫米，重3.8克、3.3克。

22. 熙宁通宝。楷书旋读。折二。多为铁母。有正字仰宝（图8-1-23）、

图 8-1-23

仰通降宝、仰通广穿等版别。铁钱楷书，旋读。小平有大字、正廓等版别。折二有正字、大字、小字、长字背月、狭通等版别。径34.9毫米，厚2.4毫米，重14.2克。

23. 熙宁重宝。楷、隶、篆三体，旋读、对读。对钱。折二。有正字（图8-1-24）、长字、阔字、小字等类。铁钱篆书旋读。折二。为铜范铁钱。径30.6毫米、30.9毫米，厚1.6毫米、1.5毫米，重7.7克、6.5克。

图 8-1-24

24. 元丰通宝。神宗元丰年间（1078～1085年）铸造。行、篆、隶三体，旋读。对钱。小平。有大字肥元（图8-1-25）、大字直元、大字大头通、大字俯宝等60余类。径25.3毫米，厚1.4毫米、1.3毫米，重3.9克、3.7克。折二。行、篆二体，旋读。对钱。有正廓（图8-1-26）、大字、长字、细字等30余类。径29毫米、28.6毫米，厚2毫米、1.9毫米，重8.4克、7.3克。铁钱行、篆、楷三体，旋读。小平有长宝、正字等版别。折二有正字、大字、小字等版别。

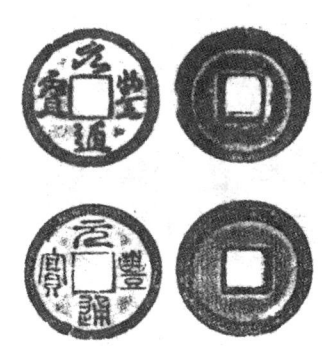

图 8-1-25

25. 元祐通宝。哲宗元祐年间（1086～1094年）铸造。行、篆二体，旋读。对钱。类别较多。小平有正字（图8-1-27）、大字、遒劲、容弱、阔字等类。折二有正字、小字、阔字等类。铁钱行、篆、楷三体。小平有正字、大字、小字等版别。折二有正字、大字、小字、异字等版别。径24.3毫米，厚1.3毫米，重4.1克。

图 8-1-26

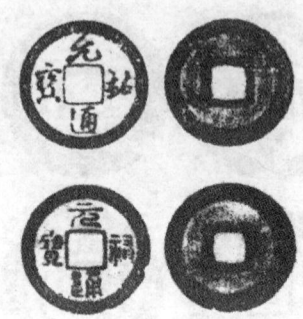

图 8-1-27

图 8-1-28

图 8-1-29

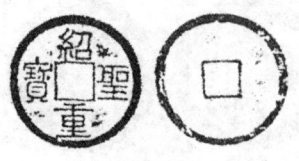

图 8-1-30

26. 绍圣元宝。哲宗绍圣年间（1094～1098年）铸造。篆、隶、行三体，旋读。对钱。小平有大字、阔字（图8-1-28）、小字、正字等版别。折二有阔圣、狭圣、铁母等版别。铁钱行、篆二体。小平有正字、大字等版别。折二有正字、长字等版别。径24.5毫米、24.4毫米，厚1.4毫米、1.2毫米，重4.3克、3.9克。

27. 绍圣通宝。行、楷二体。行书旋读，有大字版。楷书对读，有小字版。铁母有正字版（图8-1-29）。铁钱楷隶二体，对读、旋读。小平有大字、小字等版别。径25.7毫米，厚1.6毫米，重5.4克。

28. 绍圣重宝。隶书旋读。折二（图8-1-30）重5.3克。

29. 元符通宝。哲宗元符年间（1098～1100年）铸造。行、篆、楷、隶四体，旋读。对钱。小平有正廓（图8-1-31）、细廓、长字、阔元、小元、挑元、阔符、狭符、楷符、阔通、狭通、阔冠宝、长宝、铁母等类。折二有阔通、长宝、铁母等版别。铁钱小平，有楷书仰元、隶宝、行书阔元、小字、狭字等版别。折二有正字、大字、小字等版别。径23.3毫米、23.1毫米，厚1.3毫米，重3.2克、2.7克。

30. 圣宋元宝。徽宗建中靖国至崇宁年间（1101～1106年）铸造。小平，篆、楷、隶、行四体，旋读。对钱，有正字（图8-1-32）、大字、长字、细字、美制、遒劲、容弱、阔圣、短宋、广穿小字等类。折二行、篆二体，对钱。铁母行、隶、篆三体。铁钱小平有楷书行元、行书正字、隶书大字、篆书正字背汾等版别。

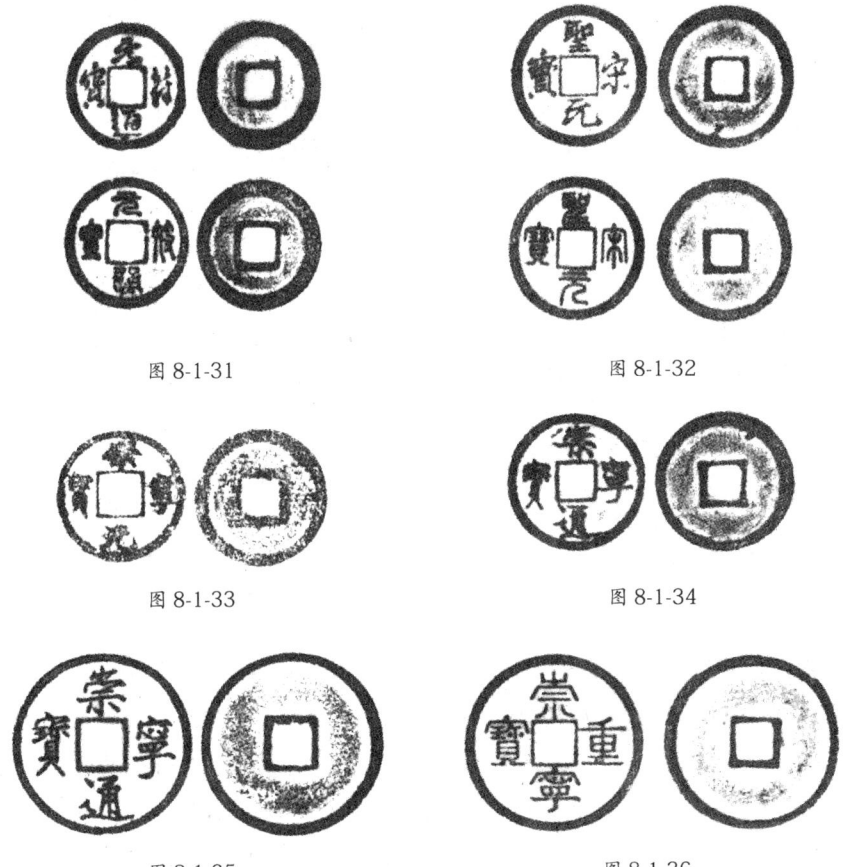

图 8-1-31

图 8-1-32

图 8-1-33

图 8-1-34

图 8-1-35

图 8-1-36

折二有行书正字、隶书昂宋、篆书大字等版别。径24.9毫米、24.7毫米，厚1.4毫米、1.3毫米，重3.8克。

31. 崇宁元宝。徽宗崇宁年间（1102～1106年）铸造。小平，楷书旋读。径23.8毫米，厚1.5毫米，重4.2克（图8-1-33）。铁钱折二。

32. 崇宁通宝。楷书旋读。小平有大字广穿、小字、抽示（图8-1-34）等版别。径25.2毫米，厚1.6毫米，重3.8克。折十有正字（图8-1-35）、大字、小字、阔字、宽字、狭字、长字、遒劲、容弱、纤字、异书等版别。铁钱折二，有正字、大字、小字、异字等类。径35.5毫米，厚2.4毫米，重10.2克。

33. 崇宁重宝。隶书对读。折十。有正字、纤字、长字、美制（图8-1-36）、异书、隐起文、小字等类。铁钱折二，有正字、大字、小字、

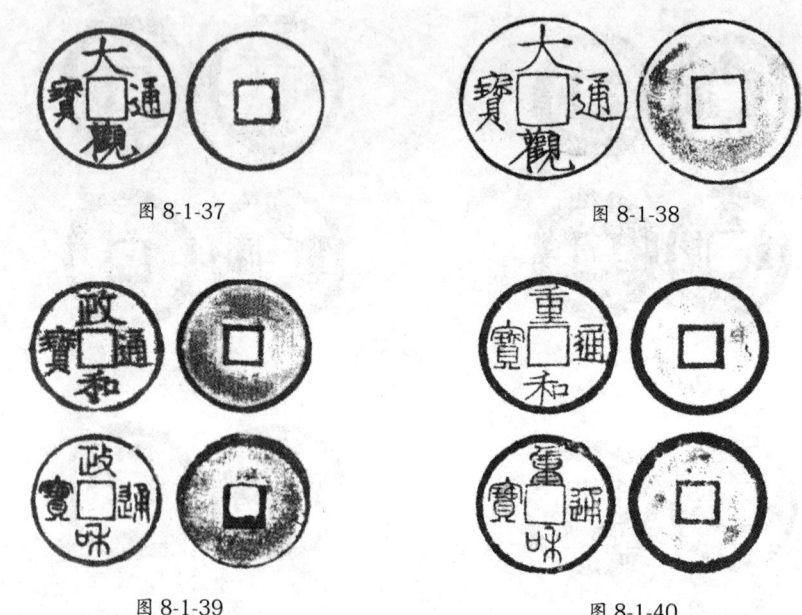

图 8-1-37　　　　　图 8-1-38

图 8-1-39　　　　　图 8-1-40

狭足崇、浅冠宝等版别。径36毫米，厚2.2毫米，重10.8克。

34. 大观通宝。徽宗大观年间（1107～1110年）铸造。楷书对读。有小平、折二、折三、折五、折十5等。小平有短通、斜通、降通、狭宝（图8-1-37）等类。径25.4毫米，厚1.5毫米，重4克。有铁母。折二有降通、铁母正字、铁母狭足等类。折三有长通、短通、广穿等版别。折十有大字（图8-1-38）、狭通、俯大、降通等类。铁钱小平有仰通、俯通、行书狭通等版别。折二有正字、小字、拙字、阔大等版别。径41.7毫米，厚2.4毫米，重14.9克。

35. 政和通宝。徽宗政和年间（1111～1117年）铸造。楷、隶、篆三体，对读。对钱。小平有文政（图8-1-39）、正字、大字、阔字等类。折二有正字、阔字、大字、小字等类。铁钱楷、隶、篆三体。小平有大字、小样、文政、正字等版别。折二有正字、仰和阔政、异通、长通等类。径25毫米、24.6毫米，厚1.8毫米、1.5毫米，重4.8克、4克。

36. 重和通宝。徽宗重和年间（1118～1119年）铸造。篆、隶二体对读，对钱。小平。有细字版（图8-1-40）。径25.5毫米、25.4毫米，厚1.4毫米，重4克、3.4克。

37. 宣和元宝。徽宗宣和年间（1119～1125年）铸造。篆、隶二体，

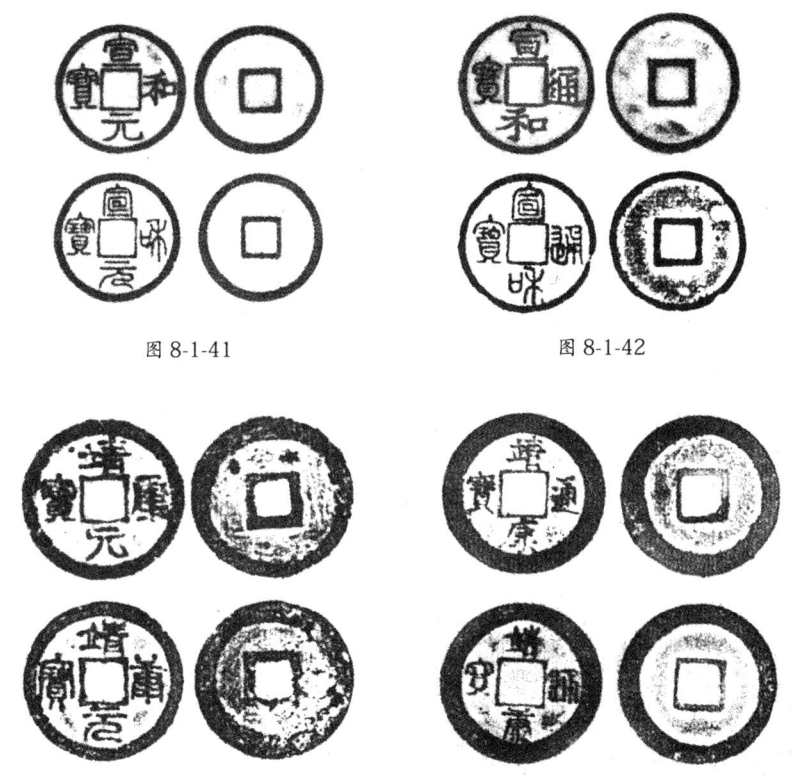

图 8-1-41　　　　　　　图 8-1-42

图 8-1-43　　　　　　　图 8-1-44

对读。对钱。小平。有美制（图8-1-41）、阔字、狭字、缩宣、大足元、缩宝、阔宋、小宝等类。径23.9毫米、23.8毫米，厚1.7毫米、1.6毫米，重4克、3.7克。

38. 宣和通宝。楷、隶、篆三体，对读。对钱。小平。有美制（图8-1-42）、小字、广廓、狭通、短宝、圆贝宝背陕等30余类。折二有美制、遒劲、隐起文、细廓、接廓等类。铁钱小平有楷书光背、背陕、隶书阔和、离宝、楷通、篆书阔宣、阔和、狭和、离宝等版别。折二有楷书正字、小字、篆书正字、狭宣、圆贝宝等版别。径24.8毫米，厚1.4毫米、1.2毫米，重3.9克、3.3克。

39. 靖康元宝。钦宗靖康年间（1126～1127年）铸造。篆、隶二体，旋读。对钱。小平有正廓版。折二有大字（图8-1-43）、小字等版别。径30.8毫米、30.7毫米，厚2.1毫米、1.9毫米，重7.3克、6.9克。

图 8-1-45　　　　　　　　图 8-1-46

40. 靖康通宝。篆、隶、楷三体，对读。对钱。小平有大字、小字、细字、狭康、短宝、狭穿、细轮、广廓等类。折二有大字、小字、阔轮（图8-1-44）、狭康、接廓等类。铁钱小平，篆、隶二体。径30.3毫米、30毫米，厚1.7毫米、1.9毫米，重7.5克、7.9克。

41. 应运元宝。李顺应运年间（994～995年）铸造。隶书旋读。小平（图8-1-45）。

42. 应感通宝。李顺应运年间铸造。隶书旋读。小平（图8-1-46）。有铁钱。

二、北宋银铤

北宋银铤有两种形制：（1）船形；（2）直首束腰扁平形。船形唐代已有，铭文有官员职务名字等，大多无铭文（图8-1-47）。直首束腰扁平形为典型的北宋银铤。铭文有年份、职官、用途等。有"荆南军资库元祐四年"银铤、"福州绍圣二年折博银"银铤、"英州军资库绍圣二年"银铤、"福州进奉同天节银"银铤、"京西北路·崇宁四年"银铤、"崇宁四年·英州年额银"银铤、"大观元年郊禋银"银铤、"政和四年分奉进天宁节银"银铤、"潭州刘阳县永兴银场"银铤、"信州·铅山场"银铤、"连州上供"银铤（图8-1-48）、"南剑州"银铤等。北宋银铤存世较少，

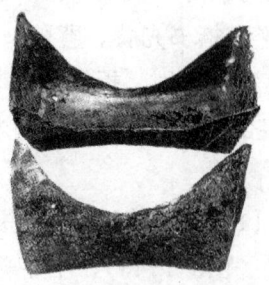 

图 8-1-47　　　　　　　　图 8-1-48

船形有10多枚，直首束腰扁平形不到20枚。

三、宋代纸币

中国货币从春秋战国以后，一直为两种货币平行本位。秦汉时期以黄金、铜钱为货币，魏晋至隋唐为钱帛兼行，明代中叶以后银钱并行。在整个封建社会，铜钱只作为低值货币使用。在宋元时期，没有高值货币，纸币就承担了高值货币的职能。

纸币产生于四川。四川从汉代开始铜铁钱并用，五代以后以铁钱为主。宋代规定四川为专用铁钱区，宋初把四川铜钱全部运出川外。铁钱量重值低，严重影响商业贸易，于是就出现了兑换券——交子。

四川交子最初是由16户富商联合发行的。因为私人信用能力较低，经常发生诉讼，朝廷于天圣元年（1023年）发行官交子，后来又发行会子、关子等。

"交"、"会"、"关"，均是"会合"、"对照"的意思，即合券可以取钱，是一种兑换券。这种兑换券可以代替现钱使用。官交子发行额相当大，开始每三年为一届，到时换新券。淳祐七年（1247年）取消分届，永远流通。宋代纸币没有实物流传下来，现在见到的仅有两块钞版。[1]

1. 交子版。交子版上部为十枚铜钱图案，下部为扛东西图案。中部为文字"除四川外许于诸路州县公私从便主管并同现钱七百七十陌流转行使"（图8-1-49）。

2. 会子版。会子版上部中间为会子法律条文，右为字、料，左为"大壹贯文省"，中部横书"行在会子库"，下部为图案（图8-1-50）。

---

[1] 对于这两块钞版，争论较多。第二块是会子，第一块名称就无法统一认识。吴筹中先生认为是中国货币文化宝库中的两颗明珠。乔晓金、卫月望认为，两块钞版均与宋代纸币不符。见吴筹中、吴中亚：《中国货币文化宝库中的两颗明珠——两宋钞版新探》，载《中国钱币》1984年第1期。乔晓金、卫月望：《北宋钞币"官交子""会子"质疑》，载《中国钱币》1984年第3期。

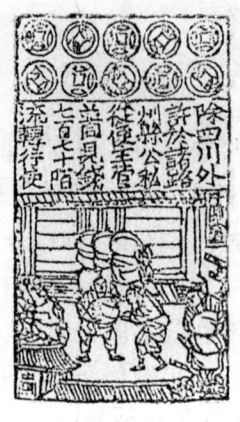 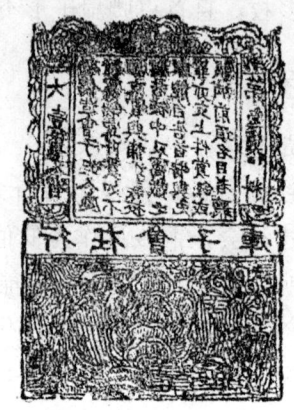

图 8-1-49　　　　　　图 8-1-50

第二节　南宋钱币

一、南宋铜铁钱

1. 建炎元宝。高宗建炎年间（1127～1130年）铸。隶、篆二体，旋读。对钱。小平有长炎（图8-2-1）、狭宝等版别。折二有短宝版别。铁钱小平，隶、篆二体，对读。径23.3毫米。

2. 建炎通宝。楷、篆二体，对读。有对钱。小平有阔炎（图8-2-2）、点建、光背、背上川、背上月、铁母等版别。折二有点建、光背等类。折三有光背、阔轮大字等版别。铁钱楷、隶、篆三体，对读、小平。径24毫米，厚1.3毫米，重3.3克。

3. 建炎重宝。篆书对读。折十有长冠宝（图8-2-3）等版别。径34.6毫米，厚1.7毫米，重9.2克。

图 8-2-1　　　　　　图 8-2-2

4. 绍兴元宝。高宗绍兴年间（1131～1162年）铸造。楷、篆二体，旋读，对钱。小平有细字、阔字、阔兴等版别。折二有大样（图8-2-4）、小样、粗字、细字等类。折三有粗字、小字等版别。铁钱楷书，旋读。小平仅见小样。折二有阔轮、背星月纹、狭轮等版别。径33毫米、30毫米，厚11毫米，重7克、5.8克。

5. 绍兴通宝。楷书对读。小平有阔绍、扁绍、阔兴、狭宝、铁母等版别。折二有大样（图8-2-5）、粗字、狭轮等类。折三有粗字、细字等类。折五、折十仅见样钱。铁钱楷书对读。小平有大字、狭兴、背上利、小样等版别。折二有大字、小字、背利、背星等版别。径31毫米，厚1.7毫米，重6.6克。

6. 隆兴元宝。孝宗隆兴年间（1163～1164年）铸造。楷、篆二体，旋读。小平仅见铁母及私铸钱。折二有阔隆、长字（图8-2-6）、阔元、扁元、阔轮等版别。铁钱楷、篆二体，旋读或对读。小平有正字、大字、小字等类。折二有正字、小字、长字等类。径29.3毫米、30毫米，重6.7克。

7. 隆兴通宝。铁钱。楷、篆二体，对读。小平仅见。折二有楷书阔兴（图8-2-7）、篆书斜隆等版别。径29.2毫米，厚2.5毫米，重7.8克。

8. 乾道元宝。孝宗乾道年间

图 8-2-3

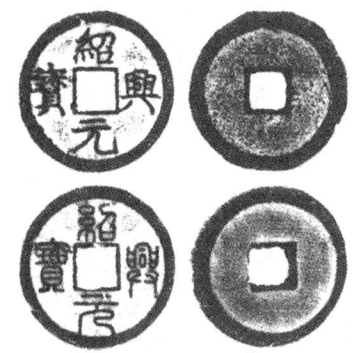

图 8-2-4

图 8-2-5

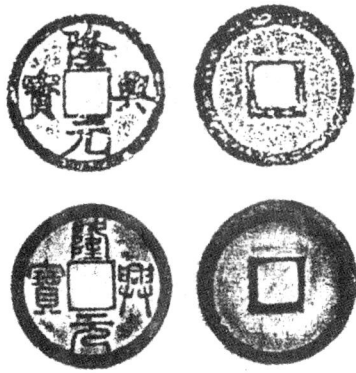

图 8-2-6

图 8-2-7

图 8-2-8

图 8-2-9

图 8-2-10

(1165~1173年)铸造。楷、篆二体,旋读。小平有铁母粗字和背上松等版别。折二有大字、阔乾(图8-2-8)、狭乾等类。径29.2毫米、29.1毫米,厚1.7毫米、1.2毫米,重6.5克、4.9克。铁钱小平楷书有背星、背月、背松、背同、背春柒等版别,篆书仅见。折二楷书有背邛、背冶、背平等,篆书有背邛、背泉、背松、背春拾等版别。

9. 乾道通宝。楷书旋读。折五,仅见。铁钱楷、篆二体,对读或旋读。小平有大字、小字版。折二有篆书背安版。

10. 纯熙元宝。孝宗乾道九年(1173年)冬铸。为改元拟用年号,六天后即废。铁钱。小平。有背同等类。

11. 淳熙元宝。淳熙年间(1174~1189年)铸造。楷、篆二体,旋读。小平有背星月、背柒、背捌、背九至背十六。折二有背星月、背柒(图8-2-9)至背十六、背正、背泉、铁母等版别。折三有背孕双星、样钱等。铁钱楷、篆、隶三体。小平、折二有光背、背纪监、纪年等。折三有背孕双星、纪值等。铅钱篆书小平,旋读。有背星月版。径29.7毫米,厚1.6毫米,重5.4克。

12. 淳熙通宝。楷、篆二体,旋读。小平有背上月版(图8-2-10)。折二有背春十二、背春十五等版别。铁钱楷书,对读或旋读。小平有背同十五、同十六、春十、春十二等版别。折二有光背、背同十六、春十三等版别。径23.8毫米。

13. 绍熙元宝。光宗绍熙年间(1190~1194年)铸造。楷书旋读。小平有背元至五、铁母背春元等。折二有光背、背元至五、铁母及背汉四（图8-2-11）等版别。折三有铁母等。折五有背四样钱等。铁钱楷、篆二体，旋读。小平有背定二、定三、春二、春四等。折二有背春元、同元、汉五等。折三有背孕双星四六、四七、四八、四九、五十等。径28.2毫米，厚2毫米，重7.9克。

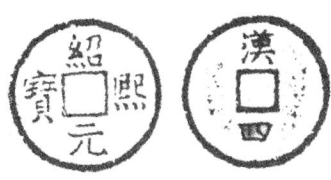

图8-2-11

14. 绍熙通宝。篆书对读。折二有铁母背春三、定三等。折五仅见楷书试样。铁钱楷、篆二体，对读或旋读。小平有背春二、春三、同二、定一等类。折二有铁母背春三（图8-2-12）、汉三、定二等。径30毫米，厚2.5毫米，重9克。

图8-2-12

15. 庆元元宝。宁宗庆元年间（1195～1200年）铸造。楷书，对读或旋读。折三有背川三六、背川三七（图8-2-13）等。铁钱楷书，折三有背川三四、三五、三六、三七等。径31.3毫米。

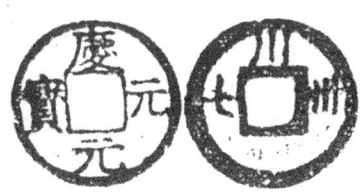

图8-2-13

16. 庆元通宝。楷书，旋读或对读。小平有光背、背元至六（图8-2-14）、铁母背春元等。折二有背元至六、铁母背春三等。折三有光背、背三至六、铁母背孕双星五一等。折五有背永等。当五十为开炉大钱，背敕五十料。铁钱楷书，旋读或对读。小平有背春六至七、同六至七等。折二有汉元至七等。折三有背孕双星五十、五一、五二等。径24.4毫米，厚1.5毫米，重3.9克。

图8-2-14

17. 嘉泰元宝。宁宗嘉泰年间（1201～1204年）铸造。楷书旋读。仅见折

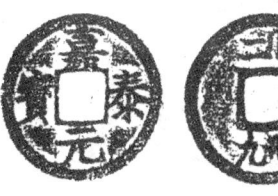

图8-2-15

图 8-2-16

图 8-2-17

图 8-2-18

图 8-2-19

图 8-2-20

二铁母背川二卅九版（图8-2-15）。径30毫米。

18. 嘉泰通宝。楷书，对读或旋读。小平有光背、背月、背元至四（图8-2-16）、背春二等。折二有阔嘉、狭嘉、背星月、背元至四、铁母等。折三有长嘉、短嘉等版别。铁钱楷书、对读。小平有背春元至三、同元至三等。折二有同元至三、汉元至三等。径25.4毫米，厚1.2毫米，重3.4克。

19. 开禧元宝。宁宗开禧年间（1205～1207年）铸造。楷书旋读。折三有铁母背利。铁钱楷书旋读。折三有背三川四二至四四、背利六十至六二等版别（图8-2-17）。径30.8毫米，厚2.5毫米，重9.7克。

20. 开禧通宝。楷书旋读。小平有光背、背元至三、铁母背同二等。折二有光背、背元至三、铁母背同三、汉二等类。折十对读，有背利等版别。铁钱楷书，旋读或对读。小平有背春元至三、同元至三等版别。折二有春元至三、同元至三、汉元至三（图8-2-18）等版别。径27.5毫米，厚2.5毫米，重5.5克。

21. 嘉定元宝。宁宗嘉定年间（1208～1224年）铸造。楷书旋读。小平有铁母背利州一版。折二有铁母背利州二版。折五有铁母背利州五、背利壹五、背利三五等版别。折十有背折十等版。铁钱楷、篆二体，对读或旋读。小平有背利州一版。折二有背二、背邛西一、背汉月等版别。折三有背孕双星、背西一、背利州三、背三三等版别。折五有背利壹五、利贰五、利三五、当五、行五、用五、邛折伍（图8-2-19）等版别。径35.2毫米，厚2.6毫米，重12.2克。

22. 嘉定通宝。楷书，对读或旋读。小平有光背、背元至十四等版别。折二有光背、背元至十四、春八、汉二、同三等版别。折五有铁母背西四伍版别。铁钱楷书，对读或旋读。折二有背春光至十七、同元至三、汉元至十七（图8-2-20）等版别。折五有背折五、直五、复五、用五、西四五等版别。径27.8毫米，厚2.2毫米，重6.3克。

23. 嘉定重宝。铁钱，楷、篆二体，对读或旋读。有背川五、用五、通五、行五（图8-2-21）等版别。径33.6毫米，厚2.4毫米，重11.7克。

图8-2-21

24. 嘉定口宝。铁钱，除元宝、通宝、重宝之外，还有崇宝、正宝、全宝、永宝、安宝、真宝、新宝、之宝、万宝、隆宝、洪宝、大宝、珍宝（图8-2-22）、兴宝、至宝等。有折二、折三、折五等值。每种有不同版别。径33毫米。

图8-2-22

25. 圣宋元宝。铁钱，嘉定元年（1208年）铸造。楷书对读。折三有背孕双星四七版。

26. 圣宋重宝。铁钱，嘉定元年（1208年）铸造。楷书对读、旋读。折五有背利壹五（图8-2-23）、背利川壹五等版别。径34.2毫米，厚2.7毫米，重10.8克。

图8-2-23

27. 宝庆元宝。铁钱，理宗宝庆年间（1225～1227年）铸造。楷书旋读。小平有背汉月版（图8-2-24）。折二有背定孕

图8-2-24

图 8-2-25

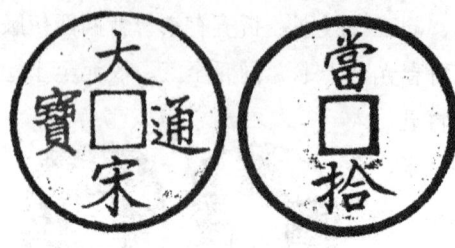

图 8-2-26

图 8-2-27

图 8-2-28

星版。折三有背惠三、背惠正三、背定三等版别。径25.6毫米，厚2毫米，重5.5克。

28. 大宋元宝。理宗宝庆年间铸造。楷书旋读。小平有光背、背元至三（图8-2-25）等类。折二有光背、背元至三、铁母等类。铁钱楷书旋读。小平有背春元、春三、汉月等版别。折三有光背、背利州行使、背三、背西三、背定三、背泉三等类。径24.1毫米，厚1.5毫米，重3.8克。

29. 大宋通宝。理宗宝庆年间铸造。楷书对读。折十有大字、小字、阔宝（图8-2-26）、狭宝等版别。铁钱楷书旋读。小平有背汉三等版别。径51.3毫米。

30. 绍定元宝。铁钱，理宗绍定年间（1228～1233年）铸造。楷书旋读。折五背五。仅见。

31. 绍定通宝。楷书对读。小平有光背、背元至六等类。折二有光背、背星、背元至六（图8-2-27）、铁母背春五等类。铁钱楷书，对读或旋读。小平有背春元至五、汉元至三等类。径29毫米，厚1.6毫米，重5.5克。

32. 端平元宝。理宗端平年间（1234～1236年）铸造。楷书旋读。小平有光背、背元等类。折五为铁母，有背定伍东下、定伍北上、定伍北下（图8-2-28）等类。铁钱楷书，对读或旋读。折五有背邛、邛五、定伍东上、定伍北中等类。折十有背利折十版。铅钱楷书旋读。小平有背元等。径34.5毫米。

33. 端平通宝。楷书对读。小平有铁母背春元版。折五有大字、中字、小字、铁母（图8-2-29）等类。铁钱楷书对读。小平有背春元版。折五有背惠伍东上、惠伍西中等类。径36毫米。

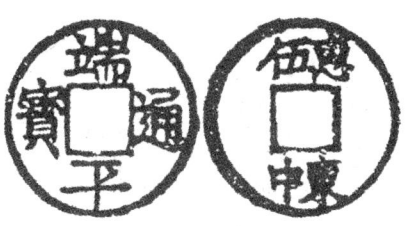

图8-2-29

34. 端平重宝。楷书对读。折五有阔端、小端（图8-2-30）等版别。径32毫米。

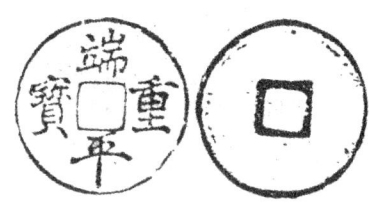

图8-2-30

35. 嘉熙通宝。理宗嘉熙年间（1237～1240年）铸造。楷书对读。小平有光背、背元（图8-2-31）至四等类。折十有铁母背十惠西版。铁钱楷书对读。折五有背五惠东、五惠西、五惠南、五惠北、五惠上、五惠下等类。折十有背十东一至三、十西一至三、十惠西、十惠东等类。径29.1毫米，厚1.6毫米，重6.3克。

图8-2-31

36. 嘉熙重宝。楷书旋读。折三有阔嘉（图8-2-32）、狭嘉等版别。径37毫米，厚3毫米，重6.3克。

37. 淳祐元宝。理宗淳祐年间（1241～1252年）铸造。楷书旋读。小平有光背、背元至十二等类。折二有元至二十（图8-2-33）等类。径29.8毫米，厚1.5毫米，重6.2克。

图8-2-32

38. 淳祐通宝。楷书对读。小平有阔淳、小淳等版别。折二有阔淳、狭淳等版别。折三有大字、小字等类。当百有小样（图8-2-34）、中样、大样

图8-2-33

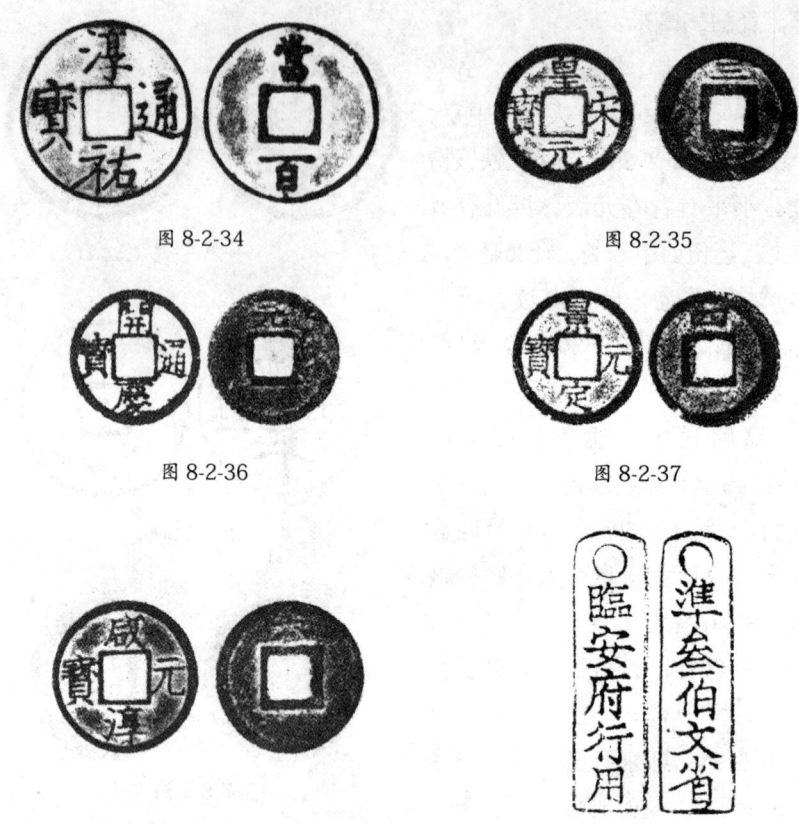

图 8-2-34　　　　　　图 8-2-35

图 8-2-36　　　　　　图 8-2-37

图 8-2-38　　　　　　图 8-2-39

等类。铁钱当百有大字、阔祐、狭祐等版别。径35.1毫米，厚12.4毫米，重12.4克。

39. 皇宋元宝。理宗宝祐年间（1253～1258年）铸造。楷书旋读。小平有阔皇、阔宋、狭宋、背元至六等版别。折二有光背、背元至六（图8-2-35）等类。径25.4毫米，厚1.2毫米，重3.9克。

40. 开庆通宝。理宗开庆年间（1259年）铸造。楷书对读。背元。小平有阔开、狭开（图8-2-36）等类。折二有阔开、狭开等类。径24.5毫米，厚0.9毫米。

41. 景定元宝。理宗景定年间（1260～1264年）铸造。楷书对读。小平有光背、背元至五（图8-2-37）等类。折二有光背、背元至五等类。径24.2毫米，厚1.2毫米，重3.5克。

42. 咸淳元宝。度宗咸淳年间（1265～1274年）铸造。楷书对读。小平有光背、背元至八等类。折二有光背、背元至八（图8-2-38）等类。折三有背九，仅见。铁钱楷书对读。折二有阔咸等。径27.1毫米，厚1.3毫米，重4.7克。

43. 临安府行用。南宋末年铸造。长方形，一端有孔。正面为"临安府行用"，背面为面额"准＊＊文省"。铜牌有贰佰文、叁佰文（图8-2-39）、伍佰文，铅牌有壹拾文、肆拾文、陆拾文、壹佰文、伍佰文等。另有"和州行用"、"江州行用"、"使府酒务"等铅牌。长69.2毫米，宽20毫米。

二、南宋银铤

南宋银铤为弧首束腰扁平状，现存世约450枚。铭文有职官、店家、用途、成色等。1955年湖北省黄石市西塞山出土292枚，其中155枚有铭文，一个铤上铭文最多的有55字，最少的2字。用途有"出门税"等，成色有"真花银"（图8-2-40）等。重量有50两、25两、12.5两、6两型，宋代一两约为40克。南宋银铤有"买到绍兴二十一年秋季"银铤、"二十四年下限上供银"银铤、"绍兴二十六年春季经总制银"银铤、"潮州发绍兴三十年分钞价

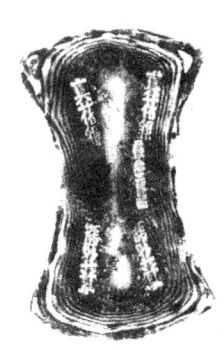

图8-2-40

银"银铤、"南平军发庆元二年夏季经总银"银铤、"马本纲银两"银铤（见彩图4）、"达州·进奉大礼银"银铤、"张家信实记·留侯世家"银铤、"京销铤银朝天门里"银铤、"真花铤银·出门税"银铤、"聂秦家肥花银"银铤、"南流钱银·出门税"银铤、"出门税·界内胡七助教"银铤、"赵十一助教·出门税"银铤、"西京王家银"银铤、"绵州王家记"银铤、"赵宅渗银"银铤、"帐前统制官张青"银铤、"地字号"银铤、"连州起淳祐六年经制银"银铤、"建阳县度牒银"银铤等。

三、宋代钱币的特点

1. 年号钱。从成（汉）李寿铸"汉兴"（338年）开始，年号钱不时出现。到了宋代，年号钱几乎成了定制。两宋建国共320年，历18帝，

改元57次。其中48个年号铸有新钱,只有9个年号没有铸钱;48种新钱中,43种为年号钱,5种为非年号钱。

没有铸钱的9个年号是:太祖的乾德、开宝,太宗的雍熙、端拱,真宗的乾兴,仁宗的皇祐,恭帝的德祐,端宗的景炎,赵昺的祥兴。现在所见到的皇祐钱皆伪,祥兴钱为安南所铸。48种新钱中,5种非年号钱是:太祖建隆年间的宋元通宝,仁宗宝元年间的皇宋通宝,徽宗建中靖国年间的圣宋元宝、通宝和建国通宝,宁宗嘉定年间的圣宋重宝,理宗宝庆年间的大宋元宝、通宝,理宗宝祐年间的皇宋元宝。皇宋、圣宋南北宋相重。

2. 多书体。中国古代钱币只有文字,没有图案,所以中国古代的钱币艺术主要表现在钱文书法上。宋代钱文书法艺术水平达到了登峰造极的地步。书体有真、草、隶、篆、行等常用字体,并且有瘦金体、宋体、九叠篆等新出现的书体。宋钱书法艺术可分为三个时期。

(1)从建隆元年到淳化四年(960~993年)为仿古期。宋元通宝和太平通宝,直接仿周元通宝、汉元通宝,间接仿唐代开元通宝。钱文均为隶书体。

(2)从淳化五年到淳熙六年(994~1179年)为鼎盛期。宋太宗御书三体"淳化元宝"首开宋钱书法使用多种书体之先河,继之后各种书体均出现在钱币上。苏轼"元丰"、司马光"元祐"、蔡京"崇宁"均为钱文书法增光,宋徽宗的瘦金体把钱文艺术推向了高潮。

(3)从淳熙七年到咸淳八年(1180~1272年)为衰落期。钱文均为宋体字,只有极个别的例外。

3. 对钱。"对钱"是宋钱的一大特色,也是宋钱书法艺术的集中体现。宋钱书体大部分是二体或更多,对钱就是在钱币大小、厚薄、缘廓、穿孔方面均相同,只有文字书体不同的两枚钱币。宋代对钱集中在天圣元年至淳熙六年(1023~1179年)之间。主要出现的对钱书体如下:

仁宗天圣至神宗熙宁:篆书 ←→ 真书

神宗元丰至徽宗建中靖国:篆书 ←→ 行书

徽宗崇宁、大观:无对钱

徽宗政和至钦宗靖康:篆书 ←→ 隶书

高宗至孝宗：篆书 ←→ 真书

4. 铁钱。铁钱从汉代到清代都有，但作为常制货币，且与政权相始终的只有宋代。五代十国时期，由于战乱，地方政权铸铅铁钱以敛财。宋代因循未改，并作为一种货币制度固定下来。宋代铁钱铸造时间长，行用广。有铁钱区，也有铜铁并用区。

5. 配料合理。宋钱合金比例合理，这已为当代金相化验所证明。宋代钱币铜铅锡的平均含量百分比为铜64.75%、铅25.40%、锡8.70%。戴志强、周卫荣先生通过对中国历代铜铸币合金成分分析后指出，"至北宋，对铸币的认识出现了飞跃，铸币技术的掌握亦臻成熟，所以铜含量下降到新的低谷，铅、锡含量上升到新的巅峰，形成了最合理、最科学的成分配伍"。[1]

6. 数量巨大。宋钱铸造数量是历史上最多的，平均每年铸200多万贯，元丰时年达500多万贯。所以，如今宋钱出土最多，全国各地均有发现，动辄成百上千斤。1967年湖北黄石市西塞山宋代钱币窖藏共出土22万余斤。

7. 钱监多。中国历史上，除了汉代上林三官垄断铸造钱币外，其余朝代基本上都是分散铸造钱币。清代铸局最多时有30多个，宋代铸钱监现在能列出名字的就有90多个；铸钱单位在南宋前期就有236个，后期则有416个；各地铸造的钱币均有自己的特点。宋代钱监有饶州永平监、池州永丰监、江州广宁监、建州丰国监、韶州永通监、舒州同安监、舒州宿松监、蕲州蕲春监、睦州神泉监、邛州惠民监、兴国军兴安监、抚州裕国监、光州定城监、汉阳军汉阳监等。

第三节　辽代钱币

907年契丹首领耶律阿保机建国，号契丹。938年改国号为辽。1125年辽被金朝所灭，政权共维持210年。

---

[1] 周卫荣、戴志强等：《钱币学与冶铸史论丛》，中华书局2002年版，第71页。

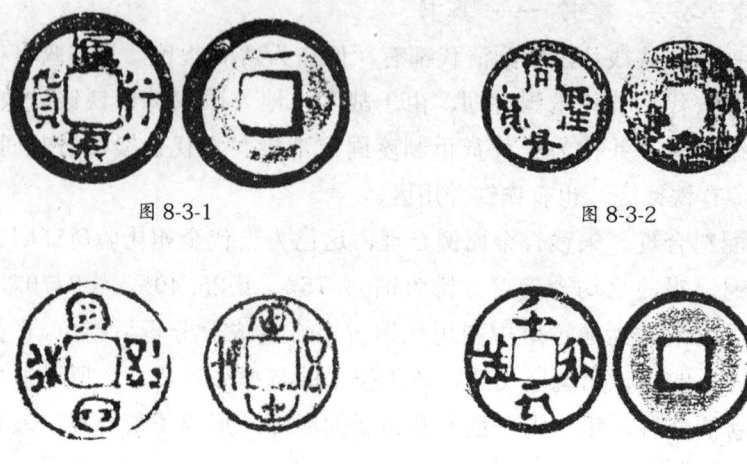

图 8-3-1　　　　　图 8-3-2

图 8-3-3　　图 8-3-4　　　图 8-3-5

契丹族在立国之前，已铸钱币。[1]因此，辽钱可以分为前后两期，加上其他钱币，共分为三类。

一、早期钱币

1. 通行泉货。隶书旋读。小平。有阔通（图8-3-1）、狭通等版别。径25毫米。

2. 开丹圣宝。隶书对读。小平（图8-3-2）。径24毫米。开丹，即契丹。

3. 大泉五铢。契丹文，对读。大钱（图8-3-3）。径37毫米。

4. 大泉五十。契丹文，对读。折二（图8-3-4）。径31毫米。

5. 千秋万岁。楷书旋读。大钱（图8-3-5）、小钱，较多。径33毫米。

6. 丹巡贴宝。楷书对读。小平（图8-3-6）。径23毫米。丹，契丹。巡，一说巡狩，一说宜，未确。贴，契丹语，钱。

7. 巡贴挪拾。上左右下读。当十（图8-3-7）。径41毫米。挪，音直，意同，或认为"挪拾"二字不类辽钱。

---

[1]《辽史·食货志》记载："鼓铸之法，先代撒剌的为夷离堇，以土产多铜，始造钱币。太祖其子，袭而用之，遂致富强，以开帝业。"关于辽代建国前铸造钱币一事，有些学者认为查无实据，如陈述、张正明、刘凤翥。刘凤翥：《契丹大字银钱和辽钱上限问题》，载《辽代货币论文集》，内蒙古人民出版社1990年版，第239～256页。

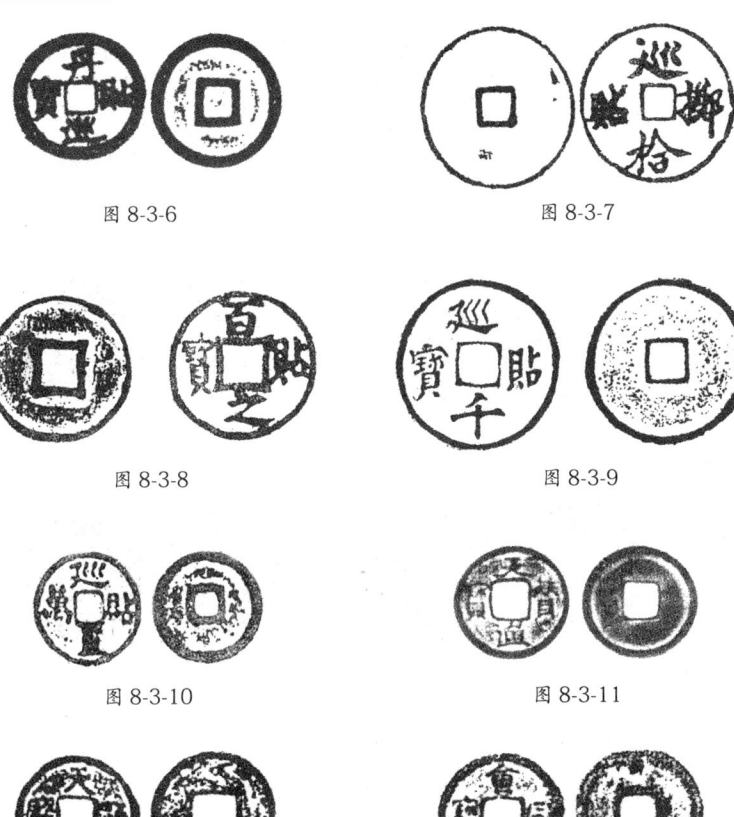

图8-3-6　　　　　　　　图8-3-7

图8-3-8　　　　　　　　图8-3-9

图8-3-10　　　　　　　图8-3-11

图8-3-12　　　　　　　图8-3-13

8. 百贴之宝。楷书旋读。当五（图8-3-8）。径34毫米。

9. 巡贴千宝。楷书旋读。当十（图8-3-9）。径44毫米。

10. 巡贴直万。金质，旋读，小平（图8-3-10）。径20毫米。

巡贴钱一至万为一套。现尚有千巡贴宝和百巡贴宝存世。

二、年号钱

1. 天赞通宝。太祖天赞年间（922～925年）铸造。隶书旋读，小平。有昂通（图8-3-11）、阔通等版别。径25.8毫米，厚1.4毫米，重4.1克。

2. 天显通宝。太宗天显年间（926～937年）铸造。隶书旋读，小平（图8-3-12）。径23毫米，厚1毫米，重2.7克。

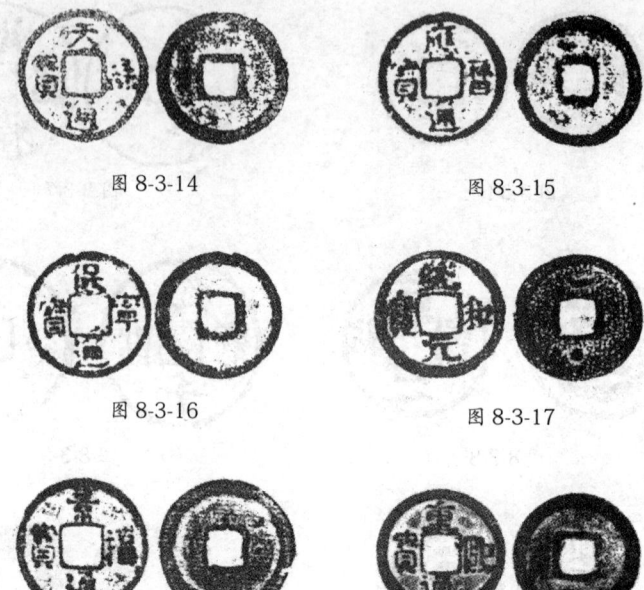

图 8-3-14   图 8-3-15

图 8-3-16   图 8-3-17

图 8-3-18   图 8-3-19

3. 会同通宝。太宗会同年间（938～946年）铸造。隶书旋读，小平（图8-3-13）。径24毫米，厚1.4毫米，重4克。

4. 天禄通宝。世宗天禄年间（947～951年）铸造。隶书旋读，小平。有大字、小天（图8-3-14）等版别。径24毫米，厚1毫米，重4.1克。

5. 应历通宝。穆宗应历年间（951～968年）铸造。隶书旋读，小平。有阔应、狭应（图8-3-15）、阔历、阔通、狭通等版别。径23毫米，厚1.3毫米，重2.6克。

6. 保宁通宝。景宗保宁年间（969～978年）铸造。隶书旋读，小平。有阔保、狭保（图8-3-16）等版别。径23毫米，厚1.2毫米，重3.6克。

7. 统和元宝。圣宗统和年间（983～1011年）铸造。隶书旋读，小平。有细字、粗字（图8-3-17）等版别。径24毫米，厚1.5毫米，重5.3克。

8. 景福通宝。兴宗景福年间（1031～1032年）铸造。隶书旋读，小平（图8-3-18）。径24.2毫米，重4.5克。

9. 重熙通宝。兴宗重熙年间（1032～1054年）铸造。有阔重、狭重、阔熙、狭熙（图8-3-19）等版别。径23.5毫米，厚1毫米，重3克。

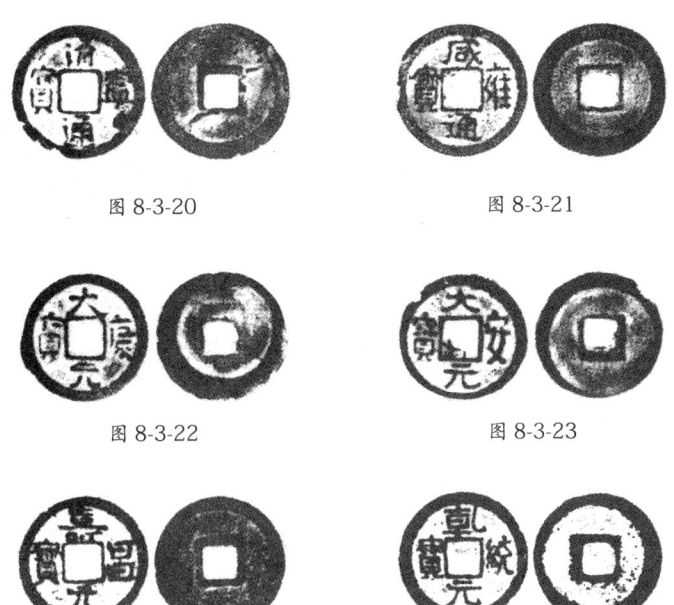

图 8-3-20　　　　　　　图 8-3-21

图 8-3-22　　　　　　　图 8-3-23

图 8-3-24　　　　　　　图 8-3-25

10. 清宁通宝。道宗清宁年间（1055～1064年）铸造。隶书旋读，小平。有阔清、狭清、阔宁（图8-3-20）、狭宁等版别。径24.7毫米，厚1.2毫米，重3.3克。

11. 咸雍通宝。道宗咸雍年间（1065～1074年）铸造。隶书旋读，小平。有大字、粗字、阔贝宝（图8-3-21）等版别。径24.5毫米，厚1.3毫米，重3.5克。

12. 大康元宝。道宗大康年间（1075～1084年）铸造。隶书旋读，小平。有阔大、阔康、断康（图8-3-22）等版别。径23.7毫米，厚1.2毫米，重3.4克。

13. 大安元宝。道宗大安年间（1085～1094年）铸造。隶书旋读，小平。有长安（图8-3-23）、短安等版别。

14. 寿昌元宝。道宗寿昌年间（1095～1101年）铸造。隶书旋读，小平。有阔寿、狭寿、长昌、长腿元（图8-3-24）等版别。径23.7毫米，厚1.3毫米，重3.3克。

15. 乾统元宝。天祚帝乾统年间（1101～1110年）铸造。隶书旋读，小平。有阔乾、狭乾、草旁乾、阔统、狭统（图8-3-25）、狭元等版别。径23.9毫米，厚1.6毫米，重4.7克。

16. 天庆元宝。天祚帝天庆年间（1111～1120年）铸造。隶书旋读，小平。有阔天、狭天、狭庆、双挑元、长元（图8-3-26）等版别。径23.3毫米，厚1.3毫米，重3.1克。

图8-3-26

辽代年号钱还有神册通宝、开泰元宝、太平通宝出土。现在尚有大同、保大、乾亨三种年号钱没发现。

三、其他钱

1. 大辽天庆。楷书旋读。当十（图8-3-27）。
2. 天朝万顺。契丹文，大钱，有银质。分对读、旋读（图8-3-28、29）。
3. 大康二年、大康六年、大康七年（图8-3-30）。
4. 清宁二年（图8-3-31）。
5. 寿昌二年（图8-3-32）。

图8-3-27

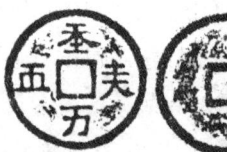

图8-3-28

图8-3-29

图8-3-30

图8-3-31

图8-3-32

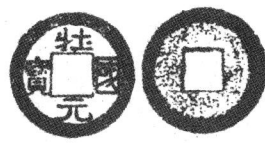
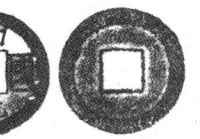

图 8-3-33　　　　　　图 8-3-34

6. 牡国元宝。辽道宗时期（1055～1101年）铸造。有正廓、长国（图8-3-33）、小国、狭宝等版别。此钱史无记载，又非年号，根据出土地点和特点定为辽钱。

7. 助国元宝。辽道宗时期（1055～1101年）铸造。隶书旋读，小平。有正廓（图8-3-34）、阔助等版别。径23毫米，厚0.8毫米，重1.9克。情况同牡国元宝。

此外，尚有一些系北辽的钱币，如大丹通宝、契丹文福寿永昌。还有系于西辽的延庆元宝、康国通宝、崇福元宝、天禧通宝等。

四、辽钱的特点

1. 书法自成一体，接近楷书和隶书之间。
2. 大多为小平钱。几种大钱是否为通货，还不清楚，可能是镇库钱。
3. 旋读。遇到对读辽钱都要谨慎对待。如天赞通宝、天庆元宝的小平对读均为安南所铸。
4. 宝字贝底，中间二横较短。
5. 牡助版式，即牡国元宝、助国元宝版式。特点为薄小平夷、面细廓、背广缘。此类钱有大安元宝、重熙通宝、大康元宝、乾统元宝、天庆元宝等。
6. 由于文献较少，辽钱研究中存在的问题较多。如辽代铸钱上限、契丹文字的释读、非年号辽钱的确定等。

第四节　西夏钱币

西夏是以党项族为主体建立的封建王朝。1038年李元昊称帝建国，

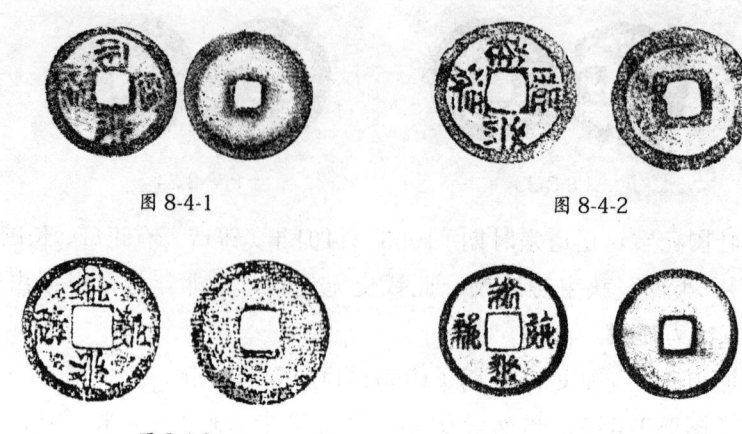

图 8-4-1　　　　　　图 8-4-2

图 8-4-3　　　　　　图 8-4-4

定都兴庆府（今宁夏银川市），1227年被蒙古所灭。西夏钱币有唐钱遗风，钱文分西夏文和汉文两种。

一、西夏文钱

1. 福圣宝钱。毅宗福圣承道年间（1053～1056年）铸造。旋读、小平、光背，有粗字（图8-4-1）、细字、厚版、薄版和省圣等版别。径24.5毫米，厚1.6毫米，重4.9克。

2. 大安宝钱。惠宗大安年间（1075～1085年）铸造。旋读，小平，版别有小样大字、小样背右星、小样背月、小样行草、大样大字（图8-4-2）、大样小字等。径25毫米，厚1.5毫米，重4.2克。

3. 贞观宝钱。崇宗贞观年间（1101～1113年）铸造。旋读，小平，直译应为"贞观宝元"，有大样（图8-4-3）、小样之别。径25.5毫米，厚1.3毫米，重4.1克。

4. 乾祐宝钱。仁宗乾祐年间（1170～1193年）铸造。旋读，小平，有厚版和薄版（图8-4-4）之分。径23.6毫米，厚2.2毫米，重6.2克。

5. 天庆宝钱。桓宗天庆年间（1194～1206年）铸造。旋读，小平，有小字、大字、大样大字、小样小字（图8-4-5）等版别。有铸母。径22.8毫米，厚1.8毫米，重3.2克。

图 8-4-5

 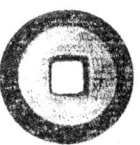

图 8-4-6　　　　　　　图 8-4-7

图 8-4-8　　　　　　　图 8-4-9

二、汉文钱

1. 大安通宝。惠宗大安年间（1075～1085年）铸造。对读，小平，大安楷书，通宝隶书。有大样、小样（图8-4-6）、背月等版别。径23.6毫米，厚1.7毫米，重4.6克。

2. 元德通宝。崇宗元德年间（1119～1127年）铸造。对读、小平，版别有隶书大样（图8-4-7）、隶书小样、楷书大样、楷书小样、异体楷书、行书等。径25毫米，厚1.3毫米，重4.5克。

3. 元德重宝。对读，折二、折三。折二分正品（图8-4-8）、异书、薄小版别。径29毫米。

4. 大德通宝。崇宗大德年间（1135～1139年）铸造。对读，小平，径23毫米，重3.2克（图8-4-9）。

5. 天盛元宝。仁宗天盛年间（1149～1169年）铸造。铜、铁二种，旋读，小平，是西夏钱币中数量最多、铸工最好、钱文最美的一种。铜钱版别有正样（图8-4-10）、大样、小样、小字、背下星、背上星、背斜月、厚版、窄边大字、单挑天、双挑天、异元、长一元、宽边大样、广穿折元、铸母、白铜等。铁母有小型、狭穿、中穿、广穿、背西等。铁钱有正样、背左下星、广穿背右

图 8-4-10

图 8-4-11

图 8-4-12

图 8-4-13

图 8-4-14

图 8-4-15

下星、背上月、折元、背西等。铜钱另有传世折十一品，径23.6毫米，厚1.3毫米，重3.2克。

6. 乾祐元宝。仁宗乾祐年间（1170～1193年）铸造。铜、铁二种，真、行二体，旋读、小平。楷书分长元（图8-4-11）、折元、大字、大样、正隆手等。行书分大样、小样、背月等，另有铸母、铁母等。铁钱有大样、小样、背月、背星等。元字为折元。径24毫米，厚1.6毫米，重4.4克。

7. 天庆元宝。桓宗天庆年间（1194～1206年）铸造。旋读，小平，版别有小字（图8-4-12）、大字大样、摇头、背月、挑元、小字广穿等，有铸母。径23.8毫米，厚1.6毫米，重4克。

8. 皇建元宝。襄宗皇建年间（1210～1211年）铸造。旋读，小平，分正样（图8-4-13）、大样、小样、平头建、背月、行元等版别，有铸母。径25毫米，厚1.9毫米，重5.4克。

9. 光定元宝。神宗光定年间（1211～1223年）铸造。旋读小平，分正样（图8-4-14）、大样、小样、背星、挑光、宽边、叠文等版别。有铸母。径25毫米，厚1.6毫米，重4.4克。另有篆书一品（图8-4-15），径25.3毫米，厚1.4毫米，重4.3克。

西夏钱币中还有一些待考钱，如人庆宝钱（西夏文）、大盛元宝、韢（duǒ）都元宝等。

三、西夏钱币的特点

1. 早期钱币是象征性铸钱，存世稀少。西夏国内流通的主要是唐宋钱币。在西夏钱币窖藏出土中，西夏钱所占比例不足2%，唐宋钱占85%～98%。尤其西夏早期钱，出土更是凤毛麟角，如西夏文"福圣宝钱"、"大安宝钱"、"贞观宝钱"、"人庆宝钱"，汉文"大安通宝"、"元德重宝"、"元德通宝"、"大德通宝"7个年号8种钱币，均属珍稀品种。这些钱币均是象征性铸钱，表示西夏政权的独立性。现在存世的，光定元宝篆书、天盛元宝折十、大德通宝（2枚）、贞观宝钱（2枚），均只有一两枚；大安通宝、元德重宝不到10枚；福圣宝钱、元德通宝、乾祐宝钱、天庆元宝100枚左右；大安宝钱、乾祐元宝、天庆宝钱200枚左右。金灭北宋以后，西夏才大量铸钱。现存世钱币中属天盛、皇建、光定年号钱较多。

2. 夏汉两种文字铸流通钱币。现发现的6种西夏文钱币，均是流通货币。而辽、金两朝也曾将自己的民族文字铸在钱币上，但是均属非流通货币。[1] 西夏文是一种民族文字，笔画繁复规矩，好像叠床架屋。洪遵《泉志》有记载，但不认识，只说"梵字钱"。随着西夏王朝的灭亡，到明朝时，西夏文成了死文字。1804年，张澍在凉州发现了汉夏两种文字的"西夏碑"，才重新认识西夏文。1805年，刘青园在凉州发现了西夏钱币窖藏，明确认定为西夏文钱币。1895年，英国人识读出西夏文"大安宝钱"。1914年，罗福苌出版《西夏国书略说》，识读出"福圣宝钱"、"大安宝钱"、"乾祐宝钱"、"天庆宝钱"。1940年，赵权之识读出"贞观宝钱"。

汉文钱有不同书体，如元德通宝有隶书、真书，乾祐元宝有行书、真书，光定元宝有篆书、真书，因此，有一种观点认为西夏钱与宋钱一

---

[1] 女真文钱币已有发现，未经确认。见《罕见的异文古钱》，载宁夏新闻网2005年4月12日。

样有对钱。但也有否定西夏对钱的说法。[1] 按照宋钱对钱的标准,西夏对钱难以成立。宋钱对钱的其中一枚必为篆书,西夏钱只有光定元宝一枚孤品为篆书,且无法与真书光定元宝组成对钱。

3. 仿唐宋钱制。西夏钱币制度深受北宋影响,外圆内方,宝钱称谓、形制大小、厚薄轻重均与唐宋钱相类似。如西夏钱都是年号钱;宝文有通宝、元宝、重宝之称;币材有铜、铁之别;币值有小平、折二之差;书法上有楷书、行书、隶书、篆书。并出现了仿宋钱文,如行书"乾祐元宝"就是仿北宋行书"圣宋元宝"钱文,"大安通宝"和"元德通宝",通宝二字从隶书,有人认为是唐"开元"和宋"太平"的改版钱。翻砂铸造、打磨工艺均有唐宋风格。或许工匠就来自宋朝。

4. 精粗不一,优劣参半。西夏钱币的制作水平,整体上讲,比辽钱好,比宋金钱差。精粗不一,优劣参半。精整者,文字深峻,轮廓分明,制作精美,规格统一,可与宋钱相媲美,如篆书"光定元宝"、楷书"天盛元宝"、楷书大字"乾祐元宝"短元铁母,以及西夏文"贞观宝钱"(多数)、"天庆宝钱"、"乾祐宝钱"等。粗疏者,厚薄不匀,轻重悬殊,砂眼多,地张凸凹不平,字口浮浅,文字模糊不清,穿口歪斜,轮廓未经打磨,毛刺犹存,铜体杂质含量大,氧化程度比宋金钱严重,背廓平夷。[2]

以往的钱币学著作,众口一词,认为西夏钱币铸造精美。夏荃在其《退庵钱谱》中称西夏钱铜质字画俱精好。翁宜泉在《古泉汇考》中亦称西夏钱币字文端正,非常精美。现代钱币学者均认为西夏钱币的精致不亚于被人称颂的宋钱。千家驹、郭彦岗在《中国货币史纲要》中称西夏钱制作精致,文字整齐。对此还是要具体分析,方能得出合理的结论。

西夏钱币史籍不载,文字独特,存世稀少。正史中没有西夏史,只在《宋史》中有一篇《夏国传》。其中关于钱币的记载只有"[绍兴]

---

[1] 牛达生:《浅议对钱——兼述西夏对钱》,载《中国钱币》1998年第1期。王彦民:《西夏铸币有无"对钱"问题之探讨》,载《中国钱币》2005年第3期。

[2] 王彦民:《西夏钱币的六大特征》,载《陕西钱币研究文集》(第六辑),陕西钱币学会2006年版,第61~63页。

二十八年，始立通济监铸钱"[1]一句。南宋洪遵《泉志》中的"梵字钱"，后人根据徐象梅的补图认为是西夏文钱，也有人认为这种认识不确切[2]。因此，根据文献无法得知西夏究竟铸了什么钱。

第五节　金代钱币

金代是以女真族为主体，包括汉族、契丹族的封建王朝。1115年建立，1234年被蒙古灭亡。金代早期用辽宋旧钱，后期用纸币，铸钱较少。金代钱币可以分为四部分。

一、铜铁钱

1. 正隆元宝[3]。海陵王正隆三年至六年（1158～1161年）铸造。楷书旋读。小平。有粗字、细字、阔正、五笔正、阔元、小元、长元（图8-5-1）、长宝、短宝等版别。径25.2毫米，重3.4克。

2. 大定通宝。世宗大定十八年到二十九年（1178～1189年）铸造。楷书对读。小平有粗字、阔定、狭定、长通、三角通、背申（图8-5-2）、背酉等类。折二有细字狭宝、细字阔宝等版别。铁钱小平有粗字、细字、斜宝等版别。径24毫米，厚1.3毫米，重3.8克。

 　　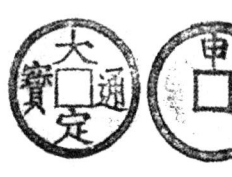

图8-5-1　　　　　　　　　图8-5-2

3. 泰和通宝。章宗泰和四年至八年（1204～1208年）铸造。楷书

---

[1]　脱脱等：《宋史》，中华书局1985年版，第14028～14029页。

[2]　牛达生：《西夏钱币中西夏文钱的发现和认识——兼论洪遵〈泉志〉的钱图问题》，载《中国钱币》1985年第4期。

[3]　《金史・食货志》为"正隆通宝"，未见实物，疑为记载有误。

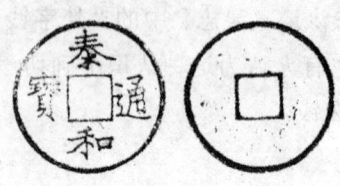

图8-5-3

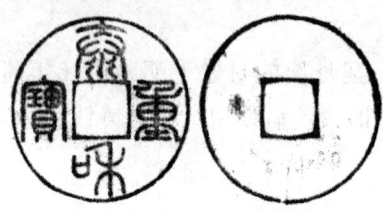

图8-5-4

图8-5-5

图8-5-6

图8-5-7

对读。有小平、折二、折三、折十4等。小平有狭轮等版别。折二有大字、小字、细字（图8-5-3）等版别。折三有大字、小字等版别。折十有狭宝等版别。径27.8毫米，厚1.5毫米，重4.5克。

4. 泰和重宝。泰和四年（1204年）始铸。篆书对读。折十。有阔重（图8-5-4）、长重、长和、短和等版别。有折三型。径45毫米，厚3毫米，重15.7克。

5. 崇庆元宝。卫绍王崇庆年间（1212～1213年）铸造。篆书旋读。折五。有阔元（图8-5-5）等版别。径35毫米，厚2毫米，重11克。

6. 崇庆通宝。楷书对读。小平有大字、狭宝等版别。折二有小山崇（图8-5-6）等版别。径27毫米，厚1.6毫米，重6.4克。

7. 至宁元宝。卫绍王至宁元年（1213年）铸造。楷书旋读。折五。有阔元（图8-5-7）等版别。径34毫米，厚2毫米，重11克。

8. 贞祐元宝。宣宗贞祐年间（1213～1217年）铸造。楷书旋读。小平。有阔宝、狭宝（图8-5-8）等版别。径24.5毫米，厚1.6毫米，重3.6克。

9. 贞祐通宝。楷书对读。小平有狭宝、阔宝、细字、阔贞等版别。折二有阔宝、狭宝（图8-5-9）等版别。折三有小祐、长宝等版别。径29毫米，厚1.8毫米，重8.9克。

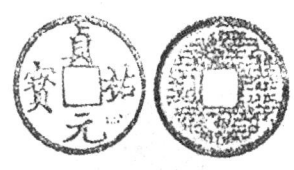

图 8-5-8

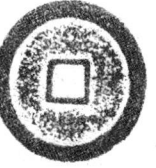

图 8-5-9

二、刘豫钱币

金太宗天会八年（1130年），金人立刘豫为大齐国皇帝，年号阜昌。天会十五年（1137年）废。

1. 阜昌元宝。阜昌年间（1130～1137年）铸造。篆、楷二体，旋读。小平。有粗字、细字、阔元（图8-5-10）、狭元等版别。径26毫米，厚1.6毫米，重3.8克。

图 8-5-10

2. 阜昌通宝。篆、楷二体，对读。折二。有狭阜（图8-5-11）、阔阜、短阜等版别。径28毫米，厚2毫米，重7.3克。

图 8-5-11

3. 阜昌重宝。篆、楷二体，对读。折三。有楷书大样、阔阜、狭阜、篆书阔阜、狭阜（图8-5-12）等版别。径33毫米，厚2.4毫米，重9.2克。

三、纸币

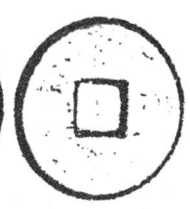

图 8-5-12

金代立国之初30多年间没有发行货币，1154年正式发行交钞，三年后开始铸钱。先造纸币后铸铜钱的现象，在中国货币史上是一个特例。

金代纸币有交钞（图8-5-13）、贞祐宝券、贞祐通宝、兴定宝泉、元光重宝、元光珍宝（绫质）、天兴宝会等。但现在没有实物，存世仅有13块钞版。根据钞版和《金史·食货志》的记载，金代纸币为长方形，"外为阑，作花纹，其上衡书贯例，左曰某字料，右曰某字号。料号外，篆

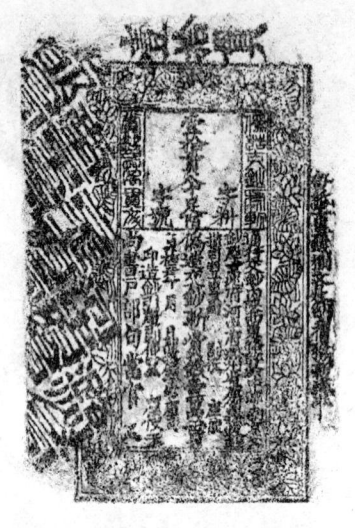

图 8-5-13

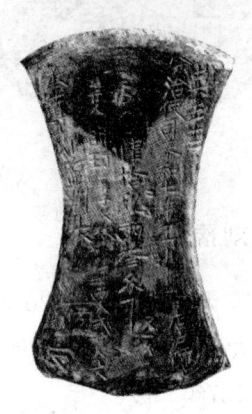

图 8-5-14

书曰'伪造交钞者斩，告捕者赏钱三百贯'"[1]。216毫米×143毫米。

四、银铤

金代白银可以作为货币使用，特别是泰和六年（1206年）以后，由于纸币流通不利，铜钱不够使用，经济上出现了专用白银的阶段。承安二年（1197年）十一月，金代铸"承安宝货"，自一两至十两，分5等。每两折钱2贯。这是汉武帝以后第一次官铸银币。

金代银铤形制与南宋相同，铭文比南宋复杂，现存数量有报道的近200枚。有"邠州进奉正隆二年"银铤、"提举解盐司大定廿一年"银铤、"大定廿二年"银铤、"大定廿三年"银铤、"明昌元年"银铤、"承安宝货"银铤、"泰和三年"银铤、"泰和四年"银铤、"分治使司泰和七年"银锭（图8-5-14）、"大安三年"银铤、"回易五十两"银铤、"潞州黎城县和买"银铤、"行人蔡润泽"银铤、"益都张一郎真花银"银铤、"真花银一锭"银铤、"真花银壹铤"银铤、"泰六秋税银伍拾两"银铤等。长139毫米，重1962克。

---

[1] 脱脱等：《金史·食货志》，中华书局1975年版，第1073页。

五、金代钱币的特点

金代铸币类少而精。钱文以楷书为主，偶有篆书。金人占领陕西后，掌握了宋代陕西炉的铸钱技术，书法与铸造工艺均仿北宋钱币，大定直接仿大观钱，文字为瘦金体。泰和重宝篆文大钱，廓细肉深，篆如玉箸，精美程度可与后世机制币媲美。泰和通宝楷书大钱，只有两种版别。旧称崇庆元宝、至宁元宝、贞祐通宝折三为"金钱三珍"。刘豫钱币制作精美，存世不多。中国古代钱币的艺术水平有三个辉煌时期：(1)王莽钱币；(2)宋徽宗钱币；(3)金章宗钱币。

第九章 元明清钱币

元明清是我国封建社会的成熟和衰落期,也是一个持续较长的大一统时期。钱币方面,元朝到明中期以纸币为主,明中期到清末以银为主。此外元明清均铸有铜币。元末、明末农民起义军和太平天国都各自铸造了钱币。清末西方钱币传入中国,对传统钱币产生了颠覆性的影响。

第一节 元代钱币

1206年成吉思汗统一蒙古各部,建立蒙古国。1271年忽必烈建国号为大元,1368年元顺帝被赶出大都。元代钱币分为纸币、银锭、铜钱3类。

一、纸币

蒙古汗国时期,仿宋、金发行过丝会子、交钞、银钞等。1260年忽必烈上台后,把纸币作为主要货币,曾禁止金银和铜钱流通,成为世界上最早应用纯纸币流通的国家。主要原因一是随着商品经济的发展,纸币流通性较为优越;二是元朝铜源缺乏;三是与当时的阴阳五行学说有一定关系[1]。

蒙古汗国至元朝结束,纸币名目繁多,总计有30多种。比较重要的有以下几种:

---

[1] 忽必烈制订货币政策时问太保刘秉忠,刘说:"钱用于阳,楮用于阴。华夏阳明之区,沙漠幽阴之域。今陛下龙兴朔漠,君临中夏,宜用楮币,俾子孙世守之。若用钱,四海且将不靖。"见陶宗仪:《南村辍耕录》卷二,中华书局1959年版,第26页。

1. 中统元宝交钞。从中统元年（1260年）至元末，一直流通。面额从一拾文到二贯文省共10等（十、二十、三十、五十、一百、二百、三百、五百、一贯、二贯）。

2. 至元通行宝钞。至元二十四年（1287年）发行，面额11等，比中统钞多出一个"伍文"小钞。面额不再用"文省"，印发机关改为"尚书省"（图9-1-1）。

3. 至大银钞。至大二年（1309年）发行，以银为单位，从二厘至二两共13等。

4. 至正交钞。至正十年（1350年）发行，使用中统钞版印制，加盖至正年号。

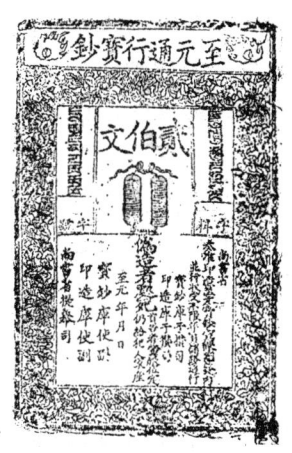

图 9-1-1

陕西咸阳博物馆藏有一张1965年发现的一贯文钞，宽215毫米，长305毫米，树皮纸质。文字有"中统元宝交钞"、"壹贯文省"、"中统元宝"、"诸路通行"、"中书省奏准印造中统元宝交钞宣课差发内并行收受不限年月　诸路通行　元宝　交钞库子　攒司　印造库子　攒司　伪造者斩　赏银伍定仍给犯人家产　中统年月日元宝交钞库使　副使　印造库使　副使　中书省提举司"等。背盖墨印，内有"至正印造元宝交钞"8字。说明为至正交钞（图9-1-2）。

元代纸币的形状、文字、图案、花纹、印押等均仿宋金纸币，所不同者增加蒙古文。早期用棉质纸，后期用桑皮纸。元代纸币发现有100多张。1982年内蒙古呼和浩特市白塔内出土1张"中统元宝交钞·壹拾文"，为世界上现存最早的一张纸币。1983～1984年在内蒙古额济纳旗黑城遗址发现128张至元钞、2张至正钞。

元代纸币在世界钱

图 9-1-2

币史上有着重要地位,对周围国家产生了重大影响。印度、朝鲜、日本、伊尔汗国等都曾仿效元朝发行过纸币。马可·波罗在其游记中称元代皇帝把纸变为钱币是"大汗专有方士之点金术"。

二、银锭

元代银锭与南宋、金代银锭形制相同,为中间束腰两端弧形扁平状。在宋金末期,名称由铤转为锭。从元开始俗称"元宝",意为"元代之宝"。

元代银锭分背有铭文和背无铭文两种。背面铭文现见三种,"元宝"、"平阳"、"太原"。正面铭文由地名、铸造机关、监铸官、工匠、时间、锭种、重量等项组成,或全或简。银锭纪年方式有三种情况:无纪年、干支纪年、年号纪年。干支纪年应属于中统建元以前的银锭,无纪年银锭与干支纪年相类似的,应为同时期物品。[1]

至元三年(1266年)开始铸造"文以元宝"的50两银锭。[2] 陶宗仪《南村辍耕录》记载:"银锭上字号扬州元宝,乃至元十三年大兵平宋,回至扬州,丞相伯颜号令搜检将士行李,所得撒花银子,销铸作锭,每重五十两,归朝献纳。"[3]

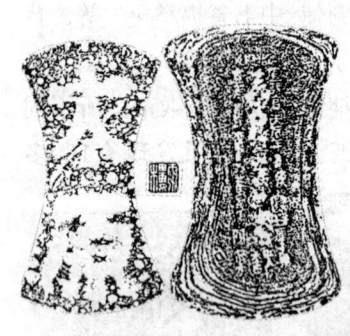

图9-1-3

1. 丙辰年太原路银锭。"丙辰年,太原路,宣课官,使侯,库子杨,匠人口大吉,宣差银课,银官"。背"太原"(图9-1-3)。

2. 扬州元宝。"行中书省,重四十九两九钱,销银官口,扬州销银官王琪,称验银库子候武,银匠口文,重伍拾两,至元十四年,库官王仲方银匠候君用"。背面"元宝"(图9-1-4)。

---

[1] 民国时期天津古玩商方雨楼藏有"丙辰年太原路"银锭。据《元史》记载,太原路在大德九年(1305年)因地震改名冀宁路。蒙元时期丙辰年有1256和1316两个年份,1316年已无太原路,此锭只能是1256年。依此类推,干支纪年者为中统建元以前银锭。建元以后标年号而不用干支也是顺理成章的。

[2] 宋濂:《元史》,中华书局1976年版,第4003页。

[3] 陶宗仪:《南村辍耕录》,中华书局1959年版,第377页。

元代银锭发现较少，总数四五十枚。有"庚子年（1240年）山东东路"银锭、"辛丑年（1241年）真定路"银锭、"壬子年（1252年）平阳路"银锭、"丙辰年（1256年）太原路"银锭、"丙辰年真定路"银锭、"丁巳年（1257年）真定路"银锭、至元十三年（1276年）扬州银锭、至元十四年（1277年）扬州银锭、泰定三年（1326年）威楚路银锭、蒙山银课元统三年（1335年）银锭、兴国路至元五年（1339年）银锭、蒙山银课至正十年（1350年）银锭等。

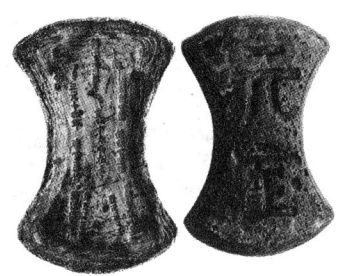

图 9-1-4

三、铜钱

（一）蒙古汗国时期

1. 大朝通宝。蒙古汗国自称大朝。银、铜质。真书。对读。小平。钱文漫晦，制作不精（图9-1-5）。径21毫米。

图 9-1-5

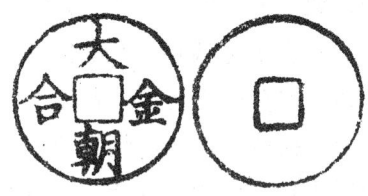

图 9-1-6

2. 大朝金合：金合为折合金钱之义，确指未详。折十、折三。折十真书，折三篆书。或为后铸（图9-1-6）。径34毫米。

3. 交钞半分。折钞权银钱。小平，面四决。或读支钞半分（图9-1-7）。径24毫米。

图 9-1-7

图 9-1-8

图9-1-9　　　　　　　　　图9-1-10

4. 大观通宝。背半钱。另有俗称"米（市）书大观"（图9-1-8）。径24毫米。

5. 泰和通宝。与金泰和钱比形制欠精，文字较粗（图9-1-9）。径31毫米。

6. 大定通宝。背辰。

7. 宣和通宝。背半分（图9-1-10）。

蒙古汗国时期钱币特点：

（1）史书未载。由于元代典籍大多不存，《元史》是明末匆匆而成，所以蒙古汗国时期钱币不见史书记载。现只能根据其他记载或铸造风格推断，如"大朝"，《宋史》《金史》有称蒙古汗国为"大朝"的记载。

（2）仿宋金钱币。"大观"、"宣和"、"泰和"、"大定"均仿宋、金年号钱。但精美不及，且背文有"半钱"、"半分"等。

（3）权钞钱。一般情况下，古代只有纸币代表金属货币，这里却用金属货币代表纸币。元末至正年间大量出现权钞钱。这在世界货币史上是一种独特的反常规的币制。

（二）称元时期

1. 中统元宝。中统年间（1260～1263年）铸。小平，分真书（图9-1-11）、篆书（图9-1-12）。真书有大元、背四星等版别。径23毫米。

2. 至元通宝。至元二十二年（1285年）始铸。小平（图9-1-13）、折二（图9-1-14）、折三。分汉文、八思巴文。径19毫米、28毫米。

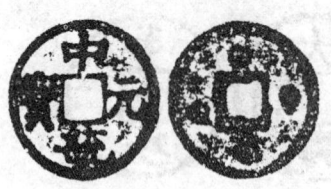

图9-1-11

3. 元贞通宝。元贞年间（1295～1296年）铸。有银、铜质。大小不一，分汉文（图9-1-15）、八思巴文（图9-1-16）。径21毫

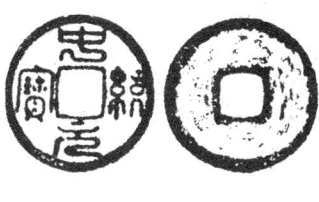 

图 9-1-12　　　　　　　　　图 9-1-13

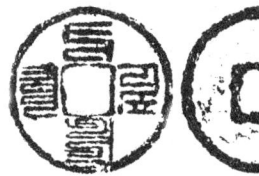  

图 9-1-14　　　　　　　　　图 9-1-15

图 9-1-16　　　　　　　　　图 9-1-17

   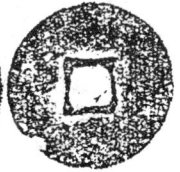

图 9-1-18　　　　　　　　　图 9-1-19

米、30毫米。

4. 元贞元宝。元贞年间铸（图9-1-17）。径27毫米。

5. 大德通宝。大德年间（1297～1307年）铸。分汉文（图9-1-18）、蒙文（图9-1-19）。汉文钱大小不一，文字风格粗犷，与西夏大德钱不同。径22毫米、31毫米。

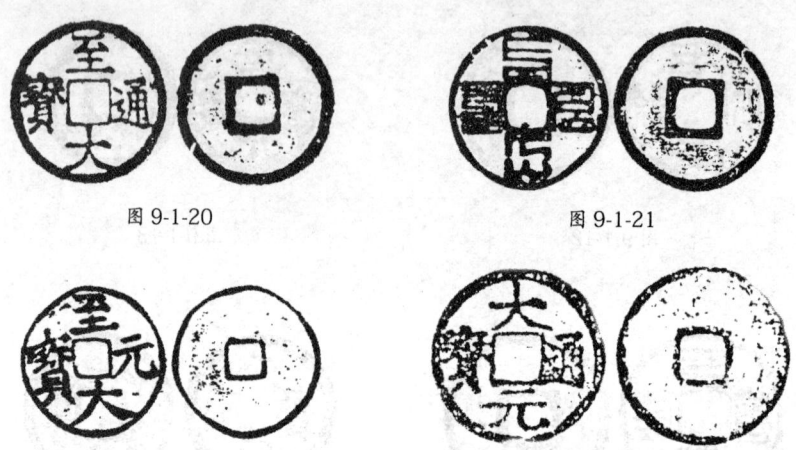

图 9-1-20　　　　　　图 9-1-21

图 9-1-22　　　　　　图 9-1-23

6. 至大通宝。至大三、四年（1310～1311年）铸。分小平（图9-1-20）、折二、折三。折三为蒙文试铸钱（图9-1-21）。径22毫米、31毫米。

7. 至大元宝。至大三、四年铸。大小不一（图9-1-22）。径20毫米。

8. 大元通宝。至大三年（1310年）始铸。分小平、折十，有汉文（图9-1-23）、蒙文（图9-1-24）。径24毫米、43毫米。

9. 大元国宝。篆书折十，开炉钱，极精美，背"至大"（图9-1-25）。有背龙纹钱。径41毫米。

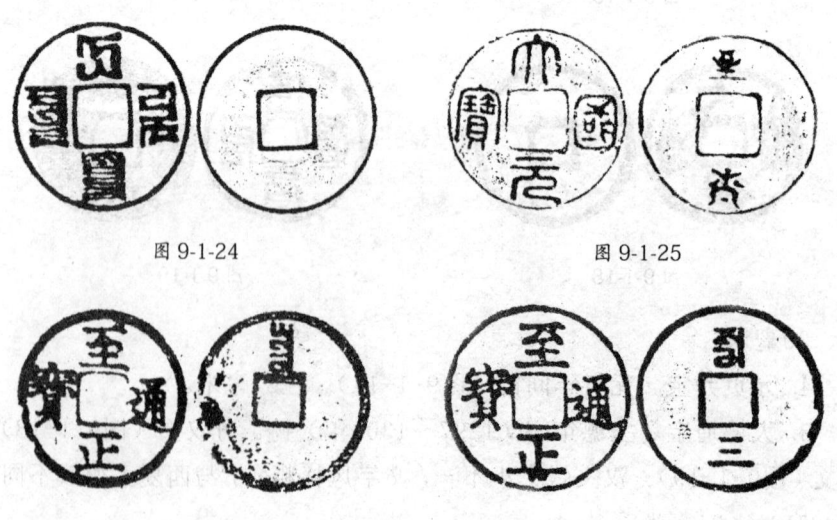

图 9-1-24　　　　　　图 9-1-25

图 9-1-26　　　　　　图 9-1-27

10. 至正通宝。至正十年（1350年）始铸。分小平、折二、折三、折五、折十。一种背蒙古文地支纪年，有"寅（图9-1-26）、卯、辰、巳、午"等年份，文字形制精美。一种纪值，背有"二、三（图9-1-27）、五、十"蒙文，较粗率。还有一种纪重背"壹钱重"。径23毫米、35毫米。

11. 至正之宝。至正末年铸。权钞钱。背"吉·权钞"，有"伍分"（图9-1-28）、"壹钱"、"壹钱伍分"、"贰钱伍分"、"伍钱"5种面值。均为大钱。"吉"为吉安地名。径41毫米。

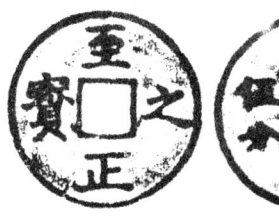

图9-1-28

（三）供养钱

供养钱是佛、道寺观铸造的钱币。从南北朝至明清一直存在，以元代为盛。大多文字草率，制作粗陋。其铸造、用途及流通情形，史籍无稽。大多应为非流通钱币，但不排除元代供养钱有流通的。

图9-1-29　　　　　图9-1-30　　　　　图9-1-31

供养钱铭文种类很多，如延祐贞宝（图9-1-29）、延祐三年背大昊天寺、大德元年、至元通宝背至治通宝、至元通宝背玉、至元戊寅背香殿（图9-1-30）、至元元宝背戊寅、至顺通宝背太乙、至顺壬申背护圣、真定献香背青旗小社、进香直社背神、承华普寺、圣寿万安背穆清、穆清铜宝背至正（图9-1-31）。径18毫米、16毫米、21毫米。

（四）元末农民起义军钱币

元朝末年，政治黑暗，社会混乱，几支较大的起义军都铸造了钱币。

1. 龙凤通宝。刘福通铸。1351年刘福通首揭义旗，1355年拥韩林儿为帝，建都亳州，国号宋，建元龙凤，铸龙凤通宝。真书，分小平（图9-1-32）、折二、折三。皆有大样板。字遒劲，制粗浑。十分稀少。径23毫米。

2. 天佑通宝。张士诚铸。1353年，张士诚据江淮，建国号大周，建

图 9-1-32　　　　　　　　图 9-1-33

元天佑，毁佛像，铸天佑通宝。分小平（图9-1-33）、折二、折三、折五4等。多规整，背篆文纪值。径24毫米。

3. 天启通宝。徐寿辉铸。1351年徐寿辉起义，1358年改元天启，铸天启通宝。篆书有折二，极少。真书有小平（图9-1-34）、折二、折三3等。版别分数种，有银质。与后来明王朝天启通宝有区别，一是启字第一笔为撇，二是红铜质。径23毫米。

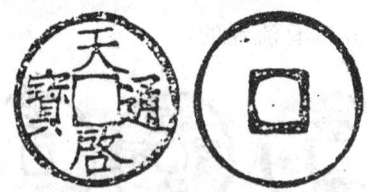　　

图 9-1-34　　　　　　　　图 9-1-35

4. 天定通宝。徐寿辉铸。1359～1360年改元天定。分小平（图9-1-35）、折二、折三3等。径24毫米。

5. 大义通宝。陈友谅铸。1360年陈友谅杀徐寿辉，自立为帝。改元大义，铸大义通宝。分小平、折二（图9-1-36）、折三3等。较天启通宝精美不及。径27毫米。

图 9-1-36

蒙古人以野蛮方式进入中原，以落后方法统治全国，使经济遭到极大破坏，文化受到严重摧残，反映在钱币文化上，也是明显的倒退。正如世人所称：宋代钱币繁花似锦，金代钱币秋菊独放，元代钱币则只能用残枝败叶来形容了。

第二节 明代钱币

1368年,朱元璋推翻元朝,建立明朝。1644年,崇祯皇帝上吊自杀,明亡。明代钱币前期以钞为主,后期以银为主,铜钱则时铸时停。

一、铜钱

明清时期的铜钱相较以前有五大变化:(1)只称通宝,不称元宝、重宝(清咸丰时例外),一是为避朱元璋名讳,再则元宝有"元朝之宝"之嫌,明朝避用此称;(2)均为对读,没有旋读;(3)背铸局名;(4)称当朝钱为制钱;(5)嘉靖年间加入锌金属,开始出现黄铜钱。

明朝铜钱主要有:

1. 大中通宝。1361年朱元璋称吴国公时铸。有小平(图9-2-1)、折二、折三、折五、折十5等。背纪地、纪值,也有光背。有一种说法,光背为吴国公时铸,加地名者为建立明朝以后铸。[1] 地名有北平、鄂、京、浙、济、桂、福、豫、广9种。版别有180多种。径23毫米。

2. 洪武通宝。洪武元年(1368年)始铸。分小平(图9-2-2)、折二、折三、折五、折十5等。背纪地、纪值与大中通宝相同。还有一套纪重钱,分一钱、二钱、三钱、五钱、一两5等。京师设宝源局,各省设宝泉局。时铸时停。径23毫米。

图 9-2-1　　　　　　　　图 9-2-2

3. 永乐通宝。永乐六年(1408年)铸。银、铜质。小平(图9-2-3)

---

[1] 唐石父:《中国古钱币》,上海古籍出版社2001年版,第402页。

图 9-2-3　　　　　　　　　图 9-2-4

较多，折二、折三极罕。只有两京和浙江、江西、广东、福建四省局铸造。后铸和日本仿铸很多。径24毫米。

4. 宣德通宝。宣德八年（1433年）始铸。小平（图9-2-4），铸工较精，版别简单。有德字去一横者，称省一宣德。铸局与永乐时相同。径26毫米。

5. 弘治通宝。弘治十六年（1503年）始铸。小平（图9-2-5）。铸局有两京及十三省。铸量较少。径24毫米。

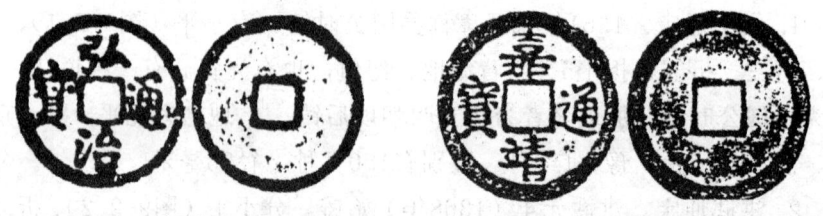

图 9-2-5　　　　　　　　　图 9-2-6

在此前后的建文、正统、景泰、天顺、成化、正德6个年号没有铸年号钱。嘉靖三十二年（1553年），下令补铸洪武到正德9个年号钱。严嵩两次上书劝阻，补铸之事未实行。现在也没有实物存在。有些书籍载有钱图，不可遽断。

6. 嘉靖通宝。嘉靖六年（1527年）始铸。较为复杂。分小平、折二、折三、折五、折十5等。小平素背（图9-2-6），其他纪重。有二钱、三钱、五钱、一两等，折十为"十一两"。还有大钱（当二十）、重轮、厚肉、隐起纹等。径25毫米。

7. 嘉靖安宝。铸局有两京及直隶、河南、福建、广东、云南5省。

8. 隆庆通宝。隆庆四年（1570年）始铸。小平（图9-2-7），光背。数量少，铸工精。径24毫米。

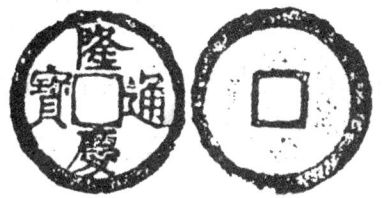 

图 9-2-7　　　　　　　　　　　图 9-2-8

9. 万历通宝。万历四年（1576年）始铸。小平、折二。种类很多。背文有工（图9-2-8）、公、天、厘、正、鹤、河、江、户等。银质者背"矿银"等。径24毫米。

10. 泰昌通宝。天启年间（1621～1627年）补铸。小平（图9-2-9）、折二。较少。径24毫米。

图 9-2-9　　　　　　　　　　　图 9-2-10

11. 天启通宝。天启元年（1621年）始铸。设炉156座。分小平（图9-2-10）、折二、折三3等。有银、铜质。背文复杂，品类甚多。小平背有日、月、星、祥云纹及户、工、浙、云、镇；新、院、京、密、奉旨、入、壹钱、一钱、一钱一分、新一钱一分、一钱二分、泰昌通宝、万历通宝、天天天天等文字。折二背有星纹、二、浙。折十背有十、十一两、十一两密、府、镇十等。径25毫米。

12. 崇祯通宝。崇祯元年（1628年）始铸。分小平（图9-2-11）、折二、折五、折十4等。背文复杂。小平背文有户、工、制、府、官、局、新、旧、重（重庆）、加（嘉州）、共、捌、江、广、青、季、应、贵、忠、榆、沪、部、嘉、兵、引、甲、乙、丙、丁、戊、

图 9-2-11

己、庚、奉制、奉旨、太平、一钱、乙钱、八钱、重一钱等。折二钱背文有二、户二、工二、监二、江二、局二、敕二等。折五钱有户五、工五、监五。总共有100多种。小平有一种背跑马图，为中国古代正用品所仅见，因此明末民谣有"一马乱天下"之说。径24毫米。

二、纸币

洪武八年（1375年），明朝开始发行纸币。形制仿元钞，长方形，钞名为"大明通行宝钞"。分为6等：壹贯文、伍佰文、四百文、三百文、二百文、一百文。洪武二十二年（1389年）又增加5等：五十文、四十文、三十文、二十文、十文。

壹贯文钞版版芯长320毫米，宽208毫米，是中国历史上最大的纸币（图9-2-12）。上横书"大明通行宝钞"；下为花栏边框，花栏内为龙、缠枝番莲、云气纹等。中间分上下两部分：上部为面额"壹贯"及钱图，两边为九叠篆"大明宝钞""天下通行"；下部为布告，"户部奏准印造大明宝钞，与铜钱通行使用。伪造者斩，告捕者赏银贰佰伍拾两，仍给犯人家产。洪武　年　月　日。"

其他面额的票幅依次缩小，面额与钱图数目相对应。

明代纸币最大面额只有一贯，年号只用洪武，钞名也只有一种，表明明代纸币的高度集中与统一。

图 9-2-12

三、银锭

明代白银一直作为货币使用，但为了推行纸币，明初曾禁用金银。明英宗正统元年（1436年），弛银禁，白银正式成为法定货币。从1436年至1935年法币改革，中国用银作法定货币刚好500年。

明代白银的形制继承了元代并有所发展。一种与元代相同，圆首，底面与正面一样大，不同处是紧束腰。另一种是弧首束腰，周边起翼外翘，面大于底。有50两、30两、20两、5两等规格。官铸银锭一般都有铭文，内容为地点、时间、用途、重量、银匠、监铸官及押运官等。江西省吉安府银锭铭文为"吉永丰县解纳崇祯二年分轻赍银伍拾两正崇祯叁年四月　日解官葛应秩银匠刘献"（图9-2-13）。有"直隶凤阳府寿州嘉靖十二年南京马草折银"银锭、"袁州府万载县嘉靖拾四年分各府禄米银"银锭、"万历三年两广盐运使司"银锭、"银作局花银伍拾两重"银锭、"兖州解永乐岁贡银"银锭、"汉阳县征驿站银"银锭、"莱州府平度州征万历六年京班银"银锭等。

图9-2-13

四、明末起义军钱币

1. 永昌通宝。李自成铸。1644年，李自成建都长安，国号大顺，建元永昌。版别数种。分小平（图9-2-14）、折五2等。径25毫米。

图9-2-14

图9-2-15

2. 大顺通宝。张献忠铸。1644年，张献忠建都成都，国号大西，建元大顺。背有户（图9-2-15）、工等字。径27毫米。

3. 西王赏功。张献忠铸。张献忠自称大西王，铸钱以赏赐。有金、

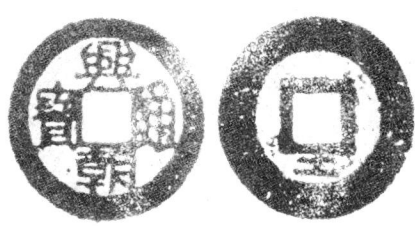

图9-2-16

银、铜三品，极罕。

4. 兴朝通宝。孙可望铸。1649年，张献忠死，孙可望进军云南，在昆明铸。有小平、折二、折五、折十4等。背有工（图9-2-16）、五厘、壹分等字。径27毫米。

五、南明及三藩钱币

1644年，明王朝被推翻后，南明诸王先后独立，称帝铸钱。清初，吴三桂等拥兵割据，建号铸钱。

1. 大明通宝。1644年，鲁王朱以海于浙江铸。有光背（图9-2-17）及工、户、帅、招等。径25毫米。

2. 弘光通宝。1645年，福王朱由崧于南京铸。分小平、折二2等。有楷书、隶书。背有星纹、日纹、凤（图9-2-18）、贰等。径24毫米。

图9-2-17　　　　　　　　　　图9-2-18

3. 隆武通宝。1645年，唐王朱聿键于福州铸。铜、铁质。分小平、折二。折二素背，小平背有星（图9-2-19）及户、工、南、留等字。径24毫米。

4. 永历通宝。分两种。桂王朱由榔永历年间（1647～1661年）于梧州铸。楷书。分小平、折二、折三、折五、折十5等。版别复杂。背文有户（图9-2-20）、工、御、敕、督、部、道、府、留、粤、辅、明、定、国、

图9-2-19　　　　　　　　　　图9-2-20

二厘、五厘、壹分及星纹等。另一种是郑成功及其后裔收复台湾后，于1649年、1666年、1674年委托日本长崎铸造。分篆书（图9-2-21）和行书两种。版别较少。径24毫米、28毫米。

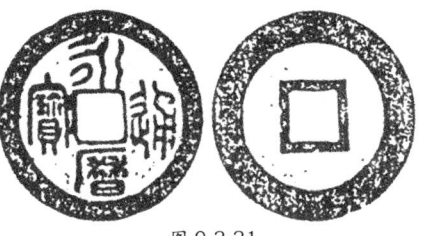

图 9-2-21

5. 利用通宝。1674年，吴三桂据云南反清，自称天下都招讨兵马大元帅，国号周。铸利用通宝，折银钱，楷书。分小平、折二、折五、折十4等。有光背、背云（图9-2-22）、壹、厘、二厘、五厘、一分、壹分、十等字。径27毫米。

图 9-2-22

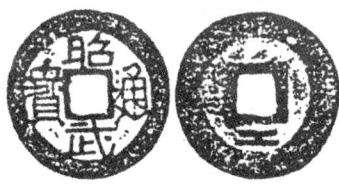

图 9-2-23

6. 昭武通宝。1678年，吴三桂铸。有楷书、篆书。分小平、折十2等。背有工（图9-2-23）、壹分等。径24毫米。

7. 洪化通宝。吴世璠铸。1678年，吴三桂死，其孙吴世璠继位，改元洪化。字文风格类昭武、利用。背有户（图9-2-24）、工等字。径25毫米。

8. 裕民通宝。1674年，靖南王耿精忠据福建反清，铸裕民通宝。权银钱，有一分（图9-2-25）、壹钱、浙一钱等。径27毫米。

图 9-2-24

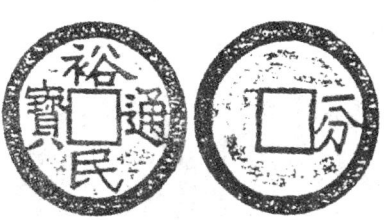

图 9-2-25

第三节　清代钱币

清代是我国最后一个封建王朝。1616年建立，1911年结束。清朝末年随着社会性质发生变化，钱币也分为两个时期。前期继承明代钱制，以银为本，以钱为末；后期，中国社会遇到2000年未有之变局，外国资本主义势力侵入，使中国钱币文化发生了一次革命，铜钱变成了铜元，银锭变成了银元，旧式纸币变成了银行券。咸丰、同治年间，太平天国等政权也铸造了钱币。

一、铜钱

清代铜钱用满文、汉文文字。入关前有2种年号钱，入关后有11种年号钱。

1. 天命通宝。努尔哈赤天命年间（1616～1626年）铸。小平，铸工较差，版别较多（图9-3-1）。径21毫米。

图9-3-1

图9-3-2

2. 天命汗钱。满文，努尔哈赤铸。小平（图9-3-2）。或译天命通宝，折十型真伪未定。径23毫米。

3. 天聪汗钱。满文，皇太极天聪年间（1627～1636年）铸。当十。或译天聪通宝。背仿明天启通宝大钱，左"十"右"一两"。有大满文（图9-3-3）、中满文、小满文等版别。背上十真伪未定。径45毫米。

图9-3-3

4. 顺治通宝。顺治年间（1644～1661年）铸。背文分五种情况，称顺治五式。清代后来铸钱没有超出此五式：（1）光背；（2）背一个汉字，纪钱局，有户、工、临、宣、蓟、延、原、云、同、荆、河、昌、宁、浙、东、阳、福、襄等18局，有说21局或22局；（3）右局名，左"一厘"，为权银钱，值1厘白银，共有工、陕、临、宣、蓟、原、云、同、河、昌、宁、浙、东、阳、江等17局；（4）双满文，纪局名，只有宝泉（图9-3-4）、宝源2个；（5）满汉文纪局名，左满右汉，共有陕、临、宣、蓟、原、同、河、昌、宁、浙、东、江12局。径28毫米。

另有折二、折十试铸钱。

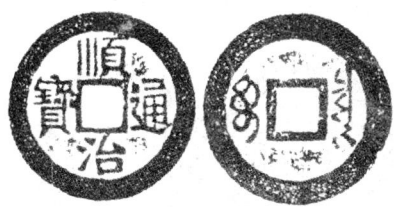

图9-3-4

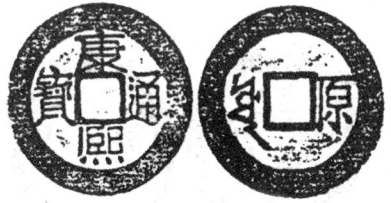

图9-3-5

5. 康熙通宝。康熙年间（1662～1722年）铸。背文有两种形式。宝泉、宝源为顺治四式，双满文。其他地方局为顺治五式，满汉文合璧。共24局，有说21局。常设20局：同福临东江，宣原（图9-3-5）苏蓟昌，南河宁广浙，台桂陕云漳。分别指大同、福州、临清、济南、江宁、宣化、太原、苏州、蓟州、南昌、长沙、开封、甘肃宁夏、广州、杭州、台湾、桂林、长安、昆明、漳州。径27毫米。

另有罗汉钱，宝泉局铸。其特点是"熙"字写法不同。传此钱材质有来自罗汉金身，但无从考证。还有开炉大钱和背铸子、丑、寅等地支钱。

6. 雍正通宝。雍正年间（1723～1735年）铸。背文只有双满文一种格式。至清末未变。每省只设一个钱局，停撤临清、宣府、江宁、蓟州、大同、漳州钱局，另增设一批钱局。共有泉、源、浙、苏、昌、济、晋、黔、南、川（四川省局）、武（湖北省局）、河（图9-3-6）、巩、云、安（安徽省

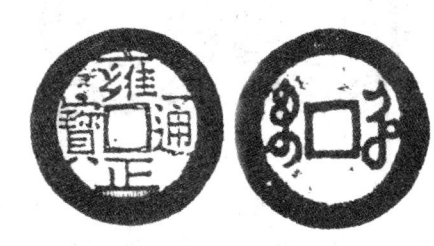

图9-3-6

局）15局。径27毫米。

清代制钱重量略有变化，顺治元年每枚重库平1钱，二年改重1钱2分，八年改重1钱2分5厘，十四年改重1钱4分。康熙二十三年改重1钱，四十一年改重1钱4分，雍正十一年改重1钱2分。此后100多年重量没有变化。

7. 乾隆通宝。乾隆年间（1736～1795年）铸。分加锡和不加锡两种，加锡者为青钱，不加者为黄钱。平定准噶尔以后，在新疆设局铸钱。因用纯铜，称红钱，背维文。共有泉、源、直、苏、福、浙、武、昌、桂、广、云（图9-3-7）、陕、南、川、晋、济、黔、台、伊、乌什、阿克苏、喀什克尔、库车、叶尔羌、叶尔奇木、和阗26局。宝河、宝巩停铸。

图 9-3-7　　　　　　　　　图 9-3-8

8. 嘉庆通宝。嘉庆年间（1796～1820年）铸。背双满文。共有泉、源、直、苏、福（图9-3-8）、浙、武、昌、桂、晋、陕、南、东、广、川、云、黔、伊、阿克苏19局。径24毫米。

9. 道光通宝。道光年间（1821～1850年）铸。背双满文。共21局，比嘉庆年间多出库车（图9-3-9）、宝新二局。因铸钱亏损，有些局铸量较少。钱币质量下降。径25毫米。

图 9-3-9　　　　　　　　　图 9-3-10

10. 咸丰通宝、重宝、元宝。咸丰年间（1851～1861年）铸。共有泉、源、直、蓟、德、河、济、晋、陕、巩、苏、安、浙、昌、福、台、武、南、广、桂、川、云、东、黔、迪、伊、阿克苏、喀什克尔、叶尔羌、库车31局。另有宝州局，史书无载。[1]

自明代以后，钱币逐渐形成一种成式，只称通宝，小平为主，书体呆板，背文简单。而到了咸丰朝，这几条全被打破。通宝、重宝、元宝并称。小平、当四、当五、当八、当十（宝浙，图9-3-10）、当二十、当三十、当四十、当五十、当百、当二百、当三百、当四百、当五百（宝陕，图9-3-11）、当千的均有。钱文有出善书者之手，隽秀者多。背文纪局、纪值、纪重。另有铁钱、铅钱，还有纸币。咸丰钱是王莽之后最为复杂的时期。版别多，珍品多，奇品多。存世样钱、母钱（见彩图5）、雕母丰富。径32毫米、64毫米。

图9-3-11

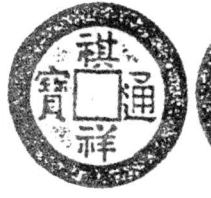
图9-3-12

11. 祺祥通宝、重宝。咸丰十一年（1861年）七月至十一月铸。咸丰帝七月死，清廷拟第二年改元祺祥而预铸，九月三十日慈禧发动政变，废祺祥，改同治年号。故祺祥是拟用而未用年号。祺祥钱仅见祖钱、母钱、样钱及少量试铸钱。通宝为小平，背双满文。有泉、源（图9-3-12）、云、苏、巩、乌什、和阗7局。重宝当十，有泉、源、巩3局。径26毫米。

12. 同治通宝、重宝。同治年间（1862～1874年）铸。通宝为小平，重宝为大钱。轻重大小不一，有的仅见样钱。有泉、源、东、浙、巩、昌、川、桂、直、云、苏、陕、济、武、福、南、黔、广、晋、伊、阿克苏（图9-3-13）、州、叶尔羌、库车、新25局。径26毫米。

13. 光绪通宝、重宝。光绪年间（1875～1908年）铸。从铸造方法

---

[1] 背满文释读为"州"，似云南地方铸。见马传德、徐渊：《咸丰泉汇》，上海人民出版社1994年版，第724～725页。

图 9-3-13　　　　　　　　图 9-3-14

上看分为两类，一是传统翻砂铸造，二是机器制造。翻砂法有泉、源、云、东、昌、直（图9-3-14）、川、桂、蓟、黔、福、苏、河、浙、陕、南、晋、武、津（天津）、沽（大沽）、吉（吉林）、伊、喀什克尔、阿克苏、库车、新26局。光绪十五年（1889年），张之洞督粤，首先在广东用机器制造制钱，后各省推广。有些局只有试铸币。共有泉、源、广（图9-3-15）、福、漳、武、浙、直、吉、苏、奉（奉天，今沈阳）、宁、蓟、沽、江、津、东、新18局。径24毫米、28毫米。

14. 宣统通宝。宣统年间（1909～1911年）铸。分铸造和机制两种。只有宝泉（图9-3-16）、宝云两局铸造，宝广、宝福两局机制。径24毫米。

方孔圆钱在清末进入尾声，民国时期已是余音了。民国年间有"民国通宝"（图9-3-17）、"福建通宝"（图9-3-18）等，数量相当少。径27毫米。

图 9-3-15　　　　　　　　图 9-3-16

图 9-3-17　　　　　　　　图 9-3-18

图 9-3-19　　　　　　　图 9-3-20

二、咸丰钞票

清代纸币分为三个阶段。第一阶段为顺治时期的钞贯，第二阶段为咸丰时期的钞票，第三阶段为光绪、宣统时期的银行票。

钞贯发行的时间为顺治八年至顺治十八年（1651～1661年），其形制没有记录，也没有实物流传下来。

为了镇压太平天国运动，弥补财政亏空，咸丰三年（1853年）二月发行户部官票，九月发行大清宝钞。后来人们把宝钞和官票合称为钞票。[1] 户部官票称银票，以银两为单位。有壹两（图9-3-19）、叁两、伍两、拾两、伍拾两5种面额。其发行和流通均有存根和记录。大清宝钞又称钱票，以制钱为单位。有五百文、壹千文、壹千五百文、贰千文、伍千文、拾千文、伍拾千文（图9-3-20）、百千文8种面额。咸丰钞票形制与大明

---

[1] "钞票"一词起源于宝钞和官票的合称，这是流行的说法。据清档案，咸丰三年三月刑部尚书德兴等人上奏："查钞票之用，与银钱并重，其私造之罪，亦应与私铸同科。"当时是针对户部官票而言，宝钞尚未发行，所以起源于合称不确。

通行宝钞相仿；外为花栏，上为钞名，中为面额、字号、年月等，下为告示。长宽253毫米×150毫米、277毫米×145毫米。

甘肃省和云南省同期发行了"甘肃司钞"和"滇藩司钞"。

银行票属于近代货币，较为复杂，放在下章论述。

三、太平天国钱币

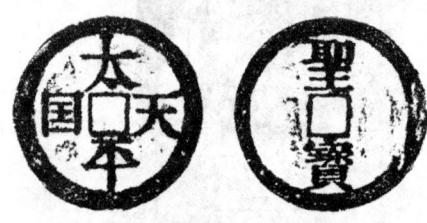

图9-3-21

太平天国运动（185～1864年）期间铸。钱文有宋体字、楷书及隐起文、简体字。名称有太平天国背圣宝（图9-3-21）、天国背通宝、天国背圣宝、太平圣宝背天国、天国圣宝背太平、天国太平背圣宝。其中第一种为最常见。径42毫米。

太平天国钱币，国字从囗从王，不从玉，不从或。宝有简体字。币材有金、银、铜、铁、铅。普遍铸造精良。有一种大花钱，面太平天国背圣宝，外廓较宽，雕刻有双龙戏珠、八宝等图案。分大小四等。其中一枚仅存残片，若复原直径应达335毫米，重量4500克，是我国历史上最大的铸币。

在太平天国前后，广西李文茂和上海刘丽川起义，也铸造了钱币。咸丰三年，上海小刀会在刘丽川领导下起义，铸太平通宝钱。其特点是背面有日、月（图9-3-22）或明字。意反清复明。径24毫米。咸丰四年

图9-3-22

图9-3-23

(1854)，天地会起义，次年在广西浔州建立大成国，封李文茂为平靖侯，铸平靖通宝和平靖胜宝钱。平靖通宝背中字。平靖胜宝[1]，背文7种：前营、后营、左营（图9-3-23）、右营、中营、御林军、长胜军。径22毫米。

---

[1] 平靖胜宝，另一说为太平天国1854年大败曾国藩水师后的纪功钱。

第十章 清末民国钱币

清末民国时期，是我国资本主义产生和发展的时期。西方经济制度，特别是钱币制度传入我国，逐渐代替了中国原有的钱币制度。铜元代替了制钱，银元代替了银锭，银行券代替了官票宝钞。各种私票遍地开花，钱币种类异常复杂。政府、军队、工矿企业、商铺村社等均可发行。辛亥革命推翻了清王朝，建立了中华民国。但钱币制度与清末一脉相承，无法截然分开，因此，清末、民国钱币作为一章叙述。

第一节 银元

秦汉史书记载有西域希腊式银币。魏晋至隋唐时期，中国出现有波斯银币、罗马金币等。明代中叶，随着中外贸易的发展，外国银元开始大量流入中国，到清末民初计有几十种，主要有西班牙本洋（又称双柱，图10-1-1）、荷兰马剑（图10-1-2）、墨西哥鹰洋（图10-1-3）、英国站人（图10-1-4）、美国贸易银元（图10-1-5）、日本银元（图10-1-6）、法属安南银元（图10-1-7）。

图 10-1-1　　　　　　　　　图 10-1-2

图 10-1-3　　　　　　　　　图 10-1-4

图 10-1-5　　　　　　　　　图 10-1-6

图 10-1-7　　　　　　　　　图 10-1-8

一、清末银元

（一）早期自铸银元

外国银元在沿海大量流通后，江苏民间就出现了仿铸品。道光年间，清政府明令禁止仿铸洋钱。民间自铸银元有如下几种：

1. 漳州军饷。正面"漳州军饷"，背面"足纹通行"。花押有三种。
2. 老公银饼。正面老寿星图案，左右分列"道光年铸"、"足纹银饼"。
3. 上海银饼。咸丰六年（1856年），上海号商铸造。有一两和五钱两种。一两有四种铭文，五钱有两种铭文。
4. 中外通宝关平壹两。1857年上海官方委托英国皇家造币厂铸。
5. 上海壹两。1867年上海工部局向香港造币厂订制。正面为蟠龙和

"上海壹两",背面为英国徽记和"1867"纪年(图10-1-8)。

6. 吉林厂平。光绪十年(1884年),吉林机器局造。分一两、七钱、五钱、三钱、一钱。传世有光绪八年(1882年)厂平。

(二)光绪元宝

1889年,张之洞督粤,广东生产了中国第一套银元(图10-1-9)。重七钱三分。因英文在正面,汉文在背面,俗称"反版"[1]。由于其比外国银元重,受劣币驱逐良币规律支配,无法占领市场。同年11月,改铸七钱二分重番版。1890年,改铸银元。正面中间为满汉文合璧"光绪元宝",外环"广东省造"、"库平七钱二分"。背面中间为蟠龙纹,外环英文(图10-1-10)。另有五角、二角、一角、五分银币。

图10-1-9　　　　　　　　　　　　图10-1-10

此后各省纷纷仿效,开铸银元。铸造省份及造币厂有:户部(见彩图6)、北洋、京局、造币总厂、江南省[2]、浙江省、安徽省、湖北省、湖南省、福建省、四川省、云南省、陕西省、新疆省、山东省、东三省、奉天省、吉林省、黑龙江省、台湾省等。北洋造有"库平一两"银元。

(三)大清银币

光绪三十年(1904年),湖广总督张之洞奏准铸造。面"大清银币"、"库平一两"(图10-1-11)。户部天津造币总厂光绪三十二年(1906年)铸造,分为壹两、伍钱、贰钱、壹钱。正面中心有阴文"中"字。光绪三十三年(1907年)改为壹圆、伍角、贰角、壹角。宣统二年(1910年)、三年(1911年),

---

[1] "反版"名称源自"番版"。清代民间称外国银元为番饼,对新铸银元因正面有英文也称为番版,日久讹变为反版。七三反版径39毫米,厚2.5毫米,重27.1克。

[2] 江南省,清初设置,后分为江苏、安徽两省。但总督府及有些机构仍然存在,治所在江宁(今南京)。

图 10-1-11　　　　　　　　　　图 10-1-12

图 10-1-13　　　　　　　　　　图 10-1-14

根据《币制则例》铸造以圆为单位的银本位币（图10-1-12）。北洋机器局、奉天机器局于光绪二十二至二十五年（1896～1899年）铸造"大清光绪年"壹圆系列银币。

（四）宣统元宝

正面"宣统元宝"，为"库平七钱二分"系列。有湖北省、四川省、江南省（图10-1-13）、云南省、广东省、东三省铸造。

（五）四川卢比

光绪三十一年（1905年），四川总督锡良以印度卢比流行藏卫，奏请铸造四川卢比以资抵制。次年开始铸造。正面为清代官员侧面头像，背面"四川省造"。分一卢比（图10-1-14）、半卢比、四分之一卢比3等。

（六）西藏银币

由于特殊的地理位置和经济区域，西藏的货币自成一系。货币的文字图案为藏汉文化，政治内容为拥护中央王朝，形制模仿尼泊尔铸币。

西藏在1640年以前100年间使用尼泊尔银币，1640～1791年由尼泊尔代理铸币，1791年开始自行铸币。

西藏银币称为章卡。有八吉祥图案，称"扎西达杰"。有"甘丹颇章"、"确列朗杰"，汉文意思为"西藏政府，四方诸胜"。用"绕回"纪年，一绕回60年。也用年号纪年。

1. "久松"银币。久松为第十三绕回，有45（1791年）、46（1792年）、47（1793年）三年纪年。正面中心为日月、佛和纪年文字，外环忍冬卷草图案。背面中间为花心，外环八吉祥图案。面值为一钱五分。

2. 乾隆通宝。样币。乾隆五十七年（1792年）铸。正面藏文，中间"五七"，周围"乾隆通宝"，背面藏文"西藏珍宝"或"宝藏"。分一钱五分、一钱、五分3种。

3. 乾隆宝藏。乾隆五十八年至六十一年（1793～1796年）铸。正面汉文"乾隆宝藏"，边环"五十八年"等。背为藏文相同文字。分一钱五分（图10-1-15）、一钱、五分3种。另有户部铸满汉文方孔圆形"乾隆宝藏"。

4. 嘉庆宝藏。版式同乾隆宝藏。有元、二、三、六、八、九、二十四、二十五8个年份。

5. 道光宝藏。版式同乾隆宝藏。有元、二、三、四、十五、十六6个年份。

咸丰、同治、光绪朝有道光宝藏样币。

6. 宣统宝藏。铸于宣统二年（1910年）。正面汉文"宣统宝藏"。背面中心为团龙，外环藏文"宣统西藏宝藏"、"库平一钱（或二钱）"。

7. 甘丹颇章。又称"章嘎嘎布"，藏语白色章嘎之意。铸于1850～1929年。面值一钱五分。正面中心为莲花，周围八吉祥图案。背面中心为菊花，四周藏文"甘丹颇章确列朗杰"（图10-1-16）。

8. 八思巴文章嘎。铸于1840年前后。正背面均为八思巴文，音译为"司徒格贝扎呀"。

图 10-1-15　　　　　　　　　　图 10-1-16

9. "久阿"银币。"久阿"为第15绕回。有24（1890年）、25（1891年）年版。

10. "久阿"梵文银币。有28（1894年）、30（1896年）、40（1906年）年版。正面仿尼泊尔银币，背面方框内为梵文。

（七）新疆银币

新疆地处中亚，为中西文化的交汇之地。自汉代开始，其钱币文化即呈现出中西合璧的特色。清末金银币既有中央朝廷的标志，又有当地的传统。

同治元年到光绪三年（1862～1877年），浩罕汗国阿古柏入侵新疆，铸天罡金银铜币。

左宗棠收复新疆后，开始铸新疆银币，一直使用到清末。特征为币面有汉、满、回三种文字，纪年、纪重、纪值、纪地等，背面有龙纹或花饰。

1. 光绪银钱。壹钱、伍分。

2. 光绪银圆。壹两、五钱（图10-1-17）、叁钱、贰钱、壹钱、七钱二分。

图 10-1-17　　　　　　　　　图 10-1-18

3. 大清银币。湘平壹两、湘平五钱（图10-1-18）、湘平贰钱。

4. 饷银。一两、五钱、四钱、二钱、一钱。

5. 银圆。叁钱、二钱、一钱。

6. 宣统银币。五钱。

7. 宣统元宝。壹两、五钱。

二、民国银元

民国银元分为中央和地方两类。中央银元分为三个时期:(1)纪念币时期,民国元年、二年(1912~1913年),铸孙中山像开国纪念币和袁世凯像共和纪念币;(2)国币时期,根据民国三年(1914年)《国币条例》铸造的袁世凯像银币;(3)银本位币时期,根据民国二十二年(1933年)《银本位币铸造条例》铸造的孙中山像船洋。

1. 孙中山像开国纪念币。1912年中华民国成立后由南京造币厂铸造。1927年南京民国政府成立,南京、天津等厂重铸。1912年版背面英文为"中华民国壹圆"(图10-1-19),1927年版背面英文为"中华民国开国纪念"。

2. 孙中山像船洋。1933~1934年上海中央造币厂铸造。

3. 孙中山像台湾省图银币。1949年台湾省铸。

4. 孙中山像样币、纪念币。1926年广州造币厂铸孙中山像嘉禾样币,1927年南京造币厂铸孙中山陵园纪念币,福建造币厂铸总理纪念币,1928年甘肃造币厂铸孙中山像满文银币,1929年天津造币厂铸孙中山西服像地球双旗样币和孙中山西服像嘉禾样币,杭州造币厂试铸美国、英国、日本、意大利、奥地利五国设计的孙中山像船洋6种样币,1935、1936年上海中央造币厂铸孙中山像船洋样币,1936、1937年美国旧金山造币厂代铸孙中山像古布图银币。

5. 袁世凯像共和纪念币。1913年天津造币厂铸。正面为袁世凯戎装像,背面为"中华民国共和纪念币"、"壹圆"和英文"1元"。

6. 袁世凯像(袁大头)银币。根据民国三年(1914年)《国币条例》铸造。正面袁世凯侧面像,背面嘉禾壹圆。分三年(图10-1-20)、八年、

图 10-1-19   图 10-1-20

九年、十年版。由天津造币总厂和南京、广东、武昌分厂铸造。甘肃造币厂也曾铸造。在民国所有银币中，数量最大，版别也多。有中圆（五角）、贰角、壹角币。[1]

7. 福建省银币。二毫币有中华元宝（1911年、1912年、1920～1922年，图10-1-21）、中华癸亥（1923年）、民国甲子（1924年）、福建省造（1924年）、福建官局造（1925～1927年）、东路总指挥入闽纪念（1927年）、北伐胜利纪念（1927年）、黄花岗纪念（1928～1932年）等。一毫币有中华元宝（1920～1922年）、民国甲子（1924年）、福建官局造（1925～1927年）、黄花岗纪念（1928～1932年）等。

图10-1-21

8. 广东省银币。二毫币有广东省银毫（1912～1924年）、广东省孙像银毫（1924～1930年）等。一毫币情况同二毫币。一圆币1949年造。

9. 广西省银币。二毫币1919～1927年造，一毫币1920～1921年造，象鼻山图银币1949年造。

10. 湖北省银币。黎元洪开国纪念币1916年造，袁世凯像贰角1920年造。

11. 四川省银币。大汉银币1912年造，有壹圆、伍角、贰角。

12. 云南省银币。唐继尧共和纪念币1916～1917年造，双旗半圆（图10-1-22）、贰角银币1932年造，省府大厦贰角银币1949年造，富字鹿头银币抗战时中、印、缅边界军用。

13. 西藏地方银币。双章嘎三钱银币1912年造，狮图桑康果木一两银币1909年、1914年、1918年、

图10-1-22

---

[1] 传世有洪宪纪元袁世凯像飞龙银币。据考证，此币系民国八年（1919年）天津造币厂厂长李伯琦令雕版师临摹"洪宪小飞龙拾元金币"图案刻版成模，配上袁世凯共和纪念银币面模，戏铸而成。有大字、粗尾、签字等版别。

1919年造，狮图雪阿果木五钱银币1913～1927年造，狮图桑松果木三两圆钱1933～1938年造，狮图桑康雪阿一两五钱银币1932年、1936～1938年造，阿果五两银币1953～1954年造，久果十两镀银币1948～1952年造。

14. 新疆省银币。壬子饷银一两、五钱1912年迪化造，喀什造中华民国饷银一两、五钱1912～1916年造，迪化银圆局造壹两1917～1918年造，新疆省造币厂铸壹圆1949年造。

图10-1-23

15. 外蒙古银币。1925年铸一套银币，分1元（图格里克，图10-1-23）、50蒙库、20蒙库、15蒙库、10蒙库。

三、镍、铝、锑、镁辅币

镍、铝、锑、镁作为银元辅币，放在此节介绍。

1. 镍币。南京国民政府1935～1943年由上海、重庆及桂林、昆明中央造币厂及分厂铸造，正面孙中山像及民国纪年，背面古布图及面额。有5分、10分（图10-1-24）、20分、半圆。天津造币厂1936年仿中央厂造，加"平""津"字样，未流通。广东省1919～1923年造。云南省1923年造，分1毫、半毫。四川省1925年造。山东省1933年造。湖北省民国早期造。伪满洲国1933～1940年造，有1角、5分。伪冀东政府1937年造，有1角、

图10-1-24　　　　　　　图10-1-25

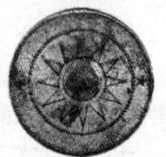

图10-1-26　　　　　　　图10-1-27

5分。伪华兴银行1940年造，有5分、10分、20分。伪蒙疆银行1938年造5角。

2. 铝币。南京国民政府1939～1940年由中央造币厂造，有1分、2分、5分、10分。伪中国联合准备银行1941～1943年造，有1角（图10-1-25）、5分、1分。伪满洲国1939～1944年造，有1角、5分、1分。

3. 锑币。贵州省1931年造，当十（图10-1-26）。

4. 镁币（曾称陶币）。伪满洲国1944～1945年造，有5分（图10-1-27）、1分。

第二节　铜元

铜元相对于制钱是一种新式钱币，币面有图案，无孔，机器制造。货币单位多数为制钱单位"文"，少数为银元单位"分"、"厘"。1900年广东造币厂最早制造"光绪元宝"铜元。清末民国时期，全国共铸铜元800亿～900亿枚。

一、清末铜元

1. 光绪元宝。铸于1900～1905年。广东省首创。正面"光绪元宝"及满文"宝广"，外环珠圈，上缘"广东省造"，下缘"每百枚换一圆"。背面飞龙及珠圈，上英文"广东"，下"一仙"（即一分，图10-2-1）。几个月后福建造币厂生产以制钱为单位的铜元，标明"每枚当制钱十文"。面值共有一仙、二仙、一文、二文、五文、十文、二十文、三十文等。造币厂有户部、广东、福建（图10-2-2）、江苏、江南、湖北、湖南、安徽、四川、北洋、吉林、浙江、江西、山东、奉天、河南、广西、新疆。

图 10-2-1　　　　　　　　　图 10-2-2

图 10-2-3

图 10-2-4

2. 大清铜币。铸于1905～1911年。正面"大清铜币"、干支纪年和造币厂地名。背面为蟠龙等图案、光绪纪年或宣统纪年。多为部颁祖模。面值有一文、二文、五文、十文、二十文。造币厂有户部（度支部，图10-2-3）、广东、福建、江苏、清江、江南、湖北、湖南、安徽、四川（川、川滇）、直隶、吉林、浙江、江西、山东、奉天、河南、云南（云、滇）。度支部宣统年间铸造正面为蟠龙纹的大清铜币，背面为面额、纪年、与银币的兑换关系。面额有一厘、五厘、一分、二分、五文、十文（图10-2-4）、二十文。

3. 光绪一文。铸于1908年。造币厂有度支部（总）、福建（闽）、江南（宁）、湖北、四川、河南（汴，图10-2-5）。

4. 宣统一文。度支部（总）1909年铸造（图10-2-6）。

5. 光绪通宝。北洋（图10-2-7）、吉林造。

6. 宣统元宝。新疆造（图10-2-8）。

图 10-2-5

图 10-2-6

图 10-2-7

图 10-2-8

图 10-2-9

7. 宣统宝藏。西藏造（图10-2-9）。

二、民国铜元

民国铜元较清末混乱，各省各自为政。分中央和地方两类。

1. 中央造币厂铜元。1936~1948年党徽古布图半分、一分（图10-2-10）、二分，1934年孙中山像帆船一元样币，1941年孙中山像古布图十分样币，1948年蒋介石像嘉禾伍角样币。

图 10-2-10　　　　　　　　　图 10-2-11

2. 天津造币厂铜元。1912年开国纪念币五文、十文、二十文，1912年孙中山像开国纪念十文，1912年共和纪念十文（图10-2-11）、二十文，1912年袁世凯像共和纪念十文，1919年徐世昌像纪念十文，1916年、1933年嘉禾圆孔伍厘、一分、二分。

3. 广东铜元。1912~1918年铜币一仙（图10-2-12）、二仙，1936年五羊一仙。

图 10-2-12　　　　　　　　　图 10-2-13

4. 福建铜元。1913年中华元宝十文（图10-2-13）。

5. 湖北铜元。1912~1919年军政府造湖北铜币五十文（图10-2-14），民初开国纪念五文、十文、二十文（见彩图7）、五十文。

6. 湖南铜元。1912年湖南九星十文，民国双旗十文、二十文，1916年湖南洪宪十文（图10-2-15）、二十文，1922年湖南宪政十文、二十文。

7. 四川铜元。1912年醒狮铜币五文，1912~1914年四川铜币五文、十文（图10-2-16）、二十文、五十文、百文，1913年四川双旗二百文，

图 10-2-14

图 10-2-15

图 10-2-16

图 10-2-17

图 10-2-18

1926年川铭嘉禾五十文、百文、二百文，1926、1930年川铭边铸百文，1930年梅花党徽1分、2分。

8. 江西铜元。1911~1912年大汉铜币十文，1912年江西铜币十文（图10-2-17）。

9. 安徽铜元。1912年安徽铜元开国纪念十文（图10-2-18）。

10. 山东铜元。1932~1933年双旗贰拾文（图10-2-19）。

11. 奉天铜元。1929~1930年东三省一分，1930年哈尔滨军舰壹分（图10-2-20）。

12. 河南铜元。1912年河南省造十文，1931年中华民国铜元当十、当二十、当五十、当百、当二百、当伍百（图10-2-21）。

13. 云南铜元。1916年唐继尧纪念五十文，1932年双旗一仙、二仙、五仙，1939年党徽古布图一仙、二仙（图10-2-22），民国早期云南铜元一仙。

14. 山西铜元。1912年开国纪念一枚，1919~1921年中华铜币十文、二十文、壹枚（图10-2-23）。

15. 贵州铜元。1949年贵州造半分（图10-2-24）。

16. 广西铜元。1919年铜币一仙。1939年党徽古布桂字壹分（图10-2-25）。

17. 甘肃铜元。有机制和砂版两类。1924年孔造五文（图10-2-26），中华民国十文，1925年陕甘通用孔辅四十文、八十文、百文，1926年甘肃铜币

图 10-2-19

图 10-2-20

图 10-2-21

图 10-2-22

图 10-2-23

图 10-2-24

图 10-2-25

图 10-2-26

图 10-2-27

图 10-2-28

图 10-2-29　　　　　　　　图 10-2-30

图 10-2-31　　　　　　　　图 10-2-32

五十文、百文，1927年党徽双旗五十文，1928年孙中山像伍枚，1920年中华民国纪念币二十文、五十文，中华民国铜币纪念二十文，九星双旗二十文，1919～1924年中华民国二十文（砂版，图10-2-27），1924年中华民国开国纪念币贰拾文。

　　18. 察哈尔口北造币厂铜元。1924～1926年中华铜币十文、雙枚（图10-2-28）。

　　19. 绥远铜元。1949年白塔古布一分、五分（图10-2-29）。

　　20. 陕西铜元。1930～1934年双旗嘉禾一分（图10-2-30）、二分。

　　21. 西藏铜元。卡冈二分五厘，卡穷五分，雪康一钱，雪松三钱（图10-2-31）。

　　22. 新疆铜元。1912年迪化壬子双旗，迪化新疆通宝（图10-2-32），1921年迪化辛酉新省铜币，1929～1933年迪化新疆省城双旗，1912年阿造民国双旗，1912～1921年喀造中华民国铜币，1916年喀造洪宪铜币，喀造丙辰双旗，1922年喀造民国铜元，1921～1922年喀造十年、十一年双旗，1928～1929年喀造党徽，1929年中华民国双旗，伪新疆东土耳其斯坦铜币。

图 10-2-33

23. 香港铜元。1863~1865年香港一文，1866年香港一千，1863~1941年香港一仙（图10-2-33），1948~1950年香港一毫，1949~1950年香港五仙。

第三节 银锭

清初顺、康、雍三朝，银锭的形式还是明朝的风格，之后就向多样化发展。[1] 各省各地，种类之多，器形之杂，难以数计。按形状来分大体有元宝形、圆形、砝码形、方形、牌坊形、腰形等几大类。

1. 元宝形银锭。铸行的地区有黑龙江（图10-3-1）、吉林、辽宁、新疆、山西、河北、河南、山东、天津、江苏、上海、安徽、湖南、福建。其中新疆、河南、安徽的铸工最精，造型最美。

图 10-3-1　　　　　　　　图 10-3-2

2. 圆形银锭。雍正时期产生的一种新造型，底部呈半球形。铸行地区有四川（图10-3-2）、云南、湖北、贵州、甘肃、浙江、陕西。贵州圆锭有一种折边似茶花，俗称茶花锭（图10-3-3）。

3. 砝码形银锭。两端直边或微弧形，中间两边微束腰。铸行于广东、广西（图10-3-4）、湖南。

4. 方形银锭。铸行于江西（图10-3-5）、甘肃、云南、贵州等地。云南有方槽、长槽、三槽、碓窝银等分别。

5. 牌坊形银锭。是云南三槽银的一个变种（图10-3-6），约定型于光绪

---

[1] 汤国彦：《中国历史银锭》，云南人民出版社1993年版，第48页。

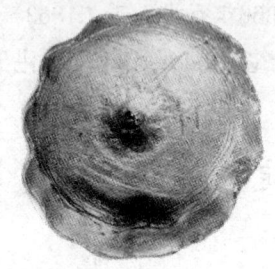
图 10-3-3

图 10-3-4

图 10-3-5

图 10-3-6

图 10-3-7

十年（1884年）。

6. 腰形银锭。铸行于山西（图10-3-7）、河南、甘肃、宁夏。山西、河南腰锭正面椭圆，微束腰，底部圆形微锥。甘肃、宁夏腰锭为平底。

银锭上大多有戳记铭文，可分为官银类和商银类两种。铭文与赋、税、解、贡有关的，属官银类，其他属商银类。铭文内容有时间、地名、机构、铺号、匠人等。官银注重地名、年份，商银注重铺号。

在银两制度中，有实银两与虚银两之分。实银两指有形状、大小、轻重、成色的银锭。虚银两是以实银两为基础，在各地形成的有固定成色、与其他地区银两有固定比价的计算标准。虚银两是实银两的价值符号，可以作为记账单位。使用广泛、影响较大的虚银两有纹银、九八规银、洋例银、行化银、炉银、关银六种。

在学术研究中，钱币学研究实银两，货币史研究虚银两。

第四节 纸 币

一、国家银行纸币

(一) 清末国家银行纸币

清末国家银行有1905年成立的户部银行（1908年改称大清银行）和1907年成立的交通银行。

1. 户部（大清）银行。户部银行1905年开始发行银两票，面值有20两、40两、500两、1000两等，地名有北京、天津、济南、上海等28种。1906年开始发行银元票，面值有1元、5元、10元、50元、100元5种。同年发行制钱票，面值有2吊、3吊、4吊、5吊、10吊。

户部（大清）银行纸币是分地区发行的，覆盖全国大部分地区约50个城市。银两票有多种面值，仅陕西户部（大清）银行即有1两、2两（103毫米×217毫米，图10-4-1）、3两、4两、5两、10两、20两、30两、40两、50两、100两共11种。银元票有1元、5元、10元、50元、100元共5种。奉天有小银元票，面额有50角、100角、200角、500角、1000角共5种。摄政王载沣像1元、5元、10元券为中国人设计雕刻的第一套银行券，但未及流通，清朝即灭亡。

2. 交通银行。交通银行于1907年成立，由邮传部尚书陈璧奏办。开始为非国家银行，但享有部分国家银行特权。银两票有1两、5两、10两、50两，银元票有1元、5元、10元（163毫米×100毫米，图10-4-2），加印地名。小银元票有5角、10角、50角、100角，地名为营口。

图10-4-1

（二）民国时期国家银行纸币

民国时期国家银行有中央银行、中国银行、交通银行、中国农民银行。

1. 中央银行。中央银行1924年在广州成立，1928年北伐胜利后，在上海成立中央银行总部。

中央银行纸币有银元券、铜元券、关金券、法币券、金圆券。银元券分民国十二年（186毫米×96毫米，图10-4-3）、十五年、十七年、十九年、二十四年、三十八年版，面额有1分、5分、1角、2角、5角、1元、2元、5元、10元、20元、50元、100元。铜元券无年份，有10枚、20枚、50枚。关金券是"海关金单位兑换券"的简称，1931年5月发行，专作缴纳关税之用。1942年同法币流通，1948年8月停止，共47种。有民国十九年、三十六年（73毫米×164毫米，图10-4-4）、三十七年版，面额有10分、20分、1元、5元、10元、20元、50元、100元、250元、500元、1000元、2000元、2500元、5000元、10000元、25000元、50000元、250000元。金圆券于1948年8月19日开始发行，前后10个月，后急剧贬值。有民国三十四年、三十五年、三十七年、三十八年版，面额有1角、2角、5角、1元、5元、10元、20元、50元、100元、500元、1000元、

图 10-4-2

图 10-4-3

5000元、1万元、5万元、10万元、50万元、100万元、500万元。

中央银行法币券是1935年11月4日至1948年8月19日发行的纸币。开始是改制前期的银元辅币券、铜元券和四明银行5元券、中国农工银行1元券。正式印刷的法币券有8个年份、16个印制单位不同面额共122种（75毫米×50毫米，图10-4-5）。区域流通券是抗战胜利后为东北、新疆、台湾、越南印制的纸币。后两种未发行。

图10-4-4

2. 中国银行。中国银行于1912年1月由大清银行改组成立。有银元券、小银元券、铜元券、法币券。银元券有民国元年、二年、三年、四年、六年、七年（148毫米×83毫米，图10-4-6）、十三年、十四年、十五年、十九年、二十年、二十三年、二十四年版，面额有5分、1角、2角、5角、1元、5元、10元、20元、50元、100元。

图10-4-5

小银元券有民国三年、四年、六年、七年版，面额有5分、1角、2角、5角4种，1元、2元、5元为样券。铜元券有民国七年版，面额有10枚、50枚、100枚、1吊、2吊、5吊。法币券有民国二十五年、二十六年、二十九年、三十年、三十一年版，面额有1角、2角、5角、1元、5元、10元、25元、50元、100元、500元、1000元。

3. 交通银行。北洋政府1916年宣布交通银行为国家银行。发行有银元券、小银元券、银两券、铜元券、钱票、法币。银元券有民国元年、二年、三年、八年、九年、十二年、十三年、十四年、十六年、二十年（中

图 10-4-6

图 10-4-7

图 10-4-8

国实业银行加盖）、二十四年版，面额有1角、2角、5角、1元、5元（152毫米×83毫米，图10-4-7）、10元、50元、100元。小银元券有民国元年、二年、四年版，面额有1角、2角、5角、10角、50角、100角、1元、5元、10元、50元、100元。银两券有民国元年3两、4两。铜元券有民国元年100枚。钱票有民国三年、四年版，面额有1吊、2吊、3吊、5吊、1千文、3千文、5千文。法币有民国三十年、三十一年版，面额有5元、10元、25元、50元、100元、500元。

　　4. 中国农民银行。其前身是豫鄂皖赣四省农民银行，成立于1933年4月，1935年6月更名为中国农民银行。纸币有民国二十三年、二十四年（153毫米×83毫米，图10-4-8）、二十五年、二十六年、二十九年、三十年、三十一年版，面额有1角、2角、5角、1元、5元、10元、20元、50元、100元、500元。

二、省地方金融机构纸币

省地方金融机构有各省官银号及省银行。清朝末年，随着督抚权力的增大，各省自铸银元与铜元。同时为了抵制外商银行对地方金融的侵蚀，地方发行纸币就成为上下一致的要求。咸丰年间，有些省份成立官钱局，主要是推行户部官票和大清宝钞。光绪年间开始发行本省纸币。1889～1908年，各省均设立了官银钱号，名称有官钱局、官银号、银行、公司等。民国以后，逐渐改为省银行。机构名称多有变化，前后有继承关系。括号内为成立或存在年份。

图 10-4-9

1. 直隶（河北）。天津通惠官银号（1896年）、北洋天津银号（1902～1910年，78毫米×145毫米，图10-4-9）、北洋银元局（1902～1907年）、直隶省银行（官钱局1910～1928年）、京兆银钱局（1926～1928年）、河北银钱局（1928～1944年）、河北省银行（1928～1942年、1940～1949年）、河北官钱局（1932～1936年）。

2. 河南。豫泉官钱局（1896年）、豫泉官银号（1904年）、豫泉官银钱局（1911～1923年）、河南省银行（1923～1927年、1946～1949年）、河南农工银行（1928～1946年）。

3. 山东。通济官钱局（1896年）、山东官银号（1901～1911年）、山东银行（1912～1928年）、山东省银行（1925～1928年）、山东民生银行（1932～1948年）、青岛地方银行（1924～1925年）。

4. 山西。山西晋泰官银钱号（又名晋泰官钱局，1902～1911年）、山西官钱（总）局（1911～1922年）、山西晋胜银行（1913～1927年）、山西省银行（1919～1949年）、晋绥地方铁路银号（1934～1945年）、绥西垦业银号（1932～1937年）、晋北盐业银号（1934～1948年）。

5. 热河。围场官钱局（1906～1913年）、热河官银号（热河平泉官钱局，1906～1917年）、热河公益钱局（1912～1917年）、热河兴业银行（1917～1933年）。

6. 绥远。绥远平市官钱局（1904～1938年）、绥远省银行（1937～1949年）。

7. 察哈尔。察哈尔兴业银行（1916～1928年）、察哈尔商业钱局（1933～1937年）。

图10-4-10

8. 辽宁。奉天官银号（1894～1909年）、东三省官银号（1909～1932年）、奉天公济平市钱号（1906～1932年）、奉天兴业（总）银行（1912～1924年）、东三省银行（1920～1932年，113毫米×55毫米，图10-4-10）。

9. 吉林。吉林永衡官帖（钱）局（1898～1909年）、吉林永衡官银钱号（1909～1932年）。

10. 黑龙江。黑龙江广信公司（1904～1933年）、黑龙江官银号（1908～1920年、1930～1933年）。

11. 陕西。秦丰官银钱铺（陕西官银钱号1893～1911年）、秦丰官钱局（1910～1911年）、秦丰银行（1911～1918年）、富秦钱局（1911～1937年）、富秦银行（1918～1926年）、陕北地方实业银行（1930～1944年）、陕西省银行（1930～1948年）。

12. 甘肃。甘肃官银钱局（兰泉官银钱局，1906～1914年）、甘肃官银总号（1914～1922年）、甘肃银行（1922～1929年）、甘肃省平市官钱局（1914～1939年）、甘肃省农工银行（1929～1930年）、甘肃省银行（1939～1949年）。

13. 宁夏。宁夏省银行（1931～1949年）。

14. 青海。青海平市官银钱局（1931～1935年）、青海省银行（1945～1949年）、青海实业银行（1947～1949年）。

15. 湖北。湖北银元局（1893～1910年）、湖北官钱局（1896～1926年，图10-4-11）、湖北省银行（1928～1949年）。

16. 湖南。阜南官钱局（1896～1899年）、湖南官钱局（1903～1912年）、湖南银行（1912～1919年）、裕湘银行（1918～1920年）、湖南省银行（1929～1949年）。

17. 江苏。裕宁官钱局（1903～1912年）、江南裕苏官银钱局（1903年）、江苏（省）银行（1912～1949年）、徐州平市官钱局（1919～1936年）、江苏省农民银行（1928～1949年，113毫米×72毫米，图10-4-12）。

18. 浙江。浙江官钱局（号）（1908～1909年）、浙江

图10-4-11

图10-4-12

银行（1909～1912年、1915～1923年）、中华民国浙江银行（1912～1915年）、浙江地方银行（1923～1947年）、浙江省银行（1947～1950年）。

19. 安徽。裕皖官（银）钱局（1906～1912年）、安徽中华银行（1912～1913年）、安徽省银行（1920～1926年）、安徽地方银行（省银行，1936～1949年）。

20. 江西。江西官钱局（1902～1903年）、江西官银号（1902～1903年）、江西官银钱总号（1903～1912年）、江西（国民）银行（1912～1916年、1921～1927年）、江西公共银行（1923～1926年）、赣省银行（1922～1926年）、江西官银钱号（1923年）、江西地方银行（1925～1926年）、江西平市官钱局（裕民银行，1927～1946年）、江西建设银行（1930～1946年）、江西省银行（1946～1949年）。

21. 福建。福建官银号（钱局，1900～1911年）、福建银号（1911～1914年）、福建银行（1914～1922年）、福建省银行（1926、1935～1949年）。

22. 台湾。台南府官银钱票总局（1895年）、台湾省银行（1946年）。

23. 广东。广东官银钱局（1904～1917年）、省立广东银行（1920～1924年）、广东中央（省）银行（1924～1949年）、海南银行（1949～1950年）。

24. 广西。广西官银钱号（1903～1910年）、广西银行（1910～1921年、1932～1945年）、广西省银行（1925～1931年、1946～1949年）、广西农民银行（1937～1940年）。

25. 四川。蜀通官钱局（1896～1897年）、浚川源银行（1905～1920年）、四川铜元局（1903～1906年）、四川银行（1911～1912年、1923年）、四川官银号（1923～1924年）、重庆官银号（1923～1924年）、四川官钱局（1923～1926年）、四川地方（省）银行（1933～1949年）。

26. 西康。西康省银行（1937～1949年，144毫米×72毫米，图10-4-13）。

27. 贵州。贵州官钱局（1908～1912年）、贵州银行（1911～1934年、1941～1949年）。

28. 云南。云南官银钱局（1908～1911年）、富滇银行（1912～1932年）、富滇新银行（1932～1950年）、云南省银行（1949～1950年）。

图 10-4-13

29. 新疆。喀什官钱局（1888年）、新疆官钱局（1889~1928年）、伊犁官钱局（1892~1914年）、阿克苏官钱局（1902年）、迪化官钱局（1909~1932年）、新疆省银行（1930~1939年、1948~1950年，144毫米×62毫米，图10-4-14）、新疆商业银行（1939~1948年）。

30. 西藏。扎西勒空（1931~1959年）。

图 10-4-14

31. 内蒙。呼伦贝尔官商钱局（1917年）、科尔沁左翼三旗联合（会）（1945年）。

省地方金融机构发行的纸币有银两票、银元票、制钱票、铜元票、法币等。年版和面额较为复杂。据不完全统计，清末有500余种，民国时期有2000种左右。

三、财政及行政部门纸币

当中央和地方财政收不抵资，又无法获得银行的全力支持时，就直接发库券一类纸币来维持。北洋政府财政部及各省财政部门发行的纸币有：财政部定期有利国库券（1919年）、财政部短期有利兑换券（1922年）、财政部有利流通券（1923年，138毫米×84毫米，图10-4-15）、财政部平市官钱局铜元券（辅币券，1915年）、财政部特别流通券（1923年）、甘肃省库定期流通券（1926年）、甘肃省金库兑换券（1928年）、甘肃陇南镇守使署粮饷局钱票（1921~1924年）、青海省财政厅维持券（1931~1935年，146毫米×81毫米，图10-4-16）、山东金库证券（1920年）、山东省金库券（1926年、1932年）、河南省金库流通券（1921年）、河南省金库有息证券（1920~1923年）、新疆藩库官票（1908年）、新疆司库官票（1913年）、新疆厅库官票（1915年）、新疆财政厅库官票（1917~1936年）、阿尔泰通用银券（1918年）、江苏财政司南京兑换处

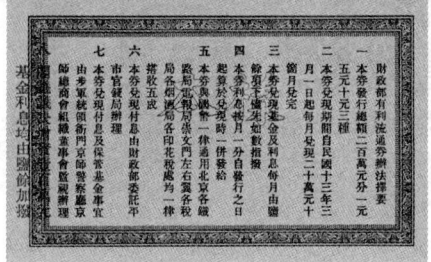

图 10-4-15　　　　　　　　　图 10-4-16

银元票（1912年）、江苏省兑换券（1925年）、浙江金库兑换券（1924年）、浙江省省库券（1935年）、安徽省近期金库证券（1926年）、江西省财政厅定期有利兑换券（1924年）、江西财政厅有利流通券（1926年）、广东省金库券（1923年）、广东省政府短期金库券（1930年）、广西省金库券（1931～1936年）、广西辅币流通券（1949年）、贵州财政厅筹饷局定期兑换券（1925年）、贵州省公署定期有利兑换券（1923年）、山西省金库兑换券（1927年）、陕西省库券（1931年）、湖北省库鄂东分库流通券（1941年）、湖南定期有利金库证券（1919年）、湖南省金库券（1927年）、湖南省短期库券（1935年）。

四、军事部门纸币

军事部门纸币,钱币界简称"军钞"[1]。主要发行在武昌起义至抗日战争结束。发行军钞的中央及跨省的部门有孙中山及南京临时政府、北京政府及吴佩孚军事集团、阎锡山军事集团、张作霖军事集团、冯玉祥军事集团、蒋介石及国民政府等。省级及以下地方也发行过军钞。发行单位及纸币有:

1. 孙中山及南京临时政府。中华革命军信用债票(1906)、中华国商民银票(1906~1911)、中华革命军银票(1906~1911)、中华民国金币票(1911,图12-4-17,194毫米×80毫米)、同盟会本部中华革命军义饷凭单(1911)、中华民国南京军用钞票(1912)、中华民国军用钞票(1912)、陆军部军事用票(1912)、中华

图 10-4-17

民国靖国军军用钞票(1916)、滇粤桂援赣联军军用票(1918)、滇黔赣援桂联军总司令部随营银行兑换券(1921)、大本营度支处军用钞票(1922)、桂林度支处发行军用钞票(1922)、定滇军司令部军用钞票(1924)。

2. 北京政府及吴佩孚军事集团。中华民国财政部定期兑现军用钞票(1913)、财政部军需汇兑局兑换券(?)、吴佩孚军需汇兑局兑换券(1925)。

3. 阎锡山军事集团及山西省。大汉银行暂行军用手票(1911)、山西大汉银行军用票(1911)、山西省编遣欠饷定期库券(1929)、平津卫戍总司令部编遣欠饷定期库券(1929)、中华民国陆海空军总司令部战时通用

---

[1] 钱币界军钞界定较为广泛,凡是与军事事件、部门有关的都称为军钞。本书只将军事部门发行的称为军钞。这样就与金融部门、财政部门、行政部门在划分上一致了。由于清末民国时期社会混乱,具体划分时也会有不清晰的地方。

图 10-4-18

票（1930）、中华国家银行银元票（1930）、中华建设银行银元票（1930）。

4. 张作霖军事集团。东三省军用票（1924）、直鲁省军用券（1925）、镇威第三四方面军团兵站库券（1926）。

5. 冯玉祥军事集团。国民军联军军用票（1924）、国民军金融流通券（1927）、西北银行（1925～1930，图12-4-18，151毫米×84毫米）、国民军军粮券（1927～1929）。

6. 蒋介石及国民政府。中央银行临时兑换券（1926）、国民革命军总司令部军需券（1926，图12-4-19，136毫米×84毫米）、中央银行湘赣桂通用券（1926）、国民政府财政部江浙田赋抵纳券（1927）、豫鄂皖赣四省农民银行券（1933～1934）、中央银行加盖"东北""杜聿明"军用票（1945）。

7. 湖北。中国中华银行银元票（1911）、中华民国中央军政府军用小票（1911）、湖北省库鄂东分库流通券（1940～1942）、湖北

图 10-4-19

鄂东挺进军经费经理委员会临时找零券（1943）。

8. 湖南。湖南省军政府筹饷公债票（1912）、湖南银行券（1912～1913、1918）、湖南督军改两为串票（1916）、常德财产管理处流通券（1918）、湘西银行银元票（1918）、军用兑换券（1918）。长沙总商会代兑军用兑换券

(1918)、湘军存饷有期证券（1922）、湘西十县联票（1923）、湘西农村银行银元票（1923）、平江县知事公署印券（1924）、湖南省军用短期公债票（1925）。

9. 上海。上海中华银行中华民国军用钞票（1911）。

10. 江苏。江南裕宁官银钱局加盖黄帝纪元（1911）、通州财政处临时银元票（1911）、江苏财政司南京兑换处银元票（1912）、南通縣自衛經費委員會紙幣（1940）。

11. 浙江。浙江军政府军用票（1911、1916）、浙江财政司军用票（1912）。

12. 安徽。安徽军政府借用江南裕宁官银钱局券（1911）、淮上国民军财政总局券（1911）、安徽中华银行券（1912）、皖芜军政分府理财部军用钞票（1912）、安徽全省军用券（1917）、蚌埠流通券（1927）。

13. 江西。赣南宁华兴银行钞票（1911～1912）、赣省民国银行券（1911～1912）、赣省暂行军用手票（1922）、江西财政厅定期有利流通券（1926）、江西银行加盖"集中现金"券（1927）、景德镇总商会临时流通券（1928）、江西万载黄茅靖卫团银元票（1929）、慈化特别区第三区军用临时流通券（1931）、乐安县匪灾善后委员会（？）、修水县地方武装券（？）、瑞金善后维持会券（1931）、永丰第五区善后流通券（1932）、遂川县第三四五区财委会流通券（1933）、豫章山区绥靖银行券（1949）。

14. 四川。大汉四川军政府军用银票（1911～1912，图12-4-20，126毫米×80毫米）、四川讨贼军第一军总司令部辅助券（1923）、督办四川军务善后事宜公署借垫执据（1925）、四川陆军第五师兑换券、四川陆军第二军第十师印收（1925）、帮办四川军务善后事宜公署借垫执据（1926）、四川陆军第三师借券（1927）、川康国防费临时筹集处粮户借券（1932）、陆军二十一师印据（1924）、督理四

图 10-4-20

川军务善后事宜预借执票（1925）、四川西北屯垦总司令预借执票（1926）、四川西北银行银元票（1934）、国民革命第二十四师执票（1928）、川陕边防督办署临时军费借垫券（1933）、国民革命军第二十八军抵契券（1934）、廿八军总金库粮契税券（1934）、川康边务督办执据（1927）、国民革命军第二十一军二十七年粮税借垫券（1930～1934）、第二十一军重庆总金库粮契税券（1930）、二十四军裕通银行券（1931）、四川西北银行券（1931）、潼南县川康国防费借券（1932）、四川善后督办署发行定期兑换券（1933）、南部县政府军粮借券（1933～1934）。

15. 福建。中华民国闽省军务公债票（1911）、中华福建银号券（1912）、漳州农工商信托有限公司券（1918）、漳州民兴股份有限银公司券（1930）、长汀县维持善后委员会通用券（？）、宁都县地方商号临时流通券（1931）、沙县抵北区维持善后通用券（1931）、长汀县维持委员会通用券（？）、七十八师军人消费合作社纸币（1932～1933）、广豫汇兑庄纸币（1932）、闽西农民银行券（1933）。

16. 广东。粤省军政府借用广东官钱局券（1911）、中华民国粤省军政府通用银票（1912）、中华民国新政府债券（1916）、粤军总司令部储蓄票（？）、广东地方善后内国公债（1921）、国立中华国民银行券（1923）、广东省金库券大本营军用票（1923）、广东全省商团军联防总部借券（1924）、粤桂讨赤军军用钞票（1926）、广东省军需库券（1929）、广东第二次军需库券（1931）。

17. 广西。广西银行券（1912）、广东省银行加盖"桂省发行"（1920）、广西自治军总司令韦铜元票（1921）、广西军用钞票（1922）、广西临时军用票（1922）、广西银行通用券（1922～1923）、桂林地方银行券（1922）、桂林广西银行券（1922）、广西省银行加盖"绥靖处"券（1925）、广西省银行加盖"中华民国陆海空军副总司令李示"券（1926）。

18. 云南。富滇银行纸幣（1912～1913）、富滇银行擁護共和紀念幣（1916）、中国银行兑换券加盖"护国军总司令之印"（1916）、中国银行兑换券加盖"中华民国护国第一军总司令"（1916）、中国银行兑换券加盖"云南都督之印"（1916）、云南靖国军军用银行兑换券（1917）、靖国滇军军用兑换券（1921）、靖國聯軍滇軍軍用储蓄票（1921）。

19. 贵州。贵州银行民国元年券（1912）、贵州银行兑换券（1922）、贵州省公署定期有利兑券（1923）、贵州银行"副张票"（1924）、贵州财政厅筹饷局定期兑换券（1925）、贵州军事善后借款券（1933）。

20. 直隶（河北）。直隶省库定期流通券（1926）、直隶省金库兑换券（1928）、蔚县西合营区保安局（1928）、河北省编遣欠饷定期库券（1929）。

21. 山东。中华民国军用钞票山东银行券（1912）、山东护国军军政府军用手票（1916）、山东省金库兑换券（1922）、山东省军用票（1925）、蓬莱区商公益会借款条（1937）、高密县田赋预借券（1938）、鲁苏战区军用券（1938～1944）、庆仁号临时兑换券（1942）、第三方面军暂编第一军借用吉顺泰记券（1945）。

22. 河南。河南豫泉官银钱局加盖临时军用票（1917）、河南豫泉官银钱局民国十年加盖"金库流通券"（1922）、河南省银行加盖"湖北通用现洋"券（1923）、河南省银行加盖"河南财政厅印"券（1923）、河南省银行加盖"保大"地名券（1923）、豫泉官银钱局民国七年加盖火车站名券（1924～1926）、河南省银行民国十二年加盖火车站名券（1924～1926）、河南省银行背盖"临时军用"券（1926）、潢川商会兑换所券（1932）。

23. 陕西。陕西军政府秦陇复汉军军用银票（1911～1912）、秦丰银行军票（1911～1913）、陕西富秦钱局券（1913）、陕西财政厅发行军用钞票（1918）、汉中裕汉钱号券（1934）。

24. 甘肃。甘肃军需钱号（1912）、甘肃官银号券（1914～1920）、陇南镇守使署粮饷局（1921）、商办陇东银号券（1922）、陇南实业银号券（1923）、甘肃军事善后流通券（1926）。

25. 辽宁。东北自卫军通用券（1931～1932）、第五军区军用现洋票（1931）、辽宁民众救国会军用流通债券（1932）、辽宁民众银行兑换军用票（1932）、辽河地区前敌指挥部军用流通券（1932）、第三十七路军需处大洋券（1932）。

26. 吉林。富锦金融救济券（1931）、桦川金融救济券（1931）、密山县地方金融流通券（1932）、穆棱县地方财务处金融救济券（1932）、同江县金融救济券（1932）、依兰县金融救济券（1932）、依兰县金融救济券（1932）。

27. 黑龙江。黑龙江官银号马大洋票（1932）。

28. 察哈尔。察哈尔省编遣欠饷定期库券（1929）。

29. 绥远。包头商会金融票（1926）、绥远省编遣欠饷定期库券（1929）、绥西垦业银号纸币（1932～1933）、绥区屯垦督办办事处合作社支付券（1935～1937）。

30. 新疆。新疆阿尔泰军用手票（1913）、阿尔泰行营粮饷局券（？）、南疆边防总司令部军用纸币（1933）、喀什区行政长公署券（1933）、镇西公民会流通票（1933）、吐鲁番县商会流通券（1933）、新疆奇台县商会流通券（1933）、南疆边防总司令部军用纸币（1933）、南疆边防总司令部军用钞票（1934）、通行和阗各属券（1934～1936）、和阗区行政长印券（1934～1937）。

31. 日伪。大日本政府大藏省军用手票（1914）、大日本帝国政府军用手票（1937）、日偽军队归来证（？）、大日本南支派遣军司令官军事证券（1944）。

32. 苏联红军。苏联红军司令部支付券（1945）、加贴贴花票军用票（1945）。

五、商业银行纸币

清末民国年间，全国商业银行大约有500多家，但其中自己印制纸币的并不多。最早成立的商业银行是中国通商银行（1897年），影响较大的有八大行、北四行、南三行等。[1] 发行钞票的有：

1. 中资银行：中国通商银行（1897～1952年，206毫米×138毫米，图10-4-21）、浙江兴业银行（1907～1952年，139毫米×75毫米，图10-4-22）、四明银行（1908～1952年）、中南银行（1921～1952年，65毫米×125毫米，图10-4-23）、信成银行（1906～1913年）、上海商业储蓄银行（1915～1952年）、上海兴华银行（1916～1919年）、德华银行（1889～1945年）、明华银行（1920～1935年）、蒙藏银行（1922～1929年）、道生银行（1922～1927年）、丰业银行（1920～1937年）、河口福

---

[1] 八大行指中国通商银行、中国垦业银行、中国农工银行、浙江兴业银行、农商银行、四明银行、商业储蓄银行、中南银行。北四行指盐业银行、金城银行、大陆银行、中南银行。南三行指浙江兴业银行、浙江实业银行、上海商业储蓄银行。

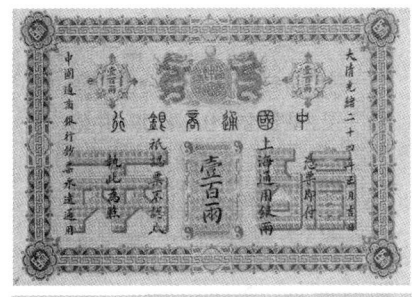

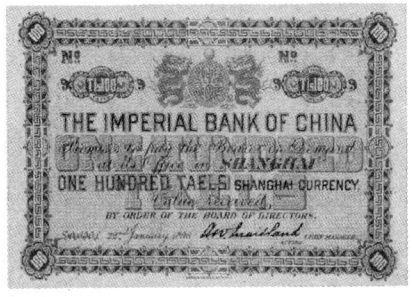

图 10-4-21

利商业银行（1923～1926年）、奉省商业银行（1914～1918年）、广宁广益银行（1913～？）、广济银行（1913～？）、辽中零集总银行、蔚丰商业银行（1916～1924年）、浦东商业储蓄银行（1928～1950年）、上海永亨银行（1918～1952年）、美华银行（1923～1930年）、东南银行（1928～1935年）、全赣公共银行（1923～1926年）、江西惠通银行（1920～1926年）、振华银行（1922～1927年）、振商银行（1918～1927年）、裕赣商业银行、华泰银行、周村商业银行、山东丰大银行、商办青岛地方银行、湖南通商银行、湖南浏阳银行、重庆银行、重庆市民银行、重庆平民银行（1928～1937年）、万县市市民银行（1930～1934年）、裕通银行（1927～1933年）、大中银行（1919～1949年）、西南商业储蓄银行（1929～1930年）、重庆中和银行（1922～1930年）、广东大信银行（1909～1920年）、汕头陈源大银行、汇丰长银行

图 10-4-22

图 10-4-23

(1915~？）、榆树储蓄银行、裕丰银行（1913~？）、储济银行、河东商业银行、道济银行、永裕商业银行、山西裕华银行（1915~1949年）、同泰银行、裕新银行（1912~？）、豫丰银行、洮南银行、沈阳商业银行（？~1948年）、法库储蓄银行（1914~？）、法库商业银行（1916~？）、松江银行（1912~1932年）、裕沛银行（1919~？）、和慎商业储蓄银行（1908~1933年）、上海通和商业储蓄银行（1925~1938年）、辛泰银行福州分行（1933~1950年）、阜丰银行、通惠银行（1917~1927年）、齐鲁银行、长山商业银行、惠民商业银行、龙口商业银行、鄂州兴业银行、岳州商业银行、六六银行、聚兴诚银行、中国农工银行、农商银行、北平农工银行、吉林德惠县农工银行、滨江农业银行、交城农工银行、太谷农工银行、文水县农工银行、莆仙农工银行、山东工商银行、山东聊城农工银行、修铜农工银行、湖南醴陵农民银行、威海农业储蓄银行、中国垦业银行、中国丝茶银行、劝业银行、殖边银行、云南官商合办殖边银行、边业银行、华富殖业银行、吉林方正满蒙殖业银行、吉林裕华殖业银行、山东当业银行、企业银行、湖南宝兴矿业银行、中华建设银行、四川建设银行、云南个碧铁路银行、川康殖业银行、中国实业银行（140毫米×85毫米，图10-4-24）、中元实业银行、淮海实业银行、瓯

图 10-4-24

图 10-4-25

图 10-4-26　　　　　　　　　　图 10-4-27

图 10-4-28　　　　　　　　　　图 10-4-29

海实业银行、山东商办实业银行、湖南实业银行、陕北地方实业银行、粤南实业银行、江西惠通实业银行、天津农工银行、山西汾阳农工银行、山西离石农工银行、湘西农村银行、商河农商银行、崇华殖业银行、历城实业银行、黄陂实业银行、广东实业银行。

2. 华侨银行：广东银行、香港国民商业储蓄银行、工商银行（186毫米×99毫米，图10-4-25）、东亚银行、中华国宝银行、华侨实业银行、上海和丰银行、振兴储蓄银行、中山华美侨业银行。

3. 外商银行：麦加利银行、汇丰银行（190毫米×120毫米，图10-4-26）、有利银行（161毫米×90毫米、图10-4-27）、东方汇理银行、花旗银行（125毫米×76毫米，图10-4-28）、友华银行、横滨正金银行、朝鲜银行、台湾银行、德华银行、荷兰银行、华比银行（149毫米×90毫米，图10-4-29）、英比实业银行、汇兴银行、大西洋国海外汇理银行、日本银行、帝俄国家银行。

4. 中外合办银行：华俄道胜银行、北洋保商银行、中法实业银行、中法振业银行、中华汇业银行、中华懋业银行、美丰银行（175毫米×76毫米，图10-4-30）、华威银行、震义银行、华义银行。

图 10-4-30

六、市县银行纸币

市县银行一般不发行纸币。有的发行纸币，如：广州市立银行（76毫米×175毫米，图10-4-31）、北平市银行、南昌市银行、长沙市银行、桂林市银行、湘潭县银行（50毫米×125毫米，图10-4-32）、定县振兴银行、宁都县银行、沔县县银行、三原县银行、宁强县银行、褒城县银行、隆德县银行。

七、商会纸币

商会是行业组织，本无发行纸币的职能。但当该地区辅币

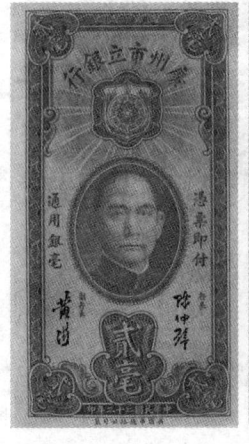

图 10-4-31

图 10-4-32

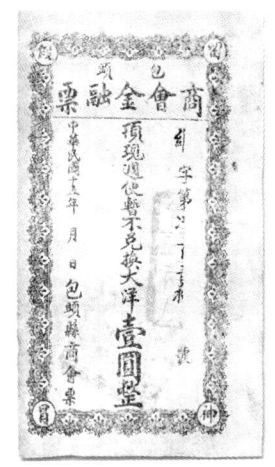

图 10-4-33

缺乏、交易困难时，商会也发行小额纸币。省商会基本不发行纸币，个别的如贵州总商会也发行过。市、县、乡、镇商会大多发行。省市商会发行纸币的有：贵州总商会、常德总商会、滨江商会、哈尔滨商会、满洲里商会、多伦县商会、山西大同商会、宁波商会、包头商会（90毫米×152毫米，图10-4-33）等。

八、私票

私票指未经政府批准而发行的纸币。[1] 发行单位有商会、商号、银号（88毫米×190毫米，图10-4-34）、钱庄、票号、公司（148毫米×88毫米，图10-4-35）、厂矿、当铺、医院、个人等。

私票产生于北宋大中祥符年间（1008～1016年）的私交子。清代私票的普及是道光年间，有人以道光四年（1824年）为私票的真正形成之年。[2] 标志是山西平遥雷

图 10-4-34

---

[1] 石长有：《旧中国民间钱庄纸币·前言》，（香港）天马图书有限公司2003年版。
[2] 石长有：《地方私票的产生和发展》，载《中国钱币》1998年第2期。

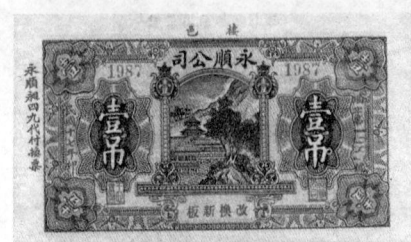 

图 10-4-35　　　　　　　　　图 10-4-36

履泰将日升昌颜料店正式改为日升昌票号。[1]

道光十六年（1836年），各地官吏报告私票在甘肃、北京、河南、山东、江苏、安徽、江西、浙江、湖南、四川、广西等地均大量流通。民国初年，私票在有些年份发行量曾达到1亿元以上，超过国家和地方金融机构发行纸币的总和。民国五年（1916年），奉天一省45县有2229家机构发行私票。照此推算，全国24省应不少于5万家发行机构，发行私票不少于10万种。[2]

私票名称在当时就千奇百怪，如私票、钱票、银票、花票、流通券、私帖、街帖、商帖、银帖、屯帖、代价券、土票、土钞、凭票、抵借券、工资条等。[3]

---

[1] 明代弘治之后，大明宝钞停用，至清代道光年间私票产生，其间除顺治钞贯流通十年外，还应该有其他纸币存在，俞鸿昌先生认为是会票。会票是异地兑现的凭证，但有的可以流通支付，就形成了钞票。会票有信票、兑票、执照、凭票等名称。见俞鸿昌：《中国会票概论》，（香港）中国古钞学会2006年版。

[2] 石长有：《旧中国民间钱庄纸币·前言》，（香港）天马图书有限公司2003年版。

[3] 戴建兵：《中国钱票·前言》，中华书局2001年版，第1～3页。

图 10-4-37　　　　　　　　图 10-4-38

九、敌伪银行与政府纸币

满洲中央银行（1932～1945年，142毫米×80毫米，图10-4-36）、蒙疆银行（1937～1945年）、察南银行（1937年）、冀东银行（1935～1938年）、中国联合准备银行（1938～1945年，172毫米×99毫米，图10-4-37）、华兴银行（1939～1941年）、中央储备银行（1941～1945年，117毫米×62毫米，图10-4-38）、伪江苏财政厅、伪浙江省政府、厦门特别市政府、厦门劝业银行（1940～1945年）、伪东土耳其斯坦伊斯兰共和国（1933年）、伪伊斯兰共和国和阗政府（1934年）。

十、清末民国纸币的形制与格式[1]

纸币的形制一般为长方形，分直式和横式两种。直式为中国传统形制，横式为西方形制。近代中国纸币有直式、过渡型横式、横式、新直式、面直背横式。

---

[1] 江苏省钱币学会：《中国近代钱币史》第十七章《中国近代纸币图版的演变》，中国金融出版社2001年版。

1. 直式。直式纸币分手写票、存根票、三行双面票、加冠票。典型格式是三行双面票。正面外环边框，边框有单边框和多边框，多边框有图案或文字。内部为票芯。票芯上部为票首，票首内为发行机构或券名，下部为票身，票身直书三行文字。右为字号，中为货币种类及面额，左为时间。票芯还有附加文字和印章。背面有文字或图案。

2. 过渡型横式（图10-4-15）。相对于典型的横式票而言，过渡性模式纸币的文字图案仍受直式票的影响。

3. 横式。横式纸币的文字图案完全脱离了直式票的影响。其典型格式为：票芯中部有主图；行名与券名在票芯上部；面额在票面中间或两旁；时间在边框内侧；冠字为英文字母与阿拉伯数字；正面下部两侧加盖中文小方印；背面为英文签名；背面英文内容与正面中文相对应；背面或有主图；面额有衬花图案；有底纹或有水印。

4. 新直式（图10-4-4）。新直式纸币的文字图案为横式纸币格式。代表纸币为关金券。

5. 面直背横式（图10-4-31）。面直背横式纸币中西合璧，有传统直式和新直式两类。由于不符合人们的使用习惯，数量较少。

第五节　清末民国钱币的特点

一、式样繁多

清末民国时期，从政治上讲，中央权力相对薄弱，地方政府权力相对强大；行政权力相对薄弱，军事权力相对强大。从国际关系讲，中国为弱国，为落后国家。从经济上讲，近代工业产生并发展起来，建立了近代金融制度，更重要的是为商业发展提供了一个较为宽松的自由贸易环境。因此，发行货币的单位多如牛毛，从金融机构、中央政府到村社、军队、商会、工矿、作坊、医院、外国机构等。银元、铜元、制钱由中央、省级政府铸造，银两自由铸造，纸币长期自由发行。国家银行纸币1000余种，省银行纸币2000余种，行政财政军事部门纸币1000余种，私钞10

余万种，铜元近5000种、800多亿枚，民国银元24亿多枚。

二、新式钱币铸造印制精美

传统钱币是手工铸造，形制较为粗率，大小轻重难以划一；币面只有文字，美学要素简单；制钱中间有方孔，破坏了圆形的整体美。新式钱币则图文并茂，人物、建筑、风景写实逼真；机器铸造印刷，许多为世界或中国一流的印钞造币公司制造，如美国钞票公司、英国德纳罗钞票公司、中华书局印制公司、商务印书馆印制公司等；设计精细，设计思想开放，自由竞争。

三、完成了从古代向现代的转变

从钱币史的角度看，1933年废两改元，标志着中国古代钱币形制的终结。1935年法币改革，标志着新式钱币形制的定型完善。彭信威先生说："到了近代，西方资本主义逐渐发达，欧美的银元流入中国，终至战胜中国的封建式的货币，使中国的货币也欧化，那是尽人皆知的事。"[1]

---

[1] 彭信威：《中国货币史·序言》，群联出版社1954年版，第7页。

第十一章 中华人民共和国钱币

中华人民共和国成立，结束了民国异常混乱的钱币发行状况，发行了高度统一的货币——人民币。在此之前，革命根据地也发行了各自的货币。从1979年开始，又发行了多种流通纪念币。

第一节 革命根据地钱币

根据政权性质，将革命根据地钱币放入本章。革命根据地钱币有两个特点，一是异常复杂，共有1700多种；二是由于物资和技术条件限制，纸张粗糙，色泽杂乱。该时期钱币可分为四个阶段。

一、第一次国内革命战争时期

主要是农民协会发行的钱币，时间为1926年至1927年5月21日湖南"马日事变"。1925年，广东、湖南、江西、湖北出现了农民协会。1926年下半年，有的农民协会创办了银行、合作社及公有财产保管处等金融组织，开始发行货币。发行货币的机构主要有：湖南衡山柴山洲特区第一农民银行、湖南衡山柴山洲特区第二农民银行、浏东平民银行（130毫米×74毫米，图11-1-1）、浏阳金刚公有财产保管处、醴陵地方银行、醴陵工农银行、浏南文市生产合作社、黄冈县农民协会信用合作社（150毫米×78毫米，图11-1-2）、鄂城商民

图11-1-1

图 11-1-2　　　　　　　　　图 11-1-3

协会等。面额有1角、2角、3角、5角，最大为1元和1串。有布质。

二、第二次国内革命战争时期

1927年7月至1937年7月，全国有15个革命根据地，其中9个发行了货币。此外，东北抗日军民也发行了几种。现在实物共有260多种，分纸、布、银、铜质。不少纸币纸质差、印制粗糙。票面大多印有政治口号、广告、章程等，有的印有马克思、列宁的头像，说明当时政治意识高于经济意识。

1. 早期苏维埃政权钱币。1928年，有些地方的苏维埃政权发行货币。因这些苏维埃政权较之后来的中央苏维埃政权要早，故称。发行机构有海陆丰劳动银行、湖南耒阳工农兵苏维埃政府、中华苏维埃、井冈山工农兵苏维埃、蛟洋农民银行等。

2. 中央革命根据地钱币。中央革命根据地由赣南、闽西两块根据地组成。从1929年至1934年，发行货币的机构有东古平民银行、东古银行、江西工农银行、中华苏维埃共和国国家银行（99毫米×70毫米，图11-1-3）。分纸币、银币、铜币。

3. 湘赣革命根据地钱币。1931～1934年，发行货币的机构只有中华苏维埃共和国国家银行湘赣分行。

4. 湘鄂西革命根据地钱币。1930～1932年，发行货币的机构有监利县

图 11-1-4

苏维埃、沔阳县苏维埃政府、石首农业银行、鄂西农民银行、湘鄂西农民银行、中华苏维埃共和国国家银行湘赣西特区分行、鄂北农民银行、鹤峰苏维埃银行。另有中华苏维埃银币、鄂西北（马克思、列宁头像）银币、湘鄂西省苏维埃铜币。

5. 湘鄂赣革命根据地钱币。1931～1934年，发行货币的机构有平江县工农银行、浏阳县工农兵银行、宜春工农兵银行、万载工农兵银行、修水县立赤色消费合作社、铜鼓县生产合作社、湘鄂赣省工农银行（128毫米×72毫米，图11-1-4）、阳新县苏维埃政府农民银行、大冶第五区农民银行、鄂东农民银行、鄂东南工农兵银行。另有湖南省苏维埃政府银币。

6. 闽浙赣革命根据地钱币。1930～1934年，发行货币的机构有赣东北特区贫民银行、赣东北省苏维埃银行、赣东北省苏维埃银行闽北分行、闽浙赣省苏维埃银行、闽浙赣省苏维埃银行闽北分行。另有闽浙赣省苏维埃银币、安福中区苏维埃政府代用券。

7. 鄂豫皖革命根据地钱币。1930～1935年，发行货币的机构有皖西北特区苏维埃银行、鄂豫皖特区苏维埃银行、鄂豫皖区苏维埃银行、鄂豫皖省苏维埃银行、鄂豫皖省苏维埃工农银行、鄂豫皖苏维埃经济公社、鄂豫皖省苏维埃工农银行。分纸、银、铜、油布币。

8. 川陕革命根据地钱币。1933～1935年，发行货币的机构有川陕省苏维埃政府工农银行。分银、纸、布币。

9. 陕甘革命根据地钱币。1934～1937年，发行货币的机构有陕甘宁边区农民合作银行、陕北省苏维埃银行、陕甘晋苏维埃银行、中华苏维埃国家银行西北分行、神府特区抗日人民革命委员会银行、中华苏维埃人民共和国国家银行西北分行。分纸、布、银、铜币。

10. 东北抗日军民钱币。1932年，发行货币的机构有东北民众自卫军、辽宁民众救国会、辽阳县第五区、依兰金融救济会、马占山黑龙江官银总号。

三、抗日战争时期

抗日战争时期，各根据地均建有银行、银号、商号、合作社等，共发行货币920多种。

1. 陕甘宁边区根据地钱币。发行货币的机构有延安光华商店、陕甘宁边区银行（138毫米×74毫米，图11-1-5）、陕甘宁边区贸易公司。

图 11-1-5

2. 晋绥边区根据地钱币。发行货币的机构有兴县农民银行、文水县政府、西北农民银行。

3. 晋察冀边区根据地钱币。发行货币的机构有晋察冀边区银行（64毫米×121毫米，图11-1-6）、定县人民商店、灵寿县政府、唐县合作银行、冀中第五政区、晋察冀边区第七政区合作社、冀中各县农村合作社。

图 11-1-6

4. 晋冀鲁豫边区根据地钱币。发行货币的机构有山西省第五行政区救国合作社、晋东南各县银号、山西省第六行政区政府及各县政府、上党银号、冀南银行、太岳区经济局、晋南农民合作社、鲁西银行、泰西银行。

5. 山东抗日根据地钱币。发行货币的机构有北海银行、胶东各县政府、莱芜农民合作社、滨北工商管理局、滨海商店。

6. 华中根据地钱币。发行货币的机构有江淮银行、淮海地方银行、盐阜银行、苏北区各县政府、苏南区各县政府、苏中区各县政府、区乡政府、公私商店、合作社、惠农银行、江南银行、浙西区长兴县政府、

图 11-1-7　　　　　　　　　图 11-1-8

淮北地方银号、豫皖苏边区地方银号、淮南银行、大江银行、皖江地区各商号、豫鄂边区建设银行。

7. 浙东根据地钱币。发行货币的机构有浙东军政单位、浙东银行、浙东各县区乡政府、商号、合作社、盐行等。有纸、镴币，共110余种。

8. 琼崖根据地钱币。发行货币的机构有琼崖东北区政府、临高县政府。

四、第三次国内革命战争时期

这一时期共发行货币540多种。

1. 西北解放区钱币。发行货币的机构有陕甘宁边区银行、陕甘宁边区贸易公司、西北农民银行（147毫米×63毫米，图11-1-7）。

2. 华北解放区钱币。发行货币的机构有晋察冀边区银行、冀东解放区各专署（县政府）、冀南银行。

3. 华东解放区钱币。发行货币的机构有北海银行（130毫米×53毫米，图11-1-8）、淮上地方银号、华中银行、淮海贸易公司、华东野战军、浙东行政公署。

4. 东北解放区钱币。发行货币的机构有东北银行、辽南贸易公司、辽北省第一专区、吉东银行、吉林省银行、嫩江省银行、牡丹江实业银行、宁安县地方银行、东安地区实业银行、松江贸易公司、合江银行、黑龙江省银行、克山县大众银行、依兰县、大连银行、关东银行、热河利民商店、热河省银行、长城银行。

5. 内蒙古解放区钱币。发行货币的机构有兴安总省政府、东蒙古人民自治政府、兴安省政府、东蒙银行、纳文慕仁盟政府、内蒙银行、内蒙古人民银行。

6. 中原解放区钱币。发行货币的机构有中州农民银行、中原解放区各县政府、皖西工商总局。

7. 华南解放区钱币。发行货币的机构有裕民银行、新陆银行、粤赣湘边政府、河源县、连和县、新丰县、粤赣边支队、海丰县、紫金县、闽粤赣军民合作社、闽中支队部、琼崖政府、滇黔桂边区贸易局、潮饶丰边军民合作社、鹤山县、高明县、高要县、新兴县、南方人民银行。

8. 新疆钱币。发行机构为新疆省人民银行。

第二节　人民币

1948年12月1日，中国人民银行在华北银行、北海银行、西北农民银行合并的基础上正式成立，同日开始发行人民币。

一、第一套人民币

第一套人民币于1948年12月1日开始发行，1955年5月10日停止流通。票面上行名由董必武题写。共12种面额、62种版别。其中1元券2种、5元券4种、10元券4种、20元券7种、50元券7种、100元10种、200元券5种、500元券6种、1000元券6种、5000元券5种、10000元券4种、50000元券2种。

第一套人民币的具体版别为：1948年1元券（工农图，114毫米×54毫米，图11-2-1）、1949年1元券（工厂图）、1948年

图 11-2-1

图 11-2-2　　　　　　　　　　　图 11-2-3

5元券2种（帆船图、牧羊图）、1949年5元券2种（牛图、经纱图）、1948年10元券（灌田铁路图）、1949年10元券3种（锯木耕田图、火车图、工农图）、1948年20元券（运肥火车图）、1949年20元券6种（推煤车图、宝塔图2、工交图、帆船铁路图、打场图）、1948年50元券（水车运煤图）、1949年50元券6种（火车大桥图2、列车图2、工农图、压道机图）、1948年100元券4种（耕地工厂图、汽车火车图、万寿山图2）、1949年100元券6种（工厂图、北海角楼图2、轮船图、驮运图、帆船图）、1949年200元券5种（颐和园十七孔桥图、排云殿图、长城图、炼钢图、收割图）、1949年500元券5种（农民小桥图、正阳门图、起重机图、收割机图、种地图）、1951年500元券（瞻德城图，134毫米×69毫米，图11-2-2）、1948年1000元券（双马耕地图）、1949年1000元券4种（秋收图、三台拖拉机图、运煤耕田图、钱塘江桥图）、1951年1000元券（牧马群图）、1949年5000元券 2 种（耕地机图、拖拉机工厂图）、1951年5000元券 2 种（骆驼蒙古包图、牧羊群图）、1953年5000元券（渭河桥图）、1949年10000元券2种（军舰图、耕地牧牛图）、1951年10000元券2种（牧马图、骆驼队图）、1950年50000元券2种（新华门图、收割机图，140毫米×75毫米，图11-2-3）。

二、第二套人民币

1953年3月1日开始逐步发行第二套人民币,共有11种面额、13种版别。其中1953年版11种、1956年版2种。1953年版为1分(汽车图,90毫米×42.5毫米,图11-2-4)、2分(飞机图)、5分(轮船图)、1角(拖拉机图)、2角(火车图)、5角(水电站图)、1元(天安门图,150毫米×67.5毫米,图11-2-5)、2元(宝塔山图)、3元(井冈山龙源口图,160毫米×72.5毫米,图11-2-6)、5元(大团结图)、10元(工农像)。1956年版为1元(天安门图)、5元(大团结图,165毫米×75毫米,图11-2-7)。

图 11-2-4

图 11-2-5

图 11-2-6

图 11-2-7

图 11-2-8　　　　　　　　　图 11-2-9

第二套人民币1953年版3元、5元、10元券早期由苏联代印。行名文字由马文蔚书写。1999年1月1日退出流通。

三、第三套人民币

第三套人民币于1962年4月5日开始发行。共有7种券别、9种版别。分别是1960年1角（干部参加劳动图）、1962年1角（教育与生产劳动相结合图2种，105毫米×50毫米，图11-2-8）、1962年2角（武汉长江大桥图）、1972年5角（纺织女工图，115毫米×50毫米，图11-2-9）、

图 11-2-10　　　　　　　　　图 11-2-11

1960年1元（女拖拉机手图，131毫米×57毫米，图11-2-10）、1960年2元（车床工人图）、1960年5元（炼钢工人图）、1965年10元（人民代表步出大会堂图，157毫米×72毫米，图11-2-11）。2000年7月1日停止流通。

四、第四套人民币

第四套人民币于1987年4月27日开始发行。共有9种券别、14种版别。分别是1980年1角（高山族满族人物图）、1980年2角（布依族朝鲜族人物图，120毫米×55毫米，图11-2-12）、1980年5角（苗族壮族人物图）、1980年1元（瑶族侗族人物图）、1980年2元（维吾尔族彝族人物图）、1980年5元（藏族回族人物图）、1980年10元（汉族蒙古族人物图）、1980年50元（工农知识分子图）、1980年100元（毛泽东周恩来刘少奇朱德头像图）。1990年版有1元、2元（145毫米×63毫米，图11-2-13）、50元（160毫米×77毫米，图11-2-14）、100元（165毫米×77毫米，图11-2-15），1996年版有1元（140毫米×63毫米，图11-2-16）。票面文字、图案、颜色与1980年版基本相同。第四套人民币于2018年5月1日起停止流通。

五、第五套人民币

1999年10月1日第五套人民币开始发行。共有8种面额、10多种版别。

图 11-2-12　　　　　　　　　　图 11-2-13

图 11-2-14

图 11-2-15

图 11-2-16

图 11-2-17

正面均有毛泽东像。1999年版有1元（背面为杭州西湖，130毫米×63毫米，图11-2-17）、5元（泰山图，135毫米×63毫米，图11-2-18）、10元（长江三峡图，140毫米×70毫米，图11-2-19）、20元（桂林山水图，145毫米×70毫米，图11-2-20）、50元（布达拉宫图，150毫米×70毫米，图11-2-21）、100元（人民大会堂图，155毫米×77毫米，图11-2-22）。2005年版有5元、10元、20元、50元、100元。2015年版有100元（图11-2-23），图案同1999年版。第五套人民币为我国当前流通货币。

图 11-2-18　　　　　　　　　图 11-2-19

图 11-2-20　　　　　　　　　图 11-2-21

六、金属铸币

人民币金属铸币共有四套。

1. 1957年12月1日开始发行的铝镁合金分币。面额为1分、2分、5分。正面为国名和国徽，背面为麦穗、面额和年份（图11-2-24）。直径分别为18毫米、21毫米、24毫米。各面额铸造年份见表11-2-1。

2. 1980年4月15日开始发行"长城"套币。面额分别为1角、2角、5角、1元。角币为铜锌合金，正面为国徽、国名，背面为齿轮图、麦穗图、

图 11-2-22 图 11-2-23

图 11-2-24 图 11-2-25

面额、年份。元币为铜镍合金，正面为国徽、国名、年份，背面为长城图、面额（图11-2-25）。径分别为20毫米、23毫米、26毫米、30毫米。铸造年份从1980年至1986年。

3.1992年6月1日开始发行"花卉"套币。面额分别为1角、5角、1元。正面有国徽、国名、年份。背面1角为菊花图，铝合金；5角为梅花，铜合金；1元为牡丹花图，钢芯镀镍（图11-2-26）。径分别为22.5毫米、

表 11-2-1　人民币金属分币铸造年份表

年　份	1分币	2分币	5分币
1955	有	未	有
1956	有	有	有
1957	有	未	有
1958	有	未	未
1959	有	有	未
1960	有	有	未
1961	有	有	未
1962	未	有	未
1963	有	有	未
1964	有	有	未
1965~1970	未	未	未
1971	有	未	未
1972	有	未	未
1973	有	未	未
1974	有	有	有
1975	有	有	有
1976	有	有	有
1977	有	有	未
1978	有	有	未
1979	有	有	有
1980	有	有	有
1981	有	有	有
1982	有	有	有
1983	有	有	有
1984	有	有	有
1985	有	有	有
1986	有	有	有
1987	有	有	有
1988	未	有	有
1989	未	有	有
1990	未	有	有
1991	有	有	有
1992	有	有	有

图 11-2-26

图 11-2-27

20.5毫米、25毫米。铸造年份从1991年至2000年。

4.2000年10月16日开始发行新"花卉"套币。面额分别为1角、5角、1元。正面有行名、面额、年份。背面1角为兰花图,铝合金,2005

年后改为不锈钢;5角为荷花图,钢芯镀铜;1元为菊花图,钢芯镀镍(图11-2-27)。径分别为19毫米、20.5毫米、25毫米。铸造年份从1999年至2013年。

第三节　流通纪念币

纪念币是为纪念重大事件、著名人物、自然人文风景、珍稀动物等特别发行的一种货币。分为流通纪念币和非流通纪念币。非流通纪念币属于非流通货币,放在下一章中叙述。

流通纪念币与人民币等值流通,限量发行,分为普通流通纪念币与特种流通纪念币。1984～2015年共发行108枚普通流通纪念币(钞)(见表11-3-1)。

表11-3-1　流通纪念币一览表

序号	纪念币名称	发行年份
1	中华人民共和国成立35周年(图11-3-1,径30毫米)　3枚	1984
2	庆祝西藏自治区成立20周年	1985
3	新疆维吾尔自治区成立30周年	1985
4	国际和平年	1986
5	内蒙古自治区成立40周年	1987
6	中华人民共和国第六届运动会(图11-3-2,径20毫米)　3枚	1987
7	宁夏回族自治区成立30周年	1988
8	中国人民银行成立40周年	1988
9	广西壮族自治区成立30周年	1988
10	中华人民共和国成立40周年	1989
11	第十一届亚洲运动会　2枚	1990
12	全民义务植树运动10周年　3枚	1991
13	中国共产党成立70周年　3枚	1991
14	第一届世界女子足球锦标赛　2枚	1991
15	宪法颁布10周年	1992
16	宋庆龄诞辰100周年(图11-3-3,径25毫米)	1993

（续表）

序号	纪念币名称	发行年份
17	中国珍稀野生动物（大熊猫，图11-3-4，径32毫米）	1993
18	毛泽东诞辰100周年	1993
19	"希望工程"实施5周年	1993
20	第43届世界乒乓球锦标赛	1995
21	中国抗日战争和世界反法西斯战争胜利50周年	1995
22	联合国第4次世界妇女大会	1995
23	联合国成立50周年	1995
24	中国珍稀野生动物（金丝猴）	1995
25	朱德诞辰110周年	1996
26	中国珍稀野生动物（白鳍豚、华南虎） 2枚	1996
27	庆祝中华人民共和国香港特别行政区成立	1997
28	周恩来诞辰100周年 2枚	1998
29	中国珍稀野生动物（朱鹮、丹顶鹤） 2枚	1998
30	中国珍稀野生动物（褐马鸡、扬子鳄） 2枚	1998
31	刘少奇诞辰100周年	1998
32	中国珍稀野生动物（中华鲟、喙凤蝶） 2枚	1999
33	中国人民政治协商会议成立50周年	1999
34	庆祝中华人民共和国成立50周年 币1钞1	1999
35	庆祝中华人民共和国澳门特别行政区成立 2枚	1999
36	纪念敦煌藏经洞发现100周年	2000
37	迎接新世纪 币1钞1（图11-3-5）	2000
38	西藏和平解放50周年	2001
39	辛亥革命90周年	2001
40	世界文化遗产（长城、兵马俑） 2枚	2002
41	2003年贺岁羊	2002
42	世界文化遗产（三孔、故宫） 2枚	2002
43	宝岛台湾（朝天宫、赤嵌楼） 2枚	2003
44	2004年贺岁猴	2004
45	宝岛台湾（日月潭、鹅銮鼻） 2枚	2004
46	邓小平诞辰100周年	2004
47	人民代表大会成立50周年	2004

（续表）

序号	纪念币名称	发行年份
48	世界文化遗产（苏州园林、周口店） 2枚	2004
49	2005年贺岁鸡	2005
50	世界文化遗产（青城山与都江堰、丽江） 2枚	2005
51	陈云诞辰100周年	2005
52	宝岛台湾（敬字亭）	2005
53	2006年贺岁狗	2006
54	第29届奥林匹克运动会1组 2枚	2006
55	世界文化遗产（龙门石窟、颐和园） 2枚	2006
56	2007年贺岁猪	2007
57	第29届奥林匹克运动会2组 3枚	2007
58	2008年贺岁鼠	2008
59	第29届奥林匹克运动会3组 3枚	2008
60	第29届奥林匹克运动会纪念钞	2008
61	2009年贺岁牛	2009
62	"和"字书法（篆书）	2009
63	环境保护（关注）	2009
64	2010年贺岁虎	2010
65	上海世界博览会	2010
66	"和"字书法（隶书）	2010
67	环境保护（参与）	2010
68	2011年贺岁兔	2011
69	中国共产党成立90周年	2011
70	2012年贺岁龙	2012
71	2013年贺岁蛇	2013
72	"和"字书法（行书）	2013
73	2014年贺岁马	2013
74	"和"字书法（草书）	2014
75	2015年贺岁羊	2015
76	中国人民抗日战争暨世界反法西斯战争胜利70周年	2015
77	中国航天币1钞1	2015

第十一章 中华人民共和国钱币　247

图 11-3-1　　　　　　　　　　　图 11-3-2

图 11-3-3　　　　　　　　　　　图 11-3-4

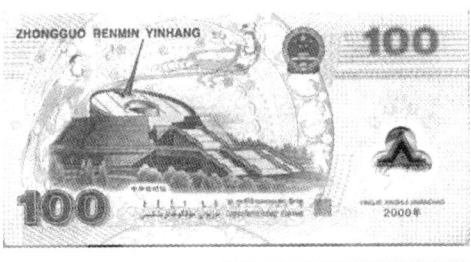

图 11-3-5

第四节 外汇兑换券

1980~1994年，中国银行发行了人民币的代用凭证——外汇兑换券，共有2个年版、9种券别。1979年有1角、5角、1元、5元、10元、50元、100元7种券别，图案分别为：1角黄果树瀑布（127毫米×48毫米，图11-4-1）、5角北京天坛、1元西湖三潭印月（152毫米×58毫米，图11-4-2）、5元黄山迎客松、10元长江三峡（168毫米×66毫米，图11-4-3）、50元桂林象鼻山、100元万里长城（170毫米×70毫米，图11-4-4）。1988年有50元、100元2种券别，图案分别为：50元桂林漓江、100元万里长城。背面均为中英文使用说明。

图11-4-1

图11-4-2

图 11-4-3

图 11-4-4

第五节　中华人民共和国钱币的特点

一、新中国成立前粗糙复杂

新中国成立前钱币制作条件恶劣，设备简陋，物资匮乏，大多钱币较为粗糙。如用人工压力机制造银元和铜元，用石版印制纸币，用布、镴作为币材等。加之革命根据地较为分散，各自制造钱币且经常流动，地域变化较大。所以钱币品种较多，版别复杂。1927年到第一套人民币共发行共有1000多种钱币。

二、新中国成立后简单一致

中华人民共和国成立后，由于建立了统一的高度集中的人民政权，钱币种类与形制也趋向高度统一，因此呈现出简单一致的特征。第二套人民币有13种版别，第三套人民币只有9种版别，第四套人民币有14种版别。目前，第五套人民币只有10余种版别。

三、政治性鲜明

无产阶级政权，只代表无产阶级，显示在钱币上亦如此。直至第四套人民币仍然有这种倾向，如工农知识分子头像和早期外国无产阶级革命领袖头像。

第十二章 非流通货币

在形形色色的钱币当中,有一些既有文字,又有图案,但却不作货币使用的钱币。这一类物品,名称很多,如厌胜钱、压(押)胜钱、玩钱、杂钱、吉祥钱、花钱等。"徒具钱形,不作钱用"是其根本特性,相对于通货来讲,我们将其命名为"非流通货币"。在现实生活中,非流通货币与其他几种称呼可以并存。非流通货币种类庞杂,品种繁多,没有明确的分类标准。按时代分为两类,一类是古代的压胜钱,一类是近现代的非流通纪念币。

第一节 压胜钱

压胜钱起源于汉代,出土的有泥质冥币,有面文"日入千金"钱,有画像钱。三国至元代为压胜钱的发展期,金、银、铜、铁、铅、玉石、陶、纸均为币材,面文有的借用通货"永安五铢""常平五铢""五行大布""永通万国",背面铸龟、蛇、日、月、星、宝剑、人物、佛教道教用语等。明清为压胜钱的鼎盛期,内容扩大到所有生活领域,图案有飞禽走兽、神仙鬼怪、花卉树木、亭台楼阁、人物故事等。可分为生肖、钱文、游戏、诗文、秘戏等。最常见的是吉语钱、生肖钱、佛教钱、道教钱,较少见的是镇库钱、开炉钱、宫钱等。

中国古代钱币只有文字没有图案,压胜钱则图文并茂,且以图案为主,文字为次。由于其铸造没有限制,官方、民间、寺院都能铸,因此,压胜钱

 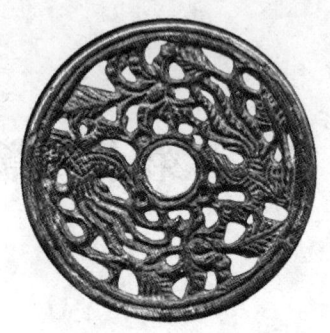

图 12-1-1　　　　　　　　图 12-1-2

种类数量等无法彻底统计,据粗略统计有5000多种。[1] 断代大多也只能笼统而定。

压胜钱由手工铸造而成,大小不一,外形以圆形为主,兼有其他形状。压胜钱实体类居多,镂空类较少。

一、镂空类

镂空类压胜钱,清代称通花钱、玲珑钱,指钱体地张处以透空的方式显示图案。图案双面对称,一般无文字,圆穿。可能主要作佩饰用。图案可分为龙(径51.5毫米,图12-1-1)、凤禽(凤、喜鹊、孔雀、鸳鸯、仙鹤、鸡、雁,径53.5毫米,图12-1-2)、瑞兽(麒麟、狮、虎、鹿、兔、鼠、牛)、花卉(蔓草、牡丹、莲花、葵花、梅花)、鱼、人物、楼阁(径67.2毫米,图12-1-3)等类。

图 12-1-3

---

[1]　何林先生认为不下几万种。见何林:《民俗钱图说》,学苑出版社2003年版,第22页。余榴梁等《中国花钱》一书收2153枚。郑轶伟《中国花钱图典》及《续集》共收录5000多种,是目前收录最丰富的图录。

图 12-1-4　　　　　　　　　　图 12-1-5

二、实体类

实体类是压胜钱的主体，内容庞杂。可以分为生肖、吉语、钱文、佛道宗教、诗文、游戏、秘戏等类别。

1. 生肖类。生肖钱有十二生肖钱为一套的，也有十二生肖铸造于一枚钱上的；有直接写生肖的，也有用十二地支代表的。与生肖、十二地支相配合的图案文字有：星斗宝剑、八卦、星官、敕令驱邪、龙虎风云际会、北斗玄武、龙虎（径51.5毫米，图12-1-4）、雷霆号令、龙凤、吉语、花卉等。

2. 吉语类。吉语钱分双面吉语和一面吉语、一面图案两种。压胜钱中吉语钱币数量很大。

吉语钱主要有：招财进宝、堆金积玉、禄位高升、一岁九迁、盐梅舟楫、柱石承天、物我同春、孔孟源心、日有万陪、田蚕万倍、长乐未央、贵寿无极、天下太平（径30毫米，图12-1-5）、出入通泰、玉喜一人、万事如意、五男二女、五子登科、青钱万选、长命富贵、联（连）生贵子、满则招损、杏林春宴、平安吉庆、和气迎祥、福禄寿喜、松柏同春、荣华富贵、海屋添筹、太平如意、物华天宝、状元及第、寿享千春、日升月恒、同心永远、海晏河清、福如东海、千子万孙、天定保尔、多子多孙、峨冠蟢升、有忍乃济、鹏抟溟海、福寿双全、人生一乐、太平吉庆、玉堂富贵、万寿无疆、龙飞凤翥、华丰三祝、合家清洁、百千长寿、一柱擎天、一团和气、三元及第、招财和市、福禄寿星、花生不老、皆大欢喜、日中丽天、螽斯衍庆、龙凤呈祥、吉庆如意、天保九如、千祥云集、福寿康宁、德福寿禄、双凤仪庭、长寿富贵、延年益寿、富贵长乐、风云际会、夫妇偕老、皇帝万岁、名题丹辰、富贵吉祥、玉署升华、醴泉芝草、凤池染翰、天地交泰、多男子寿富贵、与天无极、一本万利、福寿双全、出将入相、寿比南山、智圆行方、荣封九锡、一品当朝、寿同山岳、独占鳌头、威凤祥麟、福自天来、龟龄鹤寿、福寿康宁、于斯万年、喜得麟儿、太平有象、噶勒卖乐、指日高升、福禄寿喜、喜生贵子、三多九如、天心孝感、日兑斗金、万事和合、出入通泰、千秋万岁、和合如意、顺风大吉、满载而归、文星高照、名登金榜、位列三台、风调雨顺、地不爱宝、人寿年丰、天仙送子、寿山福海、太平福象、万国咸宁、虎气龙光、掷地金声、景星庆月、玉堂富贵、受天百禄、四季绳红、百子千秋、五色丝纶、封侯拜相、教子一经、业精于勤、叁公玖卿、长宜子孙、唯吾知足、清白传家、消灾解厄、松柏桐椿、汉水环城、正大光明、孝弟（悌）忠信、人杰地灵、生意称心、闲过可惜、聪明智慧、和风甘雨、瑞日祥云、长毋相忘、瓜瓞绵绵、百子群芳、芝兰并茂、镇宝平安、吉星拱照、麟趾呈祥、以眉介寿（和合万年）[1]、宜尔子孙（使君寿考）、紫诰丹书（玉堂金马）、孔思周情（程表朱里）、沙涽隔海（老龙万寿）、红梅结子（绿竹生孙）、敬兄爱弟（忠君孝亲，径25毫米，图12-1-6）、维熊维罴（多子多孙）、家和财胜（身健心安）、国泰民安（风调雨顺）、时时见喜（日

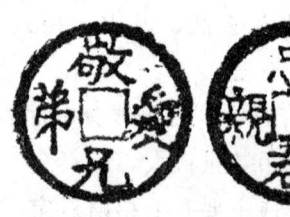

图12-1-6

日生财）、金殿传胪（利见大人）、皇恩高厚（加官进禄）、长发其祥（受天百禄）、夫妇齐眉（儿孙绕膝）、夫妻合偕（松柏长青）、夫妻偕老（琴瑟永调）、同庆丰年（共乐升平）、文运天开（登关地启）、文运天开（贤关地启）、大块文章（阳春烟景）、运连通达（进退逍遥）、早生贵子（青云得路）、鼎丰益萃（口泰威临）、关煞开通（聪明智慧）、紫气东来（利见大人）、百世其昌（同偕到老）、好运临身（延龄益寿）、山岳之寿（河海其富）、文光射斗（独占鳌头）、一道同风（二南雅化、三星拱照、四海升平、五谷丰登、六府孔修、七政齐衡、八音克谐、九功惟叙、万国来朝）、光绪通宝（20省：帝道遐昌、协和万邦、仁义礼智、华国文章、

---

[1] 括号中的为背面文字，多句者为套子钱。

天下太平、皇恩浩荡、海内殷富、帝德无疆、皇图靳固、圣朝熙瑞、志在圣贤、位列三台、勋并斗山、功高泰岱、官居一品、心存君国、政善民安、仁风载道、风敦俗美、忠孝廉节）、一统万年、江山万代（福寿）、平安吉庆（迩祥）、天赐金钱（万选）、文章华国（三元）、如日之升（松柏）、如意吉祥（百福）、如月之恒（之茂）、衣冠继世（忠孝传家）、如风如陵（万寿无疆）、瑶山玉彩（子孙昌盛）、鹤鸣九皋（鹏飞万里）、天台名山（罗汉金钱）、介尔景福（绥我眉寿）、阴阳造化（用舍爻臧）、海屋添筹（温恭俭让）、蹈规履信（抱淑守真）、克昌厥后（功德豫懋）、采樵遇仙、螽斯衍庆（琴瑟友之）、百禄是荷（万福攸同）、百福骈臻（千祥云集）、腾蛟起凤（紫电青霜）、身如药树（百病不侵）、火金水木（福德长寿）、平安吉庆（紫微高照）、吉人天相（富贵寿考）等。

3. 钱文类。钱文类正面有流通钱币文字，正面或背面有其他文字或图案。钱文一般是内容和文字寓意美好或朝代兴旺的钱文，清代有用当朝钱的。相配合的为吉语或吉祥图案。

钱文类主要有：半两、五铢、大泉五十、常平五铢、五行大布、永通万国、开元通宝、周元通宝（径25.8毫米，图12-1-7）、太平通宝、景德通宝、宣和通宝、大观通宝、崇宁通宝、泰和通宝、大定通宝、洪武通宝、

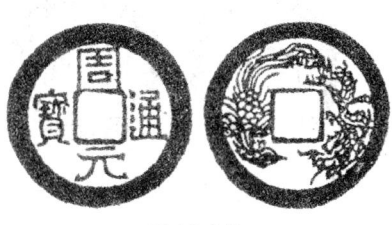

图 12-1-7

建文通宝、正德通宝、万历通宝、康熙通宝、雍正通宝、乾隆通宝、嘉庆通宝、道光通宝、咸丰通宝、同治通宝、光绪通宝、太平天国等。

4. 佛道宗教类。佛道宗教类有：阿弥陀佛（慈悲方寸，径13毫米，图12-1-8）、宝瓶菩萨、宝珠菩萨、南无阿弥陀佛、观音佛祖、南无妙法莲花经、叭呢嘛唵吽咪、佛法僧宝、西方接引、驱邪降福、

图 12-1-8

诸邪回避、阴阳神灵、大峰祖师、雷霆号令（径45毫米，图12-1-9）、太上老君、太岁星君、八仙（吕洞宾、何仙姑、张果老、曹国舅、韩湘子、蓝采和、汉钟离、李铁拐）、天后座镇、大仙座镇、百神呵护、封神公、天罡斩邪、太上咒、八卦等。

图 12-1-9　　　　　　　　　图 12-1-10

图 12-1-11　　　　　　　　　图 12-1-12

图 12-1-13　　　　　　　　　图 12-1-14

5. 诗文类。诗文类有：一色香花红十里、而今未问和羹先向百花头上开（梅花图，径43毫米，图12-1-10）、为善最乐读书更佳（梅花等图）、夜半钟声到客船（诗意图）、山自青青水自流（春色文章）、夜月琴声书韵春风鸟语花香（与乾坤而求大共日月以俱升，径43毫米，图12-1-11）、足箱予宝玉、天地万物空、先有亲如子、因盖在孝忠（福乐）等。

6. 游戏类。

（1）选仙钱。正面为仙人图，背面为诗文。有散仙、琴仙、棋仙（径33毫米，图12-1-12）、拔宅仙、曼倩等。

（2）酒令钱。四字吉语，从一到十（十用万代替，径25毫米，图12-1-13）。

（3）打马格钱。铸马形马名，或骑马将军及将军名。

打马格钱主要有：齐将田单、燕将乐毅、赵将廉颇、赵骑特勒、魏将吴起、梁将张夬、吴将孙武、秦将白起（径28毫米，图12-1-14）、秦将王猛、汉将彭越、汉将散骑、蜀将马超、蜀将五侠、蜀诸葛亮、唐将李靖、唐将尉迟、唐将散骑、唐将千里、虎牙将军、鄂公特勒、赤电之马、京兆、御史、德胜、山子、鱼目、腰（骠）裹、汗血、赤兔、白义（檠）、黄芝、渠横、飞黄、金㗖、绿耳、乌骓、紫骥、桃骏、骈骝、骅骝、八龙之骏、龙媒、龙驹、龙驹之马、追风、追风之马、逐日、绝景（影）、蹑影、贞观十骥（决波）、渥洼之马、骠骑、浮云、满梢、金骏、盗丽、武安飞练、大苑金马、天驷横行、铜雀晨凫、俞仑（逾轮）、千里之马、吴骑渥洼、韩将紫燕、韩骑龙驹、齐将孙膑、齐骑青驹、赵将李牧、梁将张彝、魏将骥足、燕将散骑、秦将骈骝、秦将王剪（翦）、项王之雅、汉将韩信、汉将李广、汉骑超光、汉将魏（卫）青、东汉班超、汉将马超、蜀将武侯、蜀将关羽、将军黄忠、唐将秦琼、英公朱汉等。

（4）棋钱。多无穿孔，似不应为钱币类。

7.秘戏类。秘戏类压胜钱似今天性教育之类的内容，铸男女交欢之图。文字多用与女子有关的词汇。如风花雪月（径27毫米，图12-1-15）、花月宜人、花生不老、明皇御影等。

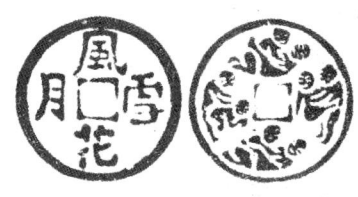

图12-1-15

8.图案类[1]。图案类有：四神（青龙、白虎、朱雀、玄武）、龟蛇星剑、人物神怪、北斗双剑人物、蟠龙、龙凤、双凤戏牡丹、双孔雀、哭荆斩蛟（径42毫米，图12-1-16）、招财进宝（人物、摇钱树、聚宝盆）、长命富贵（牡丹、凤凰、鹿、鹤、桐、椿）、刘海戏蟾、乞巧（云月、香烛、童子）、状元及第（骑马回乡图）、鲤鱼跃

图12-1-16

---

[1] 按有无文字划分，可分为文字类、文字图案类、图案类。前两种已按内容分为七类，后一种单独为一类。有些与文字图案类重复者不再列出。

图 12-1-17

龙门、《白蛇传》状元祭塔、二十四孝（孟中哭竹、王祥卧冰）、降妖故事、心猿意马、锭结同心、莲花、八宝（宝珠、磬、钱、书、方胜、犀角、菱镜、艾叶）、暗八仙（径29毫米，图12-1-17）等。

三、异型压胜钱

异型压胜钱多为挂饰，或非圆形。内容多同前两型，如二十四孝（径39毫米，图12-1-18）。

图 12-1-18

四、压胜钱及文字释例

压胜："压服其人以求取胜"的缩略语，又称厌胜。厌，压（壓）之省也，音压 yā。

四灵：前朱雀，后玄武（龟），左青龙，右白虎。分别代表南北东西。

螽斯衍庆：出自《诗经·周南·螽斯羽》。螽（zhōng）斯，昆虫，产子多。

维熊维罴：出自《诗经·周南·斯干》。希望子孙能成为熊罴一样的武士猛将。

瓜瓞绵绵：出自《诗经·大雅·绵》。喻子孙繁衍不息。

八卦：乾坎艮震巽离坤兑。

十二生肖：鼠牛虎兔龙蛇马羊猴鸡狗猪。

十天干：甲乙丙丁戊己庚辛壬癸。

利见大人：出自《易·乾卦》。见大人有利。

寿富康宁：见《书·洪范·五福》。寿、富、康宁、攸好德、考终命。

三星在户：出自《诗经·唐风·绸缪》。"绸缪束楚，三星在户。"[1] 描写新婚爱情。

---

[1] 《诗经原始》，中华书局1986年版，第257页。

鹤鸣九皋：出自《诗经·小雅·鹤鸣》。指言论影响极大。
受天百禄：出自《诗经·小雅·天保》。指享受上天赐予的各种幸福。
元亨利贞：出自《易经·乾卦》。意大通顺、大吉祥。
天保九如：出自《诗经·小雅·天保》。"如山如阜，如冈如陵，如川之方至"，"如月之恒，如日之升。如南山之寿，不骞不崩。如松柏之茂，无不尔或承"。[1]
振振公子：出自《诗经·小雅·麟之趾》。指青年男子。
长发其祥：出自《诗经·商颂·长发》。永久发展，吉祥幸福。

第二节 非流通纪念币

纪念币是随着银元、铜元的引进而产生的。虽然古代也有纪念性质的钱币，但没有明确叫纪念币。流通纪念币已放入正用品中叙述，本节只叙述非流通纪念币。

一、民国纪念币

民国纪念币有：黎元洪开国纪念币（1912年、1916年）、徐世昌仁寿同登纪念币（1921年，径39.2毫米，图12-2-1）、曹锟戎装像、西服像纪念币（1923年）、段祺瑞执政纪念币（1924年，径38.9毫米，图12-2-2）、张作霖大元帅纪念币（1926～1928年，图12-2-3）、直隶总督褚玉璞纪念币（1927年）、安徽督军倪嗣冲纪念币（1920年）、刘文辉纪念币（1932年）。

图 12-2-1

图 12-2-2

---

[1] 《诗经原始》，中华书局1986年版，第338页。

图 12-2-3　　　　　　　　　　　图 12-2-4

二、中华人民共和国纪念币

1. 普通材料纪念币。1980～1984年共发行5套19枚普通材料纪念币，铜锌合金，面值1元。分别为第十三届冬季奥林匹克运动会、中国奥林匹克委员会、第十二届世界杯足球赛（径32毫米，图12-2-4）、1983年版中国熊猫、1984年版中国熊猫。

2. 金银纪念币。金银纪念币于1979年开始发行，已形成10多个系列、100多个项目、近2000个品种。分别为重大纪念性题材系列、中国及世界杰出人物系列、珍稀动物系列、中国生肖系列、中国古典文学系列、中国古代科技发明发现系列、中国古代及近代名画家系列、中国传统文化系列、中国佛教艺术及民族吉祥物系列、体育运动系列等。

重大纪念题材金银纪念币于1979年开始发行，中国生肖系列1981年（径33毫米，图12-2-5）开始发行，中国熊猫金银币1982年（径32毫米，图12-2-6）起每年发行约50种，中国及世界杰出人物系列1984年开始发行，中国珍稀野生动物系列1988年开始发行，世界文化名人系列1990年（径38.6毫米，图12-2-7）开始发行。2008年第29届奥林匹克运动会发行3组18枚。

金银纪念币的金币重量从1克到10公斤不等，银币重量从2克到1公斤不等。金银币面值是象征性的。金币以1盎司100元为基准，银币以1盎司10元为基准，依此类推。金币从5元到10000元，银币从5元到100元。1997年开始发行彩色金银纪念币。

第十二章 非流通货币　261

图 12-2-5

图 12-2-6

图 12-2-7

第十三章　钱币制造技术

钱币制造技术包括铸造与印刷技术，又分为古代手工技术和近现代机器技术。

第一节　钱币铸造技术

一、古代手工铸造技术

古代钱币铸造方法有两大类型：一是中国钱币铸造类型——浇铸法；二是希腊钱币铸造类型——模压法。

1. 浇铸法。浇铸法是先制造钱范或砂型，然后将原料熔化成液体，灌入范内或砂型内，冷却后形成钱币。

浇铸法分两个阶段，先秦至隋为范铸法，唐以后为翻砂法。

（1）范铸法。又分为平版范竖式浇铸和叠铸两种。[1]

①平版范竖式浇铸。平版范有泥范、石范、铜范。分单面范和双面范。浇铸口在侧面合范缝中。这是早期铸造小型青铜器的一般方法。春秋

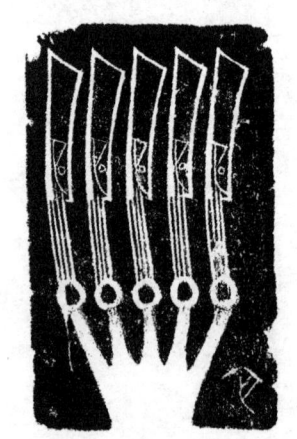

图 13-1-1

---

[1] 周卫荣：《中国传统铸钱工艺初探》，载周卫荣、戴志强等：《钱币学与冶铸史论丛》，中华书局2002年版，第199～233页。

中后期开始铸钱即用这种方法。泥范是泥质以高温烧制硬化而成，又叫陶范（图13-1-1）。铸钱时一钱一范，用后即破。后期一范多钱，也是用后即破。这样铸出的钱没有重复的，枚枚不同。战国中期出现了石范，战国后期出现了铜范。石范和铜范较为坚固，可以多次使用。

②叠铸。叠铸即层叠铸造。把钱范重叠起来，中间开浇铸孔，一次可以浇铸出许多钱币。

叠铸开始于汉初的榆荚半两。当时朝廷听民放铸，为了降低成本和提高效率，民间发明了叠铸。王莽后期的货布、货泉完全采用了叠铸技术。之后叠铸成为官炉铸钱的主要方法，一直使用到南北朝。

十国时期的闽永隆通宝是最后的范铸钱。

直接用于铸钱的范叫子范，用来翻制子范的钱范叫母范，用来翻铸母范的范叫祖范。母范和祖范都是铜范（图13-1-2）。有些子范是直接刻成的，没有母范。钱文是阳文的，子范一定是阴文的。钱文是阴文的，则子范一定是阳文的（如蚁鼻钱）。

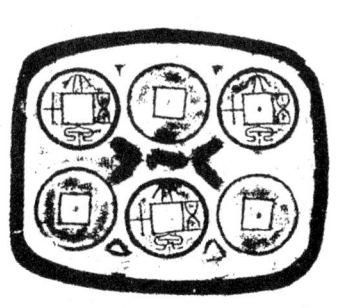

图13-1-2

用铜母范翻制泥质子范铸钱，是铸钱技术的一大进步。这种方法不仅可以大批量铸钱，还能保证钱币的质量。然而由于铜母范可以长期使用，后代君主也可以利用前朝旧范继续冶铸，所以要严格区分文字相同钱币的前后年代就比较困难，特别是汉五铢。汉代普遍使用铜母范铸钱，原来根据洛阳烧沟汉墓排列的西汉中后期五铢，后来在武帝时代的满城汉墓中出现了，因此，要将汉代各帝五铢区分得清清楚楚，是很不容易的。

图13-1-3

③银锭的铸造。从唐代到民国年间，银锭是用浇铸法铸造的（图

13-1-3)。[1] 银锭的铸造经过历代的改进与发展，形成了一套完整的程序。大体分为算料、熔化、提纯、渗色、验色、成型、铭刻、检验等。

算料：也叫估色。根据要铸银锭的重量和成色，计算出需要的银料等。

熔化：也叫炼银。银的熔点是960.5℃。把铸料放入坩埚中用炉火熔炼。

提纯：也叫取渣。将硝石（又叫火硝，化学成分为硝酸钾或硝酸钠）放入银液中，可以使大部分杂质氧化后化为烟气消失。剩下的氧化钠或氧化铜结合后会在银液表面浮现一层杂质。用一根小铁棒插入搅动，杂质就会附着在小铁棒上被带出。同时放入木炭粉可以夺取银液中的氧气。

渗色：也叫增减成色。当银液高于预定成色时，渗入一定量的铜屑或低色银屑，使之减色。低于预定成色时，渗入高成色银屑，使之增色。

成型：也叫浇铸。把合格的银液倒入型模之中冷却，使银锭形成固定的形状。锭面的丝纹、元宝的双翅、底面的蜂窝与成型时的工艺有关系。

铭刻：也叫打字。当银锭温度降至临界点以下，呈朱红色，没有完全硬化时，就要錾刻打砸铭文。铭文有三种方式形成，一为铸造，宋元时期银锭的底面铭文为铸造；二为戳印；三为錾刻。

（2）翻砂法。翻砂法是先雕刻母钱（模型），用母钱印出砂型，然后用铜液浇铸的铸币方法。这种方法比范铸法先进。明代宋应星《天工开物》一书《冶铸》篇有铸钱法，并有附图（图13-1-4）。

古代铸钱，有一套较完备的制度程序。每道程序的钱币有专用名称。清代翻砂铸钱各阶段的钱币名称如下。

钱样：呈送钱法堂侍郎鉴定的钱币设计样品。

祖钱：又叫雕祖、雕母、钱模，翻铸母钱的钱币模型。

母钱：又叫铸母、部颁母钱、钱模，翻铸制钱的钱币模型。

子钱：明清叫制钱，投放市场的流通钱币。

样钱：呈进检验的初铸子钱。

钱样、祖钱都是用象牙、精铜、铅、锡、木材等材质雕刻而成，精美异常，向来为钱币收藏家所珍重。现在见到的最早雕母是明代嘉靖通

---

[1] 汤国彦：《中国历史银锭》，云南人民出版社1993年版，第69～76页。庞文龙、周灵芝：《岐山县出土北宋铁钱窖藏和小银铤范模》，载《中国钱币》2002年第3期。

图 13-1-4

宝当十，铜色金黄（另据报道，已发现有元代铜质"大元国宝"雕母）。从理论上讲，唐至元也应有雕母，但迄今没有发现，几代钱币学家做了很大努力，一直没有解开此谜。有的钱币收藏者还推算过，宋代雕母应该有多少枚，但在没有发现真品之前，只能是一种推测。

在我国古代冶金术中还有一种失蜡法，即用蜡做成所铸器物造型，放在砂柜内直接做成砂型，高温铜液灌入后蜡被熔化而溢出，铸品即成。史书上曾记载用此法铸钱，但哪种钱币是用失蜡法铸造，现在也没实物佐证。

2. 模压法。模压法是希腊系统钱币的主要铸造方法。即先雕刻钢模，然后把钱币坯料放入模内，最后用锤子等打制而成。

中原地区用模压法铸钱只有一例，即楚国的金币郢爰。郢爰分为浇铸和模压两种。早在宋代，沈括即称郢爰为"印子金"。[1] 模压郢爰只是在浇铸好的胚料上压出记号，还不是严格意义上的模压法铸钱。如同金、南宋、清、民国银锭上有戳印铭文，并不改变银锭是浇铸法铸造的。

新疆地区的铸钱方法有浇铸（如龟兹五铢），也有模压。新疆模压钱

---

[1] 1984年河南息县临河乡出土一枚铜质柱状郢爰印戳。见张泽松：《浅谈"郢爰"出现的时代》，载《中国钱币》1989年第2期。沈括《梦溪笔谈》记载，寿州出小金饼，有篆文刘主字，天下谓之印子金。

有汉佉二体钱、黑汗朝钱币、察哈台汗国钱币、阿古柏天罡银币、光绪银钱等。

西藏地区从明末至清末，各种银币均为模压法制造（图13-1-5[1]）。

图 13-1-5

二、近现代机器制造技术

机器制造技术是英国工业革命以后出现的。中国从洋务运动开始引进机器，正式用机器铸钱为1890年广东龙洋的铸造。机制钱币有银元、铜元、制钱及其他金属币。

机器制造钱币程序大同小异，有熔铸、轧片、冲饼、抛光、烘洗、压印、检查计数包装等。[2]

1. 熔铸。将按比例配制的原料熔融，浇铸成所需规格的板坯。

2. 轧片。将板坯经过粗碾、精碾多道程序制成轧片。分热轧与冷轧，最后形成符合厚度的条板。

3. 冲饼。将精轧后的条板进行冲裁，形成坯饼。

4. 抛光。有的坯料需要进行退火处理，然后进行抛光。抛光分布轮抛光、机械抛光、化学抛光、电化学抛光等。

5. 烘洗。将坯料表面用特殊的清洁剂进行清洗，然后烘干。

6. 压印。将坯饼放入压印机，机器自动压印出钱币。压印的模具分上模、下模和边模（图13-1-6），是形成钱币文字、图案的直接工具。

图 13-1-6

---

[1] 此图为机器用钢模，非手工用钢模。仅为示意。

[2] 孙浩：《机制币工艺流程简介》，载段洪刚：《中国铜元谱》，中华书局2007年版，第22~24页。章军：《探秘金银纪念币的铸造过程》，载中国现代收藏网，2008年12月17日。

第二节 钱币印刷技术

一、手工印刷技术

宋代产生的纸币采用雕版印刷术印制,一直沿用到民国年间。钞版有铜质(图13-2-1)、木质、石质等。

清代咸丰钞票有二色或三色套印。

二、机器印刷技术

按照传统的分类方法,机器印刷方式主要有平版印刷(包括胶印和平凸印)、凹版印刷、凸版印刷三种。

1. 平版印刷。简称平印(包括胶印和平凸印),是最常用的一种印刷方式,指印版的印刷部分与非印刷部分在同一个平面上,印刷是通过印版图案部位吸墨而空白部位不吸墨的原理来实现的。印版是先将油墨转印到橡皮辊上,然后再印到纸上,所以平印也称胶印。平印的主要特点是墨层薄、颜色鲜亮、色调柔和。一般在印刷钞票时多用于印刷大面积的、变化复杂的细线花纹图案以及底纹图案。

图 13-2-1

(1)胶印(图13-2-2)。胶印是平版印刷的一种,其版纹基本是平的。胶印是利用油和水相斥的原理来制版的。首先进行磨版处理,在光

图 13-2-2

图 13-2-3

亮的金属面上放上金刚砂、磁球,用磨版机磨,版面发毛后,很容易吸水,然后涂上一层胶印药水,便在表面形成了一层很薄、很均匀的水膜,而油墨是油性的,打墨时油墨就沾不上。磨版后就开始制版,经过显影、晒版处理后,带花纹的地方就形成一层药膜,能吸上油墨,没有花纹的地方由于有一层水就不沾油墨,这样就制成了胶印版。上机印刷时将花纹图案部位的油墨再转移到一块胶皮上，通过纸张和胶皮接触，就印出了印版上的图案。

（2）平凸印（图13-2-3）。平凸印是印钞行业主要用于接线的技术。它的印版基本是平的，花纹部位是凸起来的，略高于印版平面。平凸印采用化学腐蚀的方法制版，用化学药水把没有花纹的地方腐蚀下去，留下有花纹的地方凸起来形成凸版。先通过一个油墨滚筒和凸版接触，使凸起的地方沾上油墨，然后把凸印版的油墨转移到胶皮上，再印到钞纸上。

2. 凹版印刷。顾名思义，印版的着墨部位是凹下去的，印刷时印版直接与纸面接触，在强大压力下使凹纹内的油墨直接转到纸上，油墨在纸张上呈现立体状态，用手仔细触摸有一种高低不平的感觉。凹版印刷有深版纹和浅版纹之分。

凹印版可分为手工雕刻和机器雕刻两种。手工雕刻版印刷的主要部位是人像、风景、行名、民族文字和面值等。机器雕刻版主要用来印制比较规则的图案，如花边、花束等。

3. 凸版印刷。简称凸印，印版的着墨部位是凸起的，在凸起部分涂上油墨，并且直接将图案印到纸上，类似于盖印章。凸印主要用来印钞票的冠字号码、行长印章等。

4. 具体技术。机器印制技术除大的区分外，在细节上，还有许多印刷技术，如接线印刷、胶版叠印、双面对印、花纹对线等。

（1）接线印刷。采用特制机器印刷，特点是钞票的图案花纹能够完成多种颜色的接线，而且多色线条十分准确地衔接，不同颜色交接处，既无空白又不重叠。接线可以干胶印接线，也可以凹印接线。

（2）胶版叠印。即用几种颜色油墨在一次套印的基础上，再用几种颜色叠印，这样就形成了多种颜色。这种印刷一般用在小方块的装饰图案上。比如，原来一个小方块上印的是蓝花，再叠印上红色，就变成紫红色了。

（3）双面对印。在印制钞票时，正背面对印规矩精确。这种方法目前仅限于胶版、凸版印刷上。

（4）花纹对线。这是底纹印刷的一种新工艺。

第十四章 钱币的防伪与鉴别

钱币鉴别,是钱币收藏与研究的基本功,因此,古往今来的钱币专家无不精通鉴别技术。防伪与鉴别是消除假币的一前一后的两种措施。鉴别假币,既需要了解防伪知识,又需要知晓作伪手段。

第一节 古钱的鉴别

一、古钱的作假

古钱的作伪手段主要是翻砂、改刻、黏合、铲削、做旧等。

1. 翻砂。用真钱文字深峻精好足径者作母钱进行翻砂,铜水多用古代铜钱或铜镜熔化而成,因此较难辨认。此类假钱最大特点是比原钱小一些,表面有细砂眼,背后有铜星闪烁。这类钱多为小名誉品。

2. 改刻。拿形制相同、书体相仿、钱名相近的普通钱,挖去不需要的字,填上铜或其他物质,改刻成稀少珍贵的钱币,如将大唐通宝改刻成大齐通宝,五铢改成三铢。这类钱主要是文字精神不一致,即一枚钱上出现两种风格的文字,俩对俩或一对仨。

3. 黏合。将两枚相同的钱背面磨去,然后黏合成合背钱。或者用薄铜片剪成空首布的形状,两片黏合起来。将两枚钱币的相同文字黏结在一枚钱上,形成同文钱,如"五五""铢铢""半半""两两"。

4. 铲削。将钱币某些文字铲去,成为出谱钱,如将天国太平背圣宝小钱的"天国"二字铲掉,变成"太平"背"圣宝"。或将当十大中通宝、洪武通宝背文铲去,成了光背。这类钱在铲削处有不协调的锈色或包浆。

5. 做旧。翻砂等伪造技术作假后要将钱币做旧，一般用胶漆涂抹，或浸以化学物质后埋入茅坑，有的干脆用污泥涂抹。在高温高压状态下，让钱币自身生锈。这些做旧钱币的特点是气味难闻，面似涂蜡，若在热水中一泡，就会现出原形。

何林先生将这些假钱的特色概括为一首小诗，说道："翻铸小一匝，表面有细砂，新钱闪铜花。改刻有刀疤，字体昏花花。文字俩对俩，或者一对仨，面背有反差。黏结有缝隙，轻摔萨啦啦。伪锈容易刷，表面似涂蜡。有意涂泥巴，气味易挥发。"[1]

二、古钱的鉴别

古人在总结鉴定经验时提出了五字鉴定法，即字、形、色、声、质。钱币文字，不管优劣，都是一气呵成。假钱则刻意模仿，神韵全失，即"能清晰，不能模糊"。所以鉴定钱币，第一眼印象很重要。形，指大小、厚薄、穿、廓等的具体形状。钱币风格不仅表现在文字上，形制上也很突出。有人臆造先秦钱币，其形状不伦不类，让行家一看即知是假的。精于鉴定的人，只看钱背就能指出是哪朝哪代钱。从钱币的色泽来看，古钱一般锈色入骨，而假锈疏松，浮而不实。钱币的声音，即前边所说，黏合的钱轻轻一摔有破声。若是去掉一块，破声就听不出，所以遇到残破的小名誉品要特别注意。另外，年代久远的古钱，火气已脱，没有清脆之声，而新翻铸的则有。钱币的质地，一般讲，明中叶以前用青铜，明后期开始用黄铜铸钱。新疆在清代用红铜铸钱。

---

[1] 何林：《古钱价格探索》，北京燕山出版社1991年版，第209～210页。

第二节　铜元的鉴别 [1]

一、铜元的作假

1. 翻砂法。翻砂法分普通翻砂和石蜡精铸两种，制造完成后手工锉边打磨。此类假铜元表面较粗糙，砂粒较大，有不少砂眼。铜元文字、图案均模糊不清、浮浅。伪装的古色往往偏黑、无光彩。部分假铜元外缘厚薄不匀。

需要注意的是有十几种规格二十多种版式的真砂板铜元，如孔字辅币五文铜元、中华民国中心花十文铜元、川陕苏维埃二百文铜元、民国七年军政府造五十文铜元。在鉴别时要分清是原版还是后铸。

后铸砂板假铜元是用真砂板铜元做母版而翻砂浇铸出的"子铜元"。这类"子铜元"与真铜元的文字、图案一模一样，不易分辨，而易露破绽处在于伪装的古色多厚而黑，显得呆板不匀称。

2. 电熔法。即用薄钢板雕刻成上、下模后，将金属粉末放入模内，通电使金属粉末熔化在模型内形成铜元。这种铜元表面光滑细密，无砂眼与砂粒，很像机制铜元。但这种铜元却留有砂板铜元的特征，铜元上有一两个微小气泡或气孔。其表面有种特定的呆板感，图案、文字也总有失真之处。此种伪造多仿高档铜元，目前见到有安徽光绪五文、二十文铜元，民国八年徐世昌头像铜元等。

3. 机制。机制假铜元分为雕模冲压假铜元、线切机假铜元。

（1）雕模冲压假铜元。是仿真铜元参照拓片雕成上、下钢模后冲压而成的铜元。一种是手工雕模。铜元上龙图栩栩如生，文字也是正宗楷体。但与真铜元比较，雕模冲压假铜元的图、文有失真之处，如假江苏光绪五文黄铜元，假的龙图细瘦了一些，少了雄壮威武之感，文字也秀丽了一点，缺乏挺拔感。真铜元绝大多数都有自然磨损和微小的损伤痕

---

[1] 蒋荣才：《铜元辨伪》，载《中国钱币》1992年第4期。参见现代钱币收藏网2010年7月10日《如何鉴别假铜元和银元》等相关文章。

迹，假雕模冲压铜元一般无此类痕迹。假铜元无自然包浆，所伪造古色不是偏黑就是偏淡。另一种是电脑做模板，先在真品表面镀一层电脑能识别的金属材料（如水银等）或采用电脑三维技术，放入扫描仪中将图像输入计算机，再用计算机控制电火花打制钢模，由冲床冲压而成。

（2）线切机假铜元。是用先进的线切机描切制造的铜元。所描切出的图案、文字与真铜元如出一辙，但这种假铜元仍然没有自然包浆。现见到的此类假铜元有民国二十一年云南省造一仙铜元、徐世昌头像九年十文铜元、中华民国双旗嘉禾五百文铜元等。

4. 改刻和挖补。把正常机制铜元加刻中心字伪装成另一种铜元。一般是选用机制大清二十文铜元，从正面四周把铜铲向中心，使中心隆起成圆形，在圆形内刻代表省名的一字，然后在四周凹处涂上伪装古色。这种铜元上的龙图、文字均正常，本身又是一枚真铜元，有自然包浆，伪装古色只占很小面积，容易混淆。此类假铜元有中心汴、吉、苏、奉、川、滇字二十文铜元。或用川版改为鄂、浙、粤等版。

二、铜元的鉴别

1. 翻砂法假铜元。此类假铜元有砂眼，铜质浮松，有粒子状。重量偏轻。古色偏黑，有小气泡或气孔。外缘厚薄不均匀或有刀削之感。图文浮浅，模糊不清。声音尖短。

2. 电溶法与机制假铜元。这两类假铜元非常逼真，但仍有破绽。首先，用30倍以上放大镜观察，表面有密集均匀的细小颗粒，这是制作时"电火花"造成的，而手工打制的钱币上，不曾见过这种细密的小颗粒。所以，凡机制币面上残留有密集均匀的细小颗粒者，均为假币。其次，由于仿机制币时间短，一般没有熟旧之感，声音尖响刺耳，材质新鲜发亮，没有自然流通痕迹。从侧面看，给人以"切割"而成的印象，齿边边道不均匀且生硬，用手紧握有"扎"手的感觉。再者，有些机制币上一层假锈，一般厚积而规整，显得呆板僵硬。而真品则是紧密薄匀，缤纷自然，绝无松散浮泛之感。

3. 改刻和挖刻假铜元。基本鉴别方法如古钱，另外面部满文和背部英文往往有问题。

第三节　银元的鉴别[1]

银元的作伪方法比铜元稍微复杂，鉴别也要慎重。假银元分真银假银元和假银假银元两种。假银假银元是银的含量较低，或不含银。真银假银元含银量较高，或本身就是真银元经过处理的。

一、银元的作假

1. 翻砂。原料用铅锡锌合金、锰镍合金、铜镍合金、镍锌合金、镍镉钒合金等，经翻砂制成。目前市场上见到的假袁大头银币，多数属于这一种类型。锰镍合金假银币是20世纪70年代末由两广及福建、湖南山区所铸，工艺粗糙，砂眼多，含颗粒，厚薄不匀，流通遍及全国城乡。20世纪80年代铜镍合金镀镉假币工艺提高，图文有较模糊和立体感太强两种，边齿基本匀称但不自然。镍锌合金假币面世于2000年前后，颜色黑亮，发铅黑光，在石灰墙上能画出黑线。镍镉钒合金假币制作较为精良，少许砂眼，版面较平滑，寡白色略有光泽，音尖、质硬、略轻，立体感太强，图文欠神韵，且有锉痕。

2. 机制。与真银元的制作方法完全相同。材料分铜、铅、锰镍合金、铜镍合金镀镉、镍锌合金等。当然也有用银合金的。

3. 镀银。用其他金属做原料经翻砂或机器制成银元胚胎，然后再镀上一层薄薄的银层。表面光滑，图像清晰、精细，成色也逼真，与真银币几乎一模一样。由于表面镀银，从外形与成色上看难以鉴别。

4. 挖补填充。将真银元中间的银料取出，填入铜、铅、锡等非银金属。银层较厚，一般不易磨出痕迹。敲击时的声音尖短、沉闷，且无转音，不像真品那样优美悠长。含铅者以火烤之，铅即流出。

5. 改版。把真银币原有字体用刀刻或挖掉，然后将特制银字粘贴上

---

[1]　参见华夏收藏网2007年3月22日《如何鉴别假铜元和银元》等相关文章。上官建庆：《版别不同价差或百倍》，载2007年7月30日《广州日报》。

去。一般是中高档银币，如将普通湖北光绪元宝，添加"本省"二字。普通袁像币加英文的签字版，加"甘肃"二字及打瑞金产"苏维埃"三字。孙像开国纪念币六角星改五角星及英文和数字错版币等。

二、银元的鉴别

真银元白里透亮，质软，有延展性，撞击时声音清脆悦耳，版面平滑，边道匀称，图文自然大方，且有流通磨损的痕迹。传世银币有坚硬细密的古黑色，埋入地下的有不规则的坚硬绿锈。对照这些特征，可用如下方法鉴别假银元：

1. 听声音。就是利用银元相互撞击的声音来辨别。用两个指尖轻轻地捏住银元的中央，用另一块银元撞击，声音清脆，既平稳又柔和，是真银元。声音尖锐短促的可能是全铜镀银的仿制品，含铜量高的假银元敲击声尖而高，含锌量高的假银元声音脆而响，夹铜或夹铅的假银元声音呆滞而没有转音。如声音低而嘶哑，周边不一致，就是包皮、挖补的假银元。不过，也有一些真银元经过火烧、猛摔产生裂痕或长期受潮、与化学腐蚀液接触过等原因，声音发哑，不像一般银币那样声音柔和、清脆而有转音。新铸的真银元声音响亮尖锐，不像真品那样优美悠长。

2. 看外形。注意观察银元的颜色、花纹、图案、大小、厚薄等是否正常，有无经过包皮、挖补、改制、锉边、酸洗的痕迹，有无砂眼，有无旧色包浆，边道是否匀称。真品色泽润白柔和，用手或软布擦拭包浆，可反射出强烈的亮光。赝品多为白铜、铅、锡等合金，颜色发青灰或干白。镀银银币表面有砂眼、砂粒，看上去好像被涂上了一层胶水，紧巴巴地罩在其上。一般来说假银元的直径比真银元稍小，厚度较厚，真银元一般直径38.9毫米，厚2.2毫米。只要用同等体积的假银元与真银元比较一下，即可辨出真伪。真币多为高手雕模，机器冲轧，图案精美。用20倍放大镜，观察其币面是否平整光洁，有无砂眼，图像细微处是否缺失或被改动。真银元边齿细致匀称，规整划一。假币的边齿粗糙，参差不齐，有的还有局部修锉的痕迹。如真"袁大头"边齿的两条粗齿里有一条细齿。而假"袁大头"的细齿则模糊不清。假币有合面、合背或正面汉文省名与背面英文省名不一致。新铸真银元因压力不足，表面或局部有极细小的砂眼，没有自然流通磨损痕迹，无旧色包浆。齿轮没有真品规范，齿与齿之间的距离不完全相等。字体虽然照真品模铸，但失去了真品的韵味，缺少原有的神韵，显得呆板、做作、不自然，图像无立体感。产于广东、湖南一带的银元，银质优良，色偏白，偏厚，边牙有模糊处，边齿均匀但不自然，图文相对清晰，空白处版面不太平滑，有些许砂眼。有帝王、帝后像及古代人物像者，皆为臆造品（四川卢比银币除外）。

3. 称重量。银元的标准重量是26.6克，成色在88%以上，正常的银元经过流通磨损，也不会低于25克。凡低于这个重量、成色低于84%的，不是洗版、锉边、包皮、挖补银元，就是假币。

4. 酸检验。用玻璃棒将硝酸点滴于银元锉口处，约5至10秒钟，看其落水变化及绿色深浅和泡沫多少，如发现冒绿泡或变黑，就是成分不足或非银质。含白银成分为"七绿、八黑、九五白"。如果只有绿泡，则为铜。铜芯银元只要一触及硝酸，便会失去光泽。

第四节　银锭的鉴别[1]

一、银锭的作假

假银锭有假银银锭、真银仿锭、改字加字银锭等类。

1. 假银银锭。即不含银或包一层银的银锭。多是铅质、锡质、铝质、铜质、铁质或几种非银金属的合金等。有的形制文字均不对，完全是臆造，最常见的一种是"大明元宝·四十八两"之类的银锭。有明一代，"元宝"一词有"元朝之宝"之嫌，又含朱元璋的名讳，所以铜钱上没有出现过。明清银锭上，也没见"元宝"一词。有些假银锭的形制不对，如元宝形银锭中央本来是平滑的，假的却隆起了座小山，或两个耳朵异常肥厚等。有的是文字不对，如"道光　年　月"的广西砝码锭，有"库银"

---

[1] 参见华夏收藏网2005年11月3日《怎样鉴别假银锭》等相关文章。林军：《漫话中国银锭》，载说钱网，2004年2月8日。

戳印。而"库银"戳印是光绪中叶才开始使用。有的形制与文字时代不符，如晚清的马蹄造型，铭文是"雍正 年 月"。有的形制文字均对，但金属材料不对。

2. 真银仿锭。用真银锭作样板，先做模具，然后用真银做原料，倒模翻砂，复制出假银锭。再人工做旧。细微的部分，如条纹和气孔等都跟样板一模一样，鉴别时要注意。

3. 改字加字银锭。将有铭文的银锭加上较早的年份，把无铭文的银锭錾刻上铭文。如把素面宋金银铤，加上满版铭文。

二、银锭的鉴别

1. 假银银锭。分非银假锭、镀银假锭、银铜等合金类假锭。这一类主要是鉴定金属的成分。真银锭含银在95%以上，而非银假锭没有银的颜色。真银的颜色白润而沉稳，银锭本身色彩为雪白色，气孔中有金黄色的多彩宝光。老银锭由于在使用或埋入土中时，受人们触摸、氧化等损伤，银锭已自然生成了一层银锈和包浆，颜色大多为灰色或灰褐色，色泽温润。铅质假锭新时色泽黯淡无光，久后外表则变黑色。镀银假锭，色泽浮而无光，新的时候色泽还亮丽，但气孔无多彩的金黄色宝光，时间一久会露出原来金属的颜色。银铅或银铜等合金假锭，新时色泽灰暗，久后会呈现出红、黄、黑色，这是银中大量掺入红铜、黄铜和铅等所致，无雪白色的宝光。含有黄铜的银色为"七黑八灰九转青，九五成时色还清"，含红铜的银色为"七黑八红九带白，九五成时还原色"。

2. 真银仿锭。用真白银制作的假锭，由于制成时间较短，不可能像老银锭一样生成天然的包浆，色泽看上去像刚出炉，火气很大，尤其是在底部和侧面。制假者为了掩盖这一特征，往往在银锭上涂一层化学药物，使银锭表面变成带黑色或其他颜色的花包浆。

3. 加字银锭。加字是为了把普通银锭变为珍稀银锭。从内容上说，有的与时代不符合，如上述把晚清锭加上"雍正 年 月"，把光绪中期以后加上"道光 年 月"。从字口上看，破坏了原来的包浆，字的包浆与整个银锭的包浆不符。其背面或侧面也有被垫打的痕迹。

4. 铭文鉴别。银锭铭文有三种形成方式。

（1）铸造铭文。非常少，均在背面，为阴文。现见到的只有几例，北宋船形银铤有"余朗""柳大吉"，北宋直首束腰扁平状银铤有"王镒""铅山场""南剑州"，元代弧首束腰扁平状银锭有"元宝""平阳""太原"等。因此，铸造铭文不是北宋和元代的、在正面的、阳文的基本可以认定为假的银锭。

（2）錾刻铭文。较为常见，均为阴文，从唐代延续到明代。清代錾刻铭文较少，不是常态。有的会在戳印年月中间加上具体数字，如《中国历史银锭》一书第405图有戳印铭文"定州、匠天成、光绪　年　月"，錾刻"二十九""八"，组成"二十九年八月"。民国没有见到錾刻铭文。

（3）戳印铭文。此类最为常见，绝大多数为阳文。时代有金、南宋、元、清、民国。而唐代、北宋、明银锭没有见到。戳印一般是二字、三字或多字连排在一起，个别的戳印是单字。单字戳印又分为两种，一是铭文只有一个字，如"福""寿"等；一种是铭文为多字，如金代"承安宝货"等。前一种单字铭文为阳文，后一种单字铭文为阴文，如《元宝图录》第696~699图光绪、宣统年间两淮京饷银锭铭文为单字戳印的多字铭文，为阴文。

5. 形制鉴别。唐代为长方扁平形和船形，北宋为船形和直首束腰扁平形，南宋、金、元为弧首束腰扁平形，明代为弧首束腰扁平形和元宝形，清民国有元宝形、圆形、方形、长方形、砝码形、腰形、牌坊形等。

6. 铸造方法鉴别。历史银锭均为范铸法制造，因此凡是翻砂法铸造的均可判定为假锭。

第五节 纸币的鉴别[1]

一、纸币的作假

1. 印刷、复印、彩色打印。
2. 变造。变造分几种情况：第一种是挖补变造，把原票的行名或面值数字刮掉，换上另外的行名或面值数字；第二种是将未发行票加上有关文字变成流通票，或者将普通票进行加盖变成稀有票；第三种是将出版物上的图片剪下，正反面粘贴在一起。

二、纸币的鉴别

对假钞的鉴别，可以从不同的角度，用不同的方法进行。

1. 纸张鉴别。从表面上看，纸张时间长了都有"包浆"，也就是陈旧感。从纸质上看，中国古钞用纸都是手工制造，原料大部分是用棉、麻、竹等易粉碎的植物。近现代纸币采用专用纸，有水印、防伪彩点、彩线及安全线，有韧性，不易断裂。假钞多采用普通纸印刷，无水印，无彩点、彩线，没有韧性，易起毛断裂，有的彩点是印上去的。

元代纸币用的是桑皮纸，有深灰色、灰绿色或灰中微带黄色等数种，既厚且韧。明代纸币，一般利用公文、试卷等废纸再生纸，因当时未做漂白处理，墨迹残留，多呈青黑色，较元钞色泽更深，质地不够紧密，折叠处常有破损。清代户部官票用的是淡米黄色或白色的厚纸，质地坚韧。大清宝钞则有厚纸、薄纸两种，薄纸质量较差，为咸丰后期粗制滥造的产品。清后期公私钱局票号发行的各式钞票所用纸张质地较薄。一般来讲，光绪年间的铜元券多用颜色较深的皮纸或淡黄色的元书纸、毛边纸，银两票多用洁白的单宣、夹宣。光绪、宣统年间开始采用机制道

---

[1] 石长有：《假钞揭秘》，中华书局书2007年版。王新辉：《各种纸币常见的作假方法及辨识》，载中国钱币在线网，2006年6月17日。

林纸,并用铜版或钢版印刷。民国以后基本上不再使用传统的国产纸张,改用机制纸张。现在世界各国的造币纸都以特殊方法制成,具有耐磨、耐折叠、坚韧等优点。

2. 印刷技术。机制真钞多采用平、凹、凸三种技术合成印刷,手捻票面有立体感,序号签章排列整齐、深浅统一。假票只有平版印刷,没有凹凸感,序号印章排列不齐。有的同期假钞(即真钞还在流通时的假钞)由于不惜工本,采用与真钞相同的印刷技术,几乎可以乱真,如2009年出现的HD90百元人民币假钞。但绝大多数同期假钞和所有后仿假钞都没有真钞的印刷特点。仿制手工印制纸币也无法采用当时的木版、石版、铜版印刷。

3. 图案文字。真钞图案刻制精细,层次感强,套花清晰,颜色多变。假钞整体模糊,没有层次感,套花不准、重叠。古钞的字号、年月甚至面额都是手工填写的,其文字书法水平很高,后仿假币的文字很难达到当时的水平。

4. 变造币。文字、图案有不一致的地方,纸质不是加厚就是减薄。拿纸币对着阳光一照就可看出破绽。

5. 臆造币。无中生有,大多不符合历史事实。因此,对臆造币主要靠历史知识来鉴别。其次,纸张是现在的普通纸,油墨是现在的新油墨,甚至有的可以闻到浓重的油墨味。

第六节 第五套人民币的鉴别

中华人民共和国第五套人民币是现在正在流通的货币,它的防伪措施也是最先进和最全面的。因此,我们单独介绍第五套人民币的鉴别。

一、防伪特征

1. 纸币共同点。

(1)红、蓝彩色纤维。在票面上,可以看到纸张中有不规则分布的红色和蓝色纤维。2005版100元券取消了彩色纤维。

（2）手工雕刻头像。正面主景毛泽东头像，采用手工雕刻凹版印刷工艺，形象逼真、传神，凹凸感强，易于识别。

（3）隐形面额数字。正面右上方有一椭圆形图案，将钞票置于与眼睛接近平行的位置，面对光源平面旋转45°或90°角，可看到与面额相同的阿拉伯数字"100""50""20""10"和"5"字样（图14-6-1）。

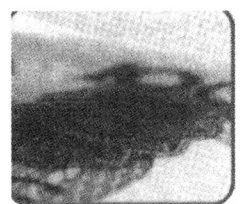

图 14-6-1

（4）胶印缩微文字。各券别有胶印缩微文字"RMB、RMB100""50、RMB50""RMB20""RMB10""RMB5、5"字样。100元券位于正面上方椭圆形图案中，50元、10元和5元券位于正面上方图案中，20元券位于正面右侧和下方及背面图案中。

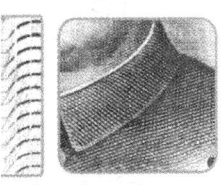

图 14-6-2

（5）雕刻凹版印刷。正面主景毛泽东头像、行名、面额数字、盲文面额标记及背面主景图案等均采用雕刻凹版印刷，用手触摸有明显的凹凸感（图14-6-2）。

2. 纸币不同点。

（1）固定水印。水印位于正面左侧空白处，迎光观察会看到，100元和50元券为毛泽东头像水印（图14-6-3），20元券为荷花水印，10元券为月季花水印，5元券为水仙花水印。白水印（图14-6-4）位于双色横号码下方，迎光透视可以看到很强的"100""50""20""10""5"水印图案。

图 14-6-3

（2）安全线。位于正面中间偏左，100元和50元券为磁性缩微文字安全线，迎光透视，可以看到缩微字"RMB100""RMB50"字样，仪器检测有磁性。20元券迎光透视，可以看到明暗相间的安全线。10元、5元和

图 14-6-4

2005版100元券为全息磁性开窗安全线（局部裸露），开窗部分可以看到由缩微字符"¥10""¥5""¥100"组成的全息图案（图14-6-5），仪器检测有磁性。2015年版100元为光变镂空开窗安全线，位于正面右侧，垂直观察呈品红色，倾斜观察呈绿色。

图 14-6-5

图 14-6-6

图 14-6-7

（3）光变油墨面额数字。100元和50元券正面左下方的面额数字会变色，当垂直角度观察，100元券变为绿色，50元券变为金色；倾斜一定角度观察，则100元券变为蓝色，50元券变为绿色（图14-6-6）。2015年版100元位于正面中部，垂直观察以金色为主，平视以绿色为主。随着角度的改变，在金色和绿色之间交替变化，并可见到一条亮光带上下滚动。

（4）阴阳互补对印图案。100元、50元、10元人民币的正面左下角和背面右下角均有一圆形局部图案，迎光观察，可以看到正背面图案合并组成一个完整的古钱币图案（图14-6-7）。2015年版100元组成的图案为"100"。

（5）冠字号码（两位冠字、八位号码）。100元和50元券正面采用横竖双号码印刷，横号码均为黑色。竖号码则不同，100元券为蓝色，50元券为红色。20元、10元和5元券正面均采用双色横号码印刷，号码左侧部分为红色，右侧部分为黑色（其中10元券从左数第二个号码一半为红色，一半为黑色）。2005年版100元券改为红黑双色异形横向单一号码。[1]2015年版100元又恢复横竖双号码。左下横号码冠字和前两位数字为暗红色，后6位数为黑色。右侧竖号码为蓝色。

3. 硬币。硬币图案精细，币质均匀，币面光洁亮泽，图纹文字完整、清晰、饱满，边部厚度均匀。1元硬币外缘采用印字技术，印有"

---

[1] 现代钞票包含了多达50种防伪措施。传统纸币将走上电子化道路，将电路直接植入纸币已成为可能。给纸币加上电路对造假者也许是最具威慑力的一招，也便于追查纸币的行踪。（《电子纸币将击败造假者》，载新华网，2010年12月23日。）

RMB→"斜体字符组,正面有表示面值且有台阶的"1"字样。5角硬币外缘为间断丝齿,共有6个丝齿段,每个丝齿段有8个齿距相等的丝齿。1角硬币外缘为圆柱面。这些都提升了人民币的防伪性能。

二、鉴别方法

1. 纸币。

(1) 水印。水印位于票币正面左侧空白处。迎光观察,真币水印清晰,层次丰富,并具有立体效果。假币"水印"常用浅色油墨印上,或在纸的夹层中涂上白色糊状物,然后压印上水印图案,看上去呆板、失真、模糊不清。

(2) 隐形面额数字。位于钞票正面右上角椭圆形图案中,将钞票置于与眼睛近于平行的位置,面对光源平面旋转45°或90°角,即可看到与面额相同的阿拉伯数字字样。有的假币也有"隐形面额数字",它是用数字字模在相应位置压上去的,不用平面旋转45°或90°角即可看到,与真币有明显的区别。

(3) 光变面额数字。位于钞票正面左下方(仅指100元、50元券),100元券垂直观察为绿色,而倾斜一定角度观察变为蓝色;50元券垂直观察为金色,而倾斜一定角度观察变为绿色。假币在相应位置,只有面额数字,但变换不同角度观察不会变色。

(4) 阴阳互补对印图案。位于钞票正面左下角和背面右下角,迎光透视,可看到正背面组成一个完整的古钱币图案(20元、5元券除外)。2005年版100元券在正面主景图案左侧中间处。假币正、背面也有圆形局部图案,但迎光观察,古钱币图案内不方、外不圆。

(5) 安全线。位于钞票正面中间偏左处,100元、50元券为磁性缩微文字安全线,20元券为明暗相间安全线,10元、5元券为全息磁性开窗安全线。假币也有"安全线",但迎光观察,缩微文字或字符字样不清晰。

(6) 雕刻凹版印刷。新版人民币均采用雕刻凹版印刷,用手触摸人像、行名、面额和盲文等均有凹凸的感觉。假币非雕刻凹版印刷,用手触摸票面平滑而没有凹凸感。

(7) 钞票纸。钞票纸都是专门制造的,纸质坚韧,挺括耐折,用手弹甩或抖动会发出清脆的声音。假币纸质绵软，韧性差、易撕裂，抖动时声音发闷，在紫外光下观察有明亮的蓝白光。

（8）无色与有色荧光油墨。在紫外光下观察真币，正面行名下方及背面主景图案中，可看到与面额相同的黄色阿拉伯数字字样及明亮的有色图景。假币在紫外光下观察，正面阿拉伯数字和背面有色图景，颜色暗淡，模糊不清，区别明显。

2. 硬币。依据真币的特征，一般采取对比的方法识别真假硬币。从已发现的来看，假硬币有以下几个特征：（1）重量偏轻，一般比真硬币轻0.1~0.3克；（2）边部厚度不均；（3）直径大小不一；（4）图案线条较模糊；（5）材质不同；（6）金属光泽较差；（7）落地声音发闷。

随着科技的发展，不法分子作假水平越来越高，真假币之间的差别越来越小，鉴别起来也越来越困难。但是，假的终究会有破绽，人们总会有方法鉴别。我们应该掌握钱币防伪、鉴别知识，不给造假者以可乘之机。

第十五章　中国钱币学简史

中国钱币学史可以划分为经验型和理论型两大阶段。南朝至清代为经验型阶段（第一阶段），民国至今为理论型阶段（第二阶段）。

第一节　中国钱币学产生的文化背景

中国钱币学产生于南北朝时期。钱币学的产生由许多因素促成，而主要的有两条：第一，货币经济有相当程度的发展，尤其是货币种类应非常丰富，这是钱币学产生的前提条件；第二，钱币学的出现是一种文化现象，它必定与一定的文化发展相联系。战国时期，货币种类很多，但没有相应的文化背景，就没有产生钱币学。

首先，南北朝历史学比较发达。魏晋南北朝时期，史官制度严密，私人著史风行，史籍数量急剧增加。二十四史中的《后汉书》《宋书》《三国志》《南齐书》《魏书》都是这一时期完成的。同一段历史有许多人同时撰写，如作后汉书的有14家，作晋史的有26家。历史学的空前发展促成了钱币学的产生。从广义上讲，钱币学是历史学的一部分。纵然顾烜《钱谱》大部分记录的是当时流通的钱币，仍然是历史学的一部分。因为中国史学从《春秋》《史记》以来，均把当代史作为历史学的一部分。其次，图谱方法的运用在南北朝也进入一个高峰时期。战国时代已经有天文、地理、人口分布等图，但运用图谱并不发达。汉以后，图谱有所衰落，魏晋开始，图谱兴盛起来。郑樵《通志》对此曾有论述："汉初……内外之藏，但闻有书而已，萧何之图自此委地。后之人将慕刘、班之不暇，故图消而书盛。宋齐之间，群书失次，王俭于是作《七志》以为之纪。六志收书,一志专收图谱,谓之《图谱志》。"[1] 这一时期出现的图谱有丧服、乐器、卤簿、州县、欹器、兵阵、天文、祥瑞、针灸、导引等。图谱的广泛应用,为钱币学的产生奠定了方法基础。因为"钱币著述主要是以文字叙述历代钱币的演变,并附以简单的钱币拓摹绘描图片,这便是最基本的钱币学研究方法"[2]。

社会文化背景不仅影响着钱币学的产生,也影响着钱币学的发展。中国钱币学发展有四次高潮。宋代产生第一次高潮,这与宋代哲学、文学、艺术、史学的发展密切相关,古代史学的各种体例到宋代均已出现,产生了《资治通鉴》等历史巨著,特别是金石学,使包括钱币在内的各种古代器物、碑碣的研究形成了体系。清代出现第二次高潮,直接原因是考据学的兴起,考据学使文字、音韵、训诂、辨伪、辑佚、考史、金石等科目空前繁荣,有人把乾嘉时期称作中国的"文艺复兴"。民国时期形成第三次高潮,当时中国文化一方面继承古代文化,另一方面受到西方文化的影响,形成中西文化大交融的局面,西方货币学、考古学的传入,都不同程度地促进了钱币学的发展。20世纪80年代改革开放以后迎来了第四次高潮,这是当前各种文化学术大发展的结果。

第二节 南朝至清代的钱币学

南朝至清代的钱币学,在总体认识上,是为了"证经补史",钱币学是经学和史学的一项具体工作,而没有人认识到钱币学是一门独立学科,

---

[1] 郑樵:《通志二十略·图谱略》,中华书局1995年版,第1826页。

[2] 马新华:《魏晋隋唐时期钱币著述概论》,载《中国钱币》1990年第2期。我们考察西方钱币学的产生,同样有其深刻的文化背景。古代希腊货币经济比较发达,货币种类很多,每个城邦都可以铸造货币。古代罗马也曾经允许地方政府铸造铜币,产生钱币学的前提条件已经具备,然而都没有产生钱币学。15世纪前后,人们开始对古代希腊罗马的哲学、文学、艺术、建筑等进行广泛深入的研究,形成了一个持续二三百年,覆盖大半个欧洲的历史文化热潮,史称"文艺复兴"。正是在这种历史文化热潮和绘画艺术高度发展的基础上,产生了西方钱币学。

更没有建立理论体系的意识，有的则完全是为了玩赏。[1]当时钱币学的研究对象有铜币、纸币、金银钱，既研究流通币，也研究非流通币（压胜钱等）。研究内容主要是发行单位、大小、轻重、文字和版别。研究方法逐渐形成以字、形、色、质、声为主的较全面的经验型单体性研究方法，还有以出土地点为依据的方法。这一阶段，对钱币学的认识比较简单，研究对象不太周延，研究内容不很充分，研究方法较为低级。

这一阶段可以划分为前后两个时期。前期从南朝到乾隆十五年梁诗正（1697～1763年）等奉敕完成《钦定钱录》，后期从乾隆中期到清末。前期是钱币学的草创期，研究方法是最基本的描述摹绘，成果形式（著作体例）是单一的谱录，对先秦货币的穿凿附会一直延续着。后期是钱币学的发展期，主要特征是考据学方法的运用，以字、形、色、质、声和出土地点进行研究。由于新方法的运用，钱币学产生了一次大的飞跃，首先解决了刀布的时代划分等重大课题，其次迎来了钱币学的辉煌时期，出现了一大批钱币学著作和造诣很深的钱币学家。

南朝时期，出现了我国最早的一批钱币学著作。顾协（470～542年）著有《钱谱》一卷，刘潜（484～550年）著《泉图记》三卷，顾烜（5世纪末～549年）著《钱谱》一卷、《钱图》一卷，均佚。

顾烜，南朝梁人，曾任建安令，赠侯爵。洪遵（1120～1174年）所著《泉志》说："（古钱币）岁益久，类多淹没无传。梁顾烜始为之书。凡历代造立之原，大小轻重之度，皆有伦序，使后乎此者可以概见。"[2]《泉志》引顾烜《钱谱》40多条。记载从赗（作宝）货到梁朝的钱币，有天监五朱、公式女钱、五铢铁钱、大吉五铢、大通五铢、大富五铢、女钱、稚钱、对文、五朱、定平一百、太平百钱、汉兴、直百、直百五铢、孝建、景和、龟背钱、水波纹钱等。其中大部分是正用品，许多是当时流通的钱币，并已注意到钱币的大小轻重和版别，如太平百钱就有七八种之多。但也有一些错误，如把"汉兴"钱列为西汉初年的荚钱。

唐代张说、封演、敦素，宋代张台、陶岳、杜镐、金光袭、于公甫、

---

[1] 这种认识非钱币学所独有，中国古代各个学科均如此。

[2] 洪遵：《泉志·序》，中华书局1985年版。

李孝美、董逌等著有钱谱,均佚。

《旧谱》,作者未详。彭信威先生认为是五代人。《泉志》引用《旧谱》的条目最多,有60多条。《旧谱》的作者和张台最早把先秦平首布称为布,叫做"异布"。

《钱录》,五代宋初张台著。他记载有安南"大平兴宝"(968年)钱,故应为宋人。《泉志》引用张台《钱录》28条,从先秦布币到楚马殷的天策府宝。他的贡献是在研究方法上根据出土地推断钱币的铸主。他说直百五铢"今自巴蜀至于襄汉,此钱甚多,皆是昭烈旧地,断在不疑"。彭信威先生说"足见他所用的方法是合乎科学的"。

《泉志》,南宋洪遵著,成书于绍兴十九年(1149年),是我国现存最早的钱币学著作。在此之前,从南朝《刘氏钱志》、顾烜《钱谱》到北宋李孝美《历代钱谱》等10部著作均佚。《泉志》共15卷,内容分正用品、伪品、不知年代品、天品、刀布品、外国品、奇品、神品、压胜品等9类,著录钱币348枚。彭信威先生说:"这种分类法,不伦不类,但也不是他的独创,他只是沿用前人的分类法。《泉志》的内容大部分也是引用前人的话。综计他所引用的著作在九十种以上,包括正史、笔记和钱谱。……在引文之后,往往加上自己的按语。"[1]《泉志》引述内容审慎翔实,具有重要的历史价值和学术价值。按语是对见过的钱加的,不认识的字不强释。《泉志》是我国古代钱币学的经典著作,对后世钱币学影响很大。

《论币所起》,南宋罗泌(1131～1189年)《路史》(1170年成书)中的一卷,专记传说时代币制及释文。有葛天、轩辕、尊卢之币,太昊九棘,神农一金,黄帝、少昊之货,譽货一金,高阳平阳金,尧泉,舜当金,策乘马之类。这些均是战国时期的布币和圜钱,罗泌附会到传说人物上,币文释读皆错,影响后世,至乾嘉时期才被纠正。

《研北杂志》,元代陆友仁(1290～1338年)著。其中有一段文字对先秦布币做出了正确的考释。"先秦货布,篆文奇古,多铸地名。余在京师得数十品,曰'屯(音纯)留'、曰'安邑全货'、曰'平阴'、曰'高阳'者甚多。其文有不可尽识者。以《汉书·地理志》考之,'屯留'在上党,

---

[1] 彭信威:《中国货币史》,上海人民出版社1965年版,第532页。

'高阳'在涿郡，'安阳'在汝南，'安邑''平阳'并在河东。"[1] 这种认识在钱币学史上有重要意义，为先秦钱币研究指出了正确方向，比之乾嘉时期重新确定这一方向早了400多年。

元明时期，学术文化相对低落。钱币学也没有高质量的著作。元代的钱币学著作，只有费著的《楮币谱》，是谈纸币的。另有武祺的《宝钞通考》，彭信威先生说"不属于钱币学的范围"。

明代钱币学著作有罗汝芳《明通宝义》《广通宝义》，郭子章《泉史》，胡我琨《钱通》，李元仲《钱神志》，侯恂《鼓铸事宜》等。都不是严格意义上的钱币学著作。董通《钱谱》，记载200多种钱币，有文无图，错误百出。

清代钱币学有很大发展，产生了几十部钱币学著作。同光年间李佐贤的《古泉汇》已经是大部头综合性成果了。清代主要著作有：朱枫《古金待问录》、朱多炡《古今钱谱》、张端木《钱录》、梁诗正《钦定钱录》、翁树培《古泉汇考》、初尚龄《吉金所见录》、倪模《古今钱略》、蔡云《癖谈》、马昂《货布文字考》、许元恺《选青小笺》、盛大士《泉史》、戴熙《古泉丛话》、唐与崑《制钱通考》、李佐贤《古泉汇》、鲍康《观古阁泉说》、叶德辉《古泉杂咏》、秦宝瓒《遗箧录》、杨守敬《古泉薮》等。

《钦定钱录》，梁诗正等人奉敕编纂，成书于乾隆十五年（1750年），是我国钱币学方面第一部官书。此书共16卷，前13卷为历代正用品，第14卷为外国钱，第15、16卷为吉语压胜钱。收钱560多品。把汉兴钱正确地归之李寿，并最早收录钱范。但仍然抄袭了《路史》附会三皇五帝的错误。

《古泉汇考》，翁树培（1765~1809年）著，共8卷，前6卷为历代钱币，卷7为外国和不知年代品，卷8为撒帐、吉语、压胜钱等。首先，最大的优点是资料丰富，全书30多万字，把古代有关钱币的资料都抄录下来。其次，是我国第一本研究钱币版别的书，提出了"对钱"的概念，还总结出了字、形、色、质、声的钱币研究方法，是一部有关钱币学研

---

[1] 陆友仁：《研北杂志》，商务印书馆，影印文澜阁四库全书·子部·杂家类，第590页。

究继往开来的总结性著作。有文无图,当时以抄本的形式在钱币学界流传。

《吉金所见录》,初尚龄著,嘉庆二十五年(1820年)出版,共16卷,钱图1010种、7万多字。该书最大的贡献是把刀布断归春秋战国,打破了对三皇五帝的附会。

《癖谈》,蔡云著,札记体,道光七年(1827年)刊行,共6卷。考述古代币制、钱币形制和文字。时有创见和新说,如对西汉五分钱和三分钱作对十二铢(半两)的比重解。

《古泉汇》,李佐贤(1807~1876年)著,同治三年(1864年)刻本,共5集64卷。收录钱币、钱范5003品,旧谱未有超过此数的。该书注意钱币版别,并首次使用"空首布"一词。

钱币研究在乾嘉以后有了系统性,也更加深入。代表性成果一是对先秦钱币的释读,二是对北宋钱币版别的确定。日本学者在北宋钱币版别方面的研究也做出了重要贡献。

《符合泉志》,山田孔章(日本)著,文政十年(1828年)陆续刊印。符合泉意即对钱。

《古泉大全(丙集)》,今井贞吉(日本,1831~1903年)著。明治三十二年(1899年)出版。丙集为中国宋、金、西夏钱币,收录3701种。对宋钱版别作了系统性研究。

第三节 民国至当代的钱币学

民国以来,钱币学受到来自两个方面的重大影响,一是西方货币学理论,包括资产阶级货币学理论和马克思主义货币学理论;二是近代考古学方法与技术。清末,随着中国资本主义的发展和西方货币体系在中国的逐渐加强,资产阶级的货币理论传入了中国,20世纪20年代,马克思主义货币理论也传入了中国。这样,中国钱币学界不再满足于"忽略制作,偏重文字,斤斤于色泽肉好,戚戚于珍藏多寡,范围狭隘"的简单的经验型研究,提出研究钱币要"按诸货币原理,以究其制作沿革,变迁源流，利病得失之所在，治乱兴替之所系"[1]。20世纪二三十年代，中国近代考古学产生了，考古学的方法和技术使钱币的研究方法上升到科学的水平。这样，钱币学进入一个既要求有理论指导又有科学方法的新时期。因此我们把民国以后定为钱币学史第二阶段。

这一阶段对钱币学的总体认识，有一个发展过程。从接受货币学理论指导，到"钱币学"概念的提出，再到建立"中国钱币学理论体系"的设想，为认识上的三部曲。在研究对象、内容、方法上更加准确、科学。对象方面，去掉了藕心钱等非专用货币形制的东西，加入了银锭、贝币等。内容方面增加了理论研究、制作技术等。方法有地层学、标型学、金相化验等。

这一阶段也可以划分为前后两个时期。前期从民国初年到1954年彭信威《中国货币史》的出版，后期从20世纪50年代中期到现在。民初以来，尽管钱币学界自觉接受货币理论的指导，但进行的仍然只是钱币的研究，如《古钱大辞典》《历代古钱图说》等。彭信威在《中国货币史》中首先提出了"钱币学"的概念，明确了钱币学对于货币学来说是一门相对独立的学科，并初步指出钱币学"是对钱币实物的研究"。这种认识是对以前认识的突破，因此我们把《中国货币史》的出版视作前后期的界标。在提出钱币学概念之后近30年时间里，钱币学界较为沉寂。1982年中国钱币学会成立，出现了繁荣局面。1989年钱币学界出现了建立中国钱币学理论体系的舆论，这是认识上的又一次突破，也是中国钱币学走向成熟的标志。

民国以来钱币学著作及杂志主要有：罗振玉《四朝钞币图录》（1914年）、《俑庐日札》（1934年），方若《药雨古化杂咏》（1925年）、《言钱别录》（1928年），程文龙《古泉杂志》（1927年），关百益《方城币谱》（1929年），中国泉币学社《古泉学》（1936~1937年），丁福保《古钱大辞典》（1938年）、《历代古钱图说》（1940年）、《古泉学纲要》（1940年），蒋仲川《中国金银镍币图说》（1939年），泉币学社《泉币》（1940~1945年），王献唐《中国古代货币通考》（1946年），简又文《太平天国泉币考》

---

[1] 张絧伯：《本刊发刊词》，载《泉币》1940年第1期。

(1948年），施嘉幹《中国近代铸币汇考》（1949年），彭信威《中国货币史》（1954年），王毓铨《我国古代货币的起源和发展》（1957年），郑家相《中国古代货币发展史》（1958年），中国人民银行《中国银币图册》（1980年）、《中国历代货币》（1982年），商承祚等《先秦货币文编》（1983年），中国钱币学会及中国钱币博物馆《中国钱币》（1983年创刊）、《中国钱币论文集》（1985年），马定祥等《太平天国钱币》（1983年），朱活《古钱新探》（1984年）、《古钱新典》（1991年），千家驹等《中国货币史纲要》（1986年），张颔《古币文编》（1986年），内蒙古钱币研究会及中国钱币编辑部《中国古钞图辑》（1987年），马飞海《中国历代货币大系》（1988年），张培林等《中国机制铜币》（1991年），陕西省钱币学会《秦汉钱范》（1992年）、《新莽钱范》（1996年），余榴梁等《中国花钱》（1992年），汤国彦《中国历史银锭》（1993年），中国钱币大辞典编委会《中国钱币大辞典·先秦编》（1995年），石长有《民国地方私票》（1995年），蔡运章等《洛阳钱币发现与研究》（1998年），吴筹中《中国纸币研究》（1998年），当代中国货币印制与铸造编委会《当代中国货币印制与铸造》（1998年），阎福善等《两宋铁钱》（2000年）、《北宋铜钱》（2008年），李铁生《古希腊罗马币鉴赏》（2001年），黄锡全《先秦货币通论》（2001年）、《先秦货币研究》（2001年），江苏省钱币学会《中国近代纸币史》（2001年），唐石父《中国古钱币》（2001年），许义宗《中国纸币新论》（2002年），丁张弓良等《中国军用票图录》（2003年），周卫荣《中国古代钱币合金成分研究》（2004年），陈隆文《春秋战国货币地理研究》（2006年），王永生《新疆历史货币》（2007年），戴志强《钱币鉴定》（2010年）。

《古钱大辞典》，丁福保（1874～1952年）编，1938年上海医药书局发行，分总绪、上编、下编三部分，上编为图版，下编为历代钱币著作对各种古钱的论述。规模空前，资料丰富。

《中国金银镍币图说》，蒋仲川（1890～1954年）著，1939年环球邮币公司发行，主要论述中国金银镍币的沿革和近现代各种金银镍币。有文有图。

《历代古钱图说》，丁福保编，1940年上海医药书局发行，收录古钱3131枚，并附简要说明。1991年出版了马定祥批注本。该书是研究和收集钱币必备的工具书之一。

《中国货币史》，彭信威（1908～1967年）著，1954年出版，1958年、1965年两次再版。该书从货币制度、货币购买力、货币研究等方面全面研究中国古代货币，在每章中设专节论述钱币学。该书从东西方钱币对比中总结了我国钱币的特征，首先使用了"钱币学"的概念。

《中国历代货币大系》，马飞海总主编，1988年陆续出版，是目前收录中国钱币图片最丰富的著作。分先秦货币、秦汉三国两晋南北朝货币、隋唐五代十国货币、宋辽西夏金货币、元明货币、清钱币、清纸币、清民国银锭银元铜元、民国时期国家银行地方银行纸币、民国时期商业银行纸币、新民主主义革命时期人民货币、钱币学录厌胜钱外国古钱币等12卷。每卷有概论，综述本卷的经济文化背景及学术问题，书后还有专论。

《中国钱币大辞典》，《中国钱币大辞典》编纂委员会编，中华书局1995年陆续出版，是目前我国最具权威性的钱币学辞典。分先秦编、秦汉编、魏晋南北朝隋编、唐五代十国编、宋辽西夏金编、元明编、清编、民国编、革命根据地货币编、泉人著述编、压胜钱编、考古资料编等12编。其中宋编分3卷、清编分5卷、民国编分7卷。每编分综合词条和具体词条两大类，对每种钱币做了详细介绍。

《先秦货币通论》，黄锡全著，紫禁城出版社2001年出版。是一部重要的先秦钱币的研究著作，汇集了50多年来考古资料与各家研究成果，特别是古文字等方面的研究成果，对钱币形态、铭文、国别与年代等重新探索。按照贝、金属称量货币、布、刀、圜、楚国、吴越巴蜀货币分章。

《中国古代钱币合金成分研究》，周卫荣著，中华书局2004年出版。建立了中国古代钱币合金成分数据库，并对中国古代钱币合金成分的特点和意义进行详细分析和综合研究，是中国钱币学在技术研究中一个方面的综合性著作。

《春秋战国货币地理研究》，陈隆文著，人民出版社2006年出版。从历史货币地理研究的理论与方法、货币铸造区域的空间发展过程、货币流通区域及其演变、货币经济区及空间结构、货币流通区域形成与演变的地理基础、货币及其流通区域的历史作用等方面对春秋战国货币及历史地理进行了全面综合的研究。是运用钱币学、货币史、历史地理等学科的成果相互印证、相互促进研究的跨学科学术工程，标志着钱币学研究在一个方面突破了以往的层面，进入更深层次的研究。

《北宋铜钱》，阎福善等著，中华书局2008年出版。是一部传统意义上的钱谱，对北宋铜钱的版别进行了分类和研究，共收录3771枚，并根据每一个钱币的具体特征进行了命名。

《钱币鉴定》，戴志强著，吉林出版集团2010出版。分章对古钱币、金银锭、机制币、纸币的时代特征和鉴定方法进行了论述，并从作伪种类、作伪手法、辨伪技巧、鉴别手段等方面详细叙述了钱币鉴定的知识。是一本具体实用的钱币鉴定著作。

鉴往知今，当今的钱币学研究，已在各个方面普遍开花。古代铜币、金银币、纸币、压胜钱，近代纸币、银元、铜元，现代的人民币等均取得了丰硕的研究成果，特别是对于先秦与宋代钱币的研究，更加突出。

但还有一些薄弱环节，目前学界还没有中国钱币铸造与印刷技术的综合性著作，也没有关于清钱和清末民国钱币的系统性专著。

附　录

中国钱币文化是世界上两大传统钱币文化体系之一，影响了周围许多国家和地区，尤其对邻国日本、朝鲜和越南等国影响最大。这些国家的钱币不但模仿中国，而且流入中国境内，与中国钱币同时流通，因此我们简单论述一下邻国古代钱币。

古代希腊、罗马钱币是西方钱币文化的代表，是研究中国钱币文化的对照物，亦简单介绍之。

第一节　邻国古代钱币

一、流通钱币

1. 日本钱币。日本最早于708年模仿唐朝开元通宝，铸和同开珍钱，有银、铜2种。其后又铸万年通宝、神功开宝等11种钱，与和同开珍共称"皇朝十二钱"。其中宽永通宝是铸时最长、铸量最大、最有影响的钱币，自1625年至1867年，前后共10个皇朝200多年。宽永通宝分金、银、铜、铁四种质地，有光背、有背纪年、纪数等，不下千余种。日本还仿铸了宋、明两代年号钱数十种。

（1）正常日本钱币。和同开珍（径25毫米，图附1-1）、开基胜宝、太平元宝、万年通宝、神功开宝（径25毫米，图附1-2）、隆平永宝、富寿神富、承和昌宝、长年大宝、饶益神宝、贞观永宝、宽平

图附1-1

图附 1-2

图附 1-3

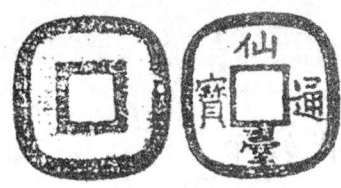

图附 1-4

图附 1-5

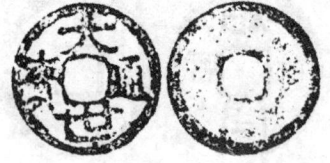

图附 1-6

大宝、延禧通宝、乾元大宝、天正通宝、文录通宝、庆长通宝、元和通宝、宽永通宝（径25毫米，图附1-3）、宝永通宝、仙台通宝、天保通宝、箱馆通宝、细仓通宝、铜山至宝、文久永宝、筑前通宝等。

（2）仿中国钱币。开元通宝、乾元重宝、汉元通宝、周元通宝、唐国通宝、宋元通宝、太平通宝、淳化元宝、至道元宝、咸平元宝、景祐元宝、祥符通宝、天圣元宝、皇宋通宝、治平元宝、治平通宝、熙宁元宝、元丰通宝、元祐通宝、绍圣元宝、元符通宝、圣宋元宝、大观通宝、政和通宝、宣和通宝、淳熙元宝、绍熙元宝、嘉泰通宝、嘉定元宝、正隆元宝、大定通宝、至正通宝、大中通宝、洪武通宝、永乐通宝、天启通宝、宣德通宝等。

（3）特形钱币。日本钱币除方孔圆形外，还有2种其他形状的。一是仙台通宝（边长22毫米，图附1-4），方孔方形，俗称角钱；二是天保通宝（49毫米×33毫米，图附1-5）、琉球通宝、筑前通宝等当百钱，方孔椭圆形。这2种形状在东方古代钱币中别具一格。

（4）琉球国钱币。琉球国（现在日本冲绳县）1873年被日本吞并，中世纪也仿中国铸币，铸有大世通宝（径23毫米，图附1-6）、世高通宝（径24毫米，图附1-7）、金圆世宝（径26毫米，图附1-8）、中山通宝、琉球通宝等几种钱币。

2. 朝鲜钱币。朝鲜钱币也可分为2类，

一类为本国年号钱，另一类为仿中国钱。996年，铸仿唐乾元重宝铁钱，背"东国"二字，以后还仿唐宋开元通宝金质、银质钱，崇宁通宝银质大钱，政和通宝银质钱。

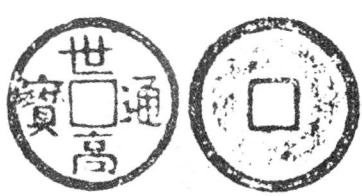

图附1-7

朝鲜钱币铸量最多、版别最复杂的是常平通宝。1633年至1890年共铸行200多年，有小平、折二、折五、当百等，分光背、纪地名、纪监名、千字文等，有6000多种。

图附1-8

朝鲜钱币主要有如下几种：海东通宝、海东重宝（径25毫米，图附1-9）、东国通宝（径25毫米，图附1-10）、东国重宝、三韩通宝（径25毫米，图附1-11）、三韩重宝、朝鲜通宝（径24毫米，图附1-12）、常平通宝（径26毫米，图附1-13）、十钱通宝（径32毫米，图附1-14）。

图附1-9

3. 越南钱币。越南钱币比日本和朝鲜复杂，一是品名多，二是和中国钱重名多，三是无考品多。与中国钱币比较，有如下特点：钱形小，肉薄字平浅，背平夷，铜色昏暗，制作粗糙，精者少见。970年首先鼓铸太平兴宝，而最后一种则是1945年的保大通宝，这也是世界上最晚出的鼓铸的方孔圆钱。

图附1-10

（1）有文献记载的越南钱币。太平兴宝、大兴平宝、天福镇宝（径23毫米，图附1-15）、顺天大宝、天感元

图附1-11

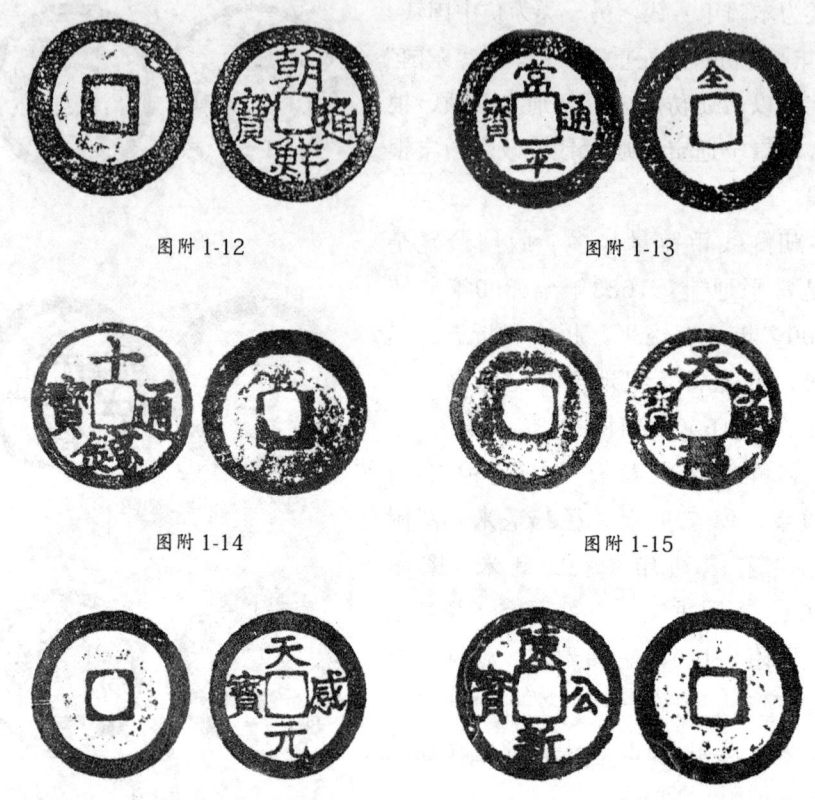

图附 1-12　　　　　　　　图附 1-13

图附 1-14　　　　　　　　图附 1-15

图附 1-16　　　　　　　　图附 1-17

宝（径23毫米，图附1-16）、乾符元宝、明道元宝、天符元宝、大定通宝、天资通宝、治平通宝、治平元宝、建中通宝、政平通宝、元丰通宝、绍隆通宝、开泰元宝、绍丰元宝、绍丰通宝、大治元宝、大治通宝、咸绍通宝、熙元通宝、天圣元宝、天圣通宝、汉元圣宝、天平通宝、重光通宝、交趾通宝、承宁通宝、圣官通宝、大法元宝、安法元宝、正法元宝、治圣元宝、治圣平宝、顺天元宝、绍平通宝、大宝通宝、大和通宝、延宁通宝、天兴通宝、光顺通宝、洪德通宝、景统通宝、端庆通宝、交治通宝、太平通宝、太平圣宝、陈公新宝（径24毫米，图附1-17）、皇陈通宝、光绍通宝、天应通宝、佛法僧宝、统元通宝、明德元宝、明德通宝、大正通宝、元和通宝、广和通宝、永定通宝、永定元宝、顺平元宝、平安通宝、嘉泰通宝、永治元宝、永治通宝、永寿通宝、正和通宝、永盛通宝、

图附 1-18

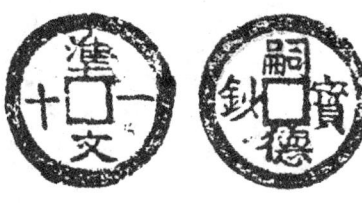

图附 1-19

图附 1-20　　　　　　　　　图附 1-21

保泰通宝、景兴通宝（还有巨宝、太宝、内宝、大宝等20余种，径26毫米，图附1-18）、泰德通宝、昭统通宝、光中通宝、景盛通宝、宝兴通宝、嘉隆通宝、明命通宝、治元通宝、元隆通宝、绍治通宝、嗣德通宝、嗣德宝钞（径28毫米，图附1-19）、咸宜通宝、同庆通宝、成泰通宝、维新通宝、启定通宝、保大通宝（径24毫米，图附1-20）等。

（2）无考品。不知其制作年代，但极易与中国钱币相混，因为不少是中国年号，而这些中国年号有的在中国并没有铸钱。无考品如下：

祥祐元宝、景元通宝、明定宋宝、玄聪通宝、皇恩通宝（径24毫米，图附1-21），皇元通宝、耕法元宝、正隆元宝、福平元宝、洪化元宝、立元通宝、万劫通宝、邵武通宝、绍宋元宝、乾元通宝、宁民通宝、洪武通宝、建文通宝、顺天通宝、弘治之宝、明正通宝等。无考品有100多种。

二、非流通钱币

1. 日本钱币。福寿双泉、福如东海、日行千里、寿比南山、八幡太神（径25毫米，图附1-22）、大日如来、不动明王、普贤菩萨、文珠（殊）菩萨、

图附 1-22

图附 1-23　　　　　　　　图附 1-24

巨空藏弃、势至菩萨、大神宫、竹驹开运、凑川神社、开运神宝、施用通宝、知然雅玩、宽永通宝、忠勇义烈（富国强兵）、大黑图、镰仓大佛等。

2. 朝鲜钱币。双凤、双鱼、吾君万年（国泰民安，径26毫米，图附1-23）、仁义礼智（星辰）、嘉友（信香）、春王正月（万寿无疆）、龟贡茅阶、凤仪薰殿、麟游圣世、龙德正中、永视求福（常字富宝）、常平通宝等。

3. 越南钱币。景兴通宝（平南）、明命通宝（年谷丰登河流顺轨、如冈如阜如山如川、金玉其相追琢其章，径49毫米，图附1-24）、景盛通宝、内外安静、国富兵强等。

第二节　古希腊、罗马钱币

一、西方钱币文化

西方钱币文化是指以古希腊、罗马钱币为源头，经中世纪发展到今天的世界各国钱币文化，是与以中国为中心的东方钱币文化并列的钱币文化。

1. 西方钱币文化的特征。与东方钱币文化比较，西方钱币特征如下。

（1）币面以图案为主，文字为次。图案内容有神祇、英雄、君王、动植物、用具、建筑、船舶等。采用浮雕技法，制作精美。

（2）形制为圆形或圆形的变形，中心无孔。

（3）币材多为贵金属金银。

（4）制造方法以打压为主。

2. 西方钱币的分类[1]。西方钱币通常分为古典钱币和非古典钱币两大类。

（1）古典钱币。古典钱币分为古希腊钱币、古罗马钱币、拜占庭钱币。

①古希腊钱币，公元前671～公元前30年。

②古罗马钱币，公元前289～公元476年。

③拜占庭钱币，395～1453年。

（2）非古典钱币。非古典钱币指古希腊、罗马以外的希腊式钱币。[2]

①古波斯钱币，公元前570～公元前330年。

②巴克特里亚（大夏）钱币，公元前250～公元前20年。

③帕提亚（安息）钱币，公元前248～公元前227年。

④萨珊钱币，226～651年。

⑤阿拉伯各王朝钱币，622～1256年。

⑥古犹太国钱币，公元前141～公元100年。

⑦贵霜钱币，24～242年。

⑧奥斯曼帝国钱币，1236～1922年。

⑨蒙古汗国钱币，1220～1503年。

⑩凯尔特钱币，约公元前3世纪～公元1世纪。

⑪东西哥特钱币，约5世纪～8世纪。

3. 西方钱币的源流。西方钱币的源流，彭信威先生做过精辟的概括：[3]

从货币的源流上来说，西方的货币发源于小亚细亚。由小亚细亚向东西两边传播。在东边，当波斯人征服小亚细亚时，他们就学会了铸造并使用货币；而以色列人是从波斯人那里学会使用货币的。在西边，小

---

[1] 李铁生：《古希腊罗马币鉴赏》，北京出版社2001年版，第3～4页。

[2] 共有26个地区、国家或民族的钱币。见杨巨平：《希腊式钱币的变迁与古代东西方文化交融》，载《北京师范大学学报》2007年第6期。

[3] 彭信威：《中国货币史》，上海人民出版社1965年版，第3～4页。

亚细亚的希腊殖民把货币文化带回希腊并从事铸造。埃及在被亚历山大征服之后，才正式铸造货币，所以它初期的货币，完全属于希腊货币的体系。波斯等东方国家的货币，后来也因亚历山大的征服而希腊化了。罗马古代曾用过方铜块，这可以说是它独立发展出来的货币，但不久就全部吸收了希腊的货币文化。至于现代欧美国家的货币，又是承袭罗马的货币制度。英国的磅、先令和便士的体系，便是罗马的体系通过查理大帝而传过去的。亚洲伊斯兰教国家的货币，也是脱胎于希腊、罗马的系统。连货币单位的名称也是由希腊、罗马的货币名称所演变出来的。所不同的是希腊、罗马体系的货币，多以人像为图案，而伊斯兰国家的货币，因伊斯兰教禁止偶像崇拜，不用人像为图案，而是铸上文字和《古兰经》的语句。在其他形制方面，显然是希腊、罗马体系。又如印度，在远古本有独立的货币，但自亚历山大东征以后，北印度一带的货币，就希腊化了。

二、古代希腊钱币

古希腊位于巴尔干半岛南部，包括小亚细亚半岛西岸、爱琴海中的许多小岛及北非沿岸，是奴隶制城邦国家，时间为公元前800年至公元前146年。公元前334年至公元前323年亚历山大大帝东征，占领了欧、亚、非辽阔的土地，建立了一个西起古希腊、马其顿，东到印度恒河流域，南临尼罗河第一瀑布，北至药杀水的以巴比伦为首都的疆域广阔的国家。公元前305年，亚历山大帝国分裂为三个王国，从而开始了希腊化时期。至公元前30年，三个王国先后被罗马灭亡。

古希腊钱币分为两个阶段：古典时期和希腊化时期。[1]

古典时期从吕底亚制造钱币开始，到公元前323年亚历山大去世。古

---

[1] 彭信威先生直接分为三个阶段，即古体、自由体、希腊体，对应的时间为铸币开始到公元前480年、公元前480到公元前336年、公元前336到公元前100年。（彭信威：《中国货币史》，上海人民出版社1965年版，第57页。）李铁生先生分为二个阶段。本书采用二阶段的划分，但又确实存在古体（又译为原始体或古风）与自由体的区别。具体划分时间各书不尽相同。

图附 2-1

图附 2-2

典时期钱币又可分古体和自由体,时间以公元前480年希波战争结束为界。古体钱币的特点是图案比较简单,大多一面为图案,一面为方形戳印。吕底亚王国制造钱币,时间约公元前671~公元前546年。最早是琥珀金[1](图附2-1),后来有金币(图附2-2)、银币(图附2-3)。图案是吕底亚徽记牛首、狮首,另一面为压印印记。此后,波斯仿制了有波斯弓箭手图案的金币和银币,希腊本土及爱琴海各岛屿打制了有各城邦徽记的城邦币。

图附 2-3

自由体钱币自公元前480年前后到公元前323年。这是希腊文化登峰造极的时代,钱币文化也包括在内。雕模技术进步,图案千变万化,没有定型。两面都有图案,大半是神话中的人物。如雅典城邦币[2](图附

---

[1] 琥珀金,河中的自然金矿,成分约为3金1银。
[2] 此币为典型的雅典城邦币。一面为雅典娜女神戴阿提卡式头盔,面右,头盔上有3片橄榄树叶,盔甲有螺旋状棕榈装饰。另一面是猫头鹰正面站像,右部有希腊文"雅典"城名,左部为橄榄枝及一钩新月。猫头鹰是雅典娜的守护鸟。公元前449年,4德拉克马银币,径25毫米,重17.13克。

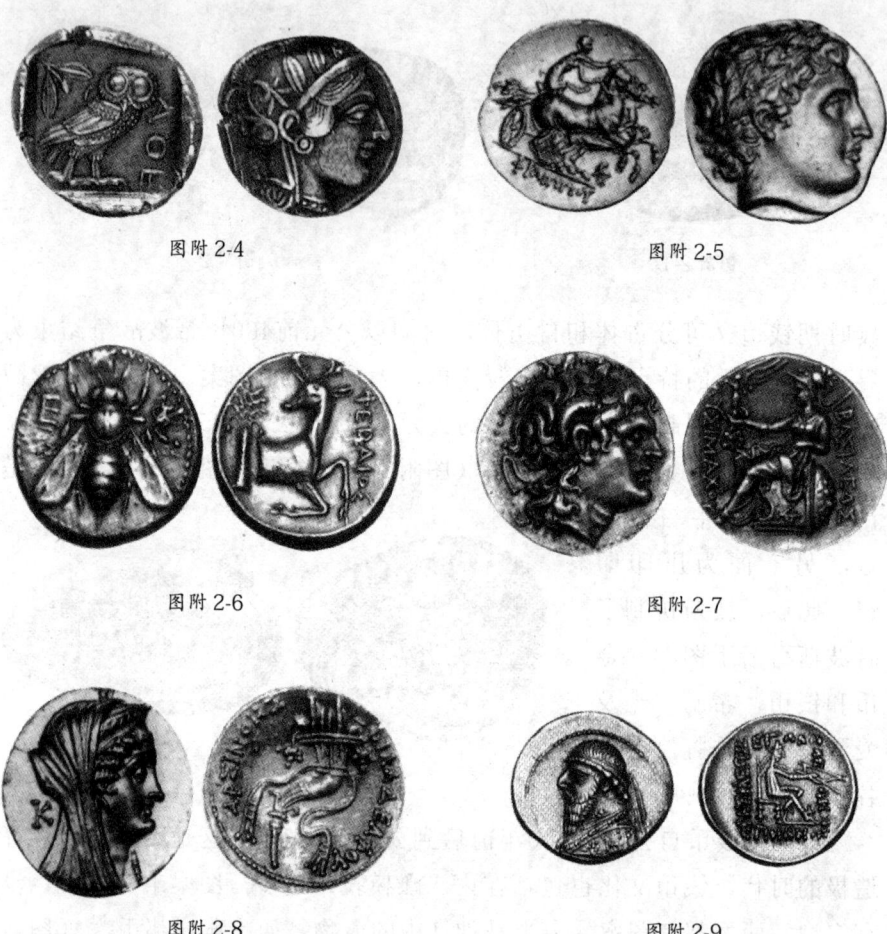

图附 2-4　　　　　　图附 2-5

图附 2-6　　　　　　图附 2-7

图附 2-8　　　　　　图附 2-9

2-4)、佩拉城邦币[1]（图附2-5）、以弗所城邦币[2]（图附2-6）。

希腊化时期，从公元前323年到公元前30年。这是亚历山大的时代，

---

[1]　马其顿王国腓力二世时期（公元前359～公元前336年）佩拉城金币，一面为阿波罗桂冠头像，面右；一面为驭手驾驭2套马车右行图，车下有霹雳。标金币，径19毫米，重8.59克。

[2]　约公元前387～公元前295年小亚细亚西岸名城以弗所城邦币。一面为蜜蜂和希腊文"以弗所"；一面为牡鹿前半部，左为棕榈，右为地方长官姓名。蜜蜂和牡鹿是以弗所城标记。4德拉克马银币，径24毫米，重15.18克。

特点是币面的图案大部分是帝王的头像。[1]如亚历山大头像币[2]（图附2-7）、阿尔西诺伊二世头像币[3]（图附2-8）、帕提亚（安息）国王头像币[4]（图附2-9）等。

三、古代罗马钱币

古罗马是从公元前9世纪初在意大利半岛中部兴起的文明。约公元前754年，罗穆卢斯在台伯河畔建罗马城，开创了王政时代。公元前509年王政时代结束，最高权力由两名执政官掌握，开始了罗马共和国。公元前264年至公元前118年，罗马与北非的腓尼基人进行了三次布匿战争。公元前167年至公元前30年，罗马先后灭亡了古希腊的马其顿王国、塞琉古王国、托勒密王国。1世纪前后成为横跨欧洲、亚洲、非洲称霸地中

---

[1] 希腊式钱币也可称为"希腊化钱币"(Hellenistic Coins)，或"亚历山大式钱币"(Coins of Alexander Style)。它与古典时期希腊钱币在形制上的最主要区别是出现于钱币之上的国王头像。这不仅仅是图像设计的表面变化，也是希腊钱币史上一次具有革命意义的变革，是对古希腊人所经历的一次历史巨变的反映。首先，从钱币属性上来看，前者是希腊各城邦的钱币，体现的是城邦的独立精神和民主共和理念。如钱币上标志性图案是各城市的保护神，钱币的发行者是城邦，也即公民集体而非某位个人。后者则是帝国或王国的钱币，发行者是统治者本人。上面有国王的形象、名字、称号和保护神，表明是某某国王的钱币，体现的是王权神授、帝王独尊和家天下的观念。其次，从文化内涵上来看，前者是纯粹的希腊传统和风格，而后者则是多元文化的混合。见杨巨平：《希腊式钱币的变迁与古代东西方文化交融》，载《北京师范大学学报》2007年第6期。

[2] 此币为著名的希腊化钱币。一面是神化的亚历山大头像，面右；一面为雅典娜坐像，右手持胜利女神奈基，左手支撑在盾牌上，座下有8芒星，币文为"国王"、"利西马柯斯"。色雷斯王利西马柯斯时期兰普萨柯斯城制造，公元前323～公元前281年，4德拉克马银币，径27毫米，重16.89克。

[3] 托勒密王朝六世或七世时钱币，公元前180～公元前116年。一面为神化的阿尔西诺伊二世头像，面右；一面为双丰饶角及飘带，币文"阿尔西诺伊"。8德拉克马金币，径28毫米，重27.48克。

[4] 帕提亚（安息）国王米特拉达斯三世钱币，公元前123～公元前88年。一面为国王束带头像，面左；一面为弓手坐像，面右，四周为希腊文。1德拉克马银币，径21毫米，重4.03克。

海的庞大罗马帝国。395年,罗马帝国分裂为东西两部。西罗马帝国476年亡于蛮族,东罗马帝国(即拜占庭帝国)1453年被奥斯曼帝国所灭。

古罗马钱币分为两个阶段:共和时期和帝国时期。

共和时期为公元前509年王政时代结束,至公元前27年屋大维被尊称为奥古斯都。公元前289年,开始铸造铜币,名"重铜",正面为不同的神像,背面为高昂的船首(图附2-10)。[1] 公元前212年在第二次布匿战争后,开始制作银币,正面多为希腊罗马神祇[2](图附2-11),后来有制币人祖先头像[3](图附2-12)。

帝国时期为公元前27年至公元476年西罗马帝国灭亡。公元前44年,币面开始出现"活着"的恺撒头像。此后,帝王头像逐步成为币面的主要图像。在帝国的5个世纪里,罗马币记录了250多个帝王及其妻儿的肖像。如著名的奥古斯都[4](图附2-13)、尼禄[5](图附2-14)、戴克里先[6](图附2-15)头像币。

古代希腊、罗马钱币虽然过去一两千年了,但对今天的钱币还有着重大影响,如各国钱币上的元首或名人头像以及镑、第纳尔钱币的名称等。在世界钱币界中,不少人迷醉于古希腊币的艺术构思和精湛技艺,更有人钟情于古罗马币的形制严谨和一脉相承。[7]

---

[1] 正面雅努斯神,背面船首。公元前240~公元前225年,重285克,径70毫米。

[2] 正面海格立斯头像,面右,背面母狼哺乳双婴。公元前269~公元前266年,重7.2克,径21毫米。

[3] 正面弩马束带头像,面右,背面多桨帆船。公元前49年,重4.24克,径18毫米。

[4] 正面奥古斯都无冠头像,面右,背面奥林匹克朱庇特6柱神庙。公元前27年,重3.84克,径20毫米。

[5] 正面尼禄桂冠胸像,面右,背面奥斯蒂亚港鸟瞰。54~68年,重26.03克,径33毫米。

[6] 正面戴克里先桂冠胸像,面右,背面4位帝王在6柱塔楼祭祀。295年,重3.05克,径20毫米。

[7] 李铁生:《古罗马币·前言》,北京出版社2013年版,第2页。

附　录　307

图附 2-10

图附 2-11

图附 2-12

图附 2-13

308　中国钱币学

图附 2-14

图附 2-15

图片引用书目

[1] 中国钱币大辞典编纂委员会．中国钱币大辞典（先秦编－民国编）．北京：中华书局，1995～2013．

[2] 丁福保．历代古钱图说．上海：上海人民出版社，1992．

[3] 华光普．中国古钱目录．长沙：湖南人民出版社，1998．

[4] 杨森．西夏钱币汇考．银川：宁夏人民出版社，2007．

[5] 中国人民银行．中国历代货币．北京：新华出版社，1999．

[6] 中国人民银行货币发行司．中华人民共和国货币图录．北京：中国大百科全书出版社，1993．

[7] 余继明．中国早期外国银币图鉴．杭州：浙江大学出版社，1994．

[8] 徐蜀等．银币的收藏与鉴定．北京：国际文化出版公司，1993．

[9] 段洪刚．中国铜元谱．北京：中华书局，2007．

[10] 汤国彦．中国历史银锭．昆明：云南人民出版社，1993．

[11] 李晓萍．元宝的收藏与鉴赏．杭州：浙江大学出版社，2006．

[12] 马传德等．老上海货币．上海：上海人民美术出版社，1998．

[13] 江苏省钱币学会．中国近代纸币史．北京：中国金融出版社，2001．

[14] 上海博物馆．吴筹中先生旧藏纸币精粹．上海：上海书画出版社，2005．

[15] 张志超．民国中央银行关金券流通券金元券银元券图鉴．长沙：湖南出版社，1993．

[16] 张志超．民国中国银行交通银行农民银行法币图鉴．长沙：湖南出版社，1993．

[17] 余榴梁等．中国花钱．上海：上海古籍出版社，1992．

[18] 何林．民俗钱图说．北京：学苑出版社，2003．

[19] 唐石父．中国钱币学辞典．北京：北京出版社，2000．

[20] 周卫荣，戴志强等．钱币学与冶铸史论丛．北京：中华书局，2002.

[21] 朱进忠等．中国西藏钱币．北京：中华书局，2002.

[22] W.克拉尼斯特，殷毅．国际钱币制造者．北京：新华出版社，1989.

[23] 李铁生．古希腊罗马币鉴赏．北京：北京出版社，2001.

[24] 中国钱币博物馆．中国钱币博物馆藏品选．北京：文物出版社，2010.

[25] 蔡运章等．洛阳钱币发现与研究．北京：中华书局，1998.

[26] 刘春声．中国古代镂空花钱鉴赏．北京：作家出版社，2005.

[27] 王春利．中国金银币目录．北京：中国商业出版社，2013.

[28] 袁水清．中国货币史之最．西安：三秦出版社，2012.

[29] 朱鉴清．外国银币丛谈．上海：上海古籍出版社，1998.

后　　记

经过20多年的岁月，本书终于完稿了。20多年，社会有变与不变的方方面面，对于个人而言，最美好的时光已经逝去。借此机会，与本书有关的一些话题，还要说一说。

钱币学是一门独立的学科，是联合国教科文组织划分的人文与社会科学19个一级学科之一，有自己的研究对象和内容。[1]钱币学是一门科学，科学是一个逻辑演绎系统。钱币学的概念及钱币学中钱币的概念，其内涵和外延要相等。定义是对一种事物的本质特征或一个概念的内涵和外延所做的确切表述，在钱币学理论的建设中也遇到了这个问题。许多想建立钱币学理论体系的人，自己没有给钱币学下定义。有的下了定义，却没有给自己钱币学中的钱币下定义。即是权威如《辞海》中的"钱币学"的解释，由于没有给钱币下定义，仍然没有说清楚钱币学是什么。

1988年，我开始思考钱币学理论体系建设问题，并询问洛阳蔡运章老师这个问题的研究现状。蔡老师说还没有见到这方面的文章。于是，我经过近一年的整理与思考，写出了文章初稿。首先给研究史学理论的学兄李振宏谈了自己的认识，得到了李兄的肯定。李兄亲自将题目改为《货币、钱币、钱币学》。1989年10月，文章寄给戴志强老师。戴老师甚为欣喜，当即回信，表示拟将其收入《中国钱币论文集》

---

[1] 联合国教科文组织划分的人文与社会科学19个一级学科为：人类学与人种学、人口统计学、经济学、教育和培训、法律学、语言学、管理学、政治学、心理学、社会学、组织与方法、文学、艺术学、哲学、历史学、考古学、钱币学、古文书学、宗教。见丁雅娴：《学科分类研究与应用》，中国标准出版社1994年版，第161页。

第二集。过了一个多月,戴老师又来信说,征求各方面的意见,大家不能接受这样的观点,因此无法收入论文集。文章后来在《中国钱币》1990年第3期上摘要发表了。全文则在盛观熙先生主办的《舟山钱币》上连载。后来我陆续有《谈谈钱币史的著作体例》《关于钱币学史的两个问题》《试论钱币要素》等论文发表,到2002年才有《钱币学方法论》完成。其间与叶世昌教授关于钱币学的几个概念在《舟山钱币》上进行过探讨。特别是为了回答陈连光先生在《安徽钱币》上的质疑,我对自己的观点又重新梳理了一遍,写出了《钱币学理论体系是逻辑与实践的统一》一文。这样初步完成了自己对钱币学理论体系的构建。

写作钱币学概论,除了用钱币学理论作为帽子外,还要有钱币史作为骨架。钱币史的研究不是一人能够完成的,因此需要借助他人的研究成果。1990年以前,综合性的研究成果还很少出现。进入21世纪后,各个历史时期的综合性成果普遍开花,具标志性的有黄锡全的《先秦货币通论》和阎福善的《北宋铜钱》。在钱币学史上,研究先秦钱币、北宋铜钱的系统性和规律性,标志着钱币史研究的深度。清钱币和清末民国钱币也具备这些特点,但现有研究成果还无法达到衡量钱币学史的水平。此外,在钱币制造与鉴别方面也出现了新的成果。这些都为笔者撰写钱币史奠定了学术基础。

本书原名为《中国钱币学概论》,出版社领导建议改为《中国钱币学》。恭敬不如从命,书中有三分之一的篇章是理论性的,改之不谬。

写作本书,遵循的是理论严密、内容扎实、体例规范的原则,而要达到这样的目标困难很大。由于精力有限,时间太长,工作变动,几次曾想辍笔。许多老师与好友都鼓励让我做下去。中国钱币学会戴志强、黄锡全、金德平、王永生、王雪阳、高聪明、周卫荣、公柏青、杨君、张五一,内蒙古钱币学会张文芳,山西钱币学会刘建民,河南省钱币学会赵宁夫、胡国瑞、刘森、杨科、余丰辉、于倩、张宇宏、吴革胜、夏凯,开封钱币学会胡天意、张瑞生等,都给予了帮助与支持。河南大学历史文化学院周宝珠、郑慧生、李振宏、刘坤太几位教授给予了学术上的指导。戴志强老师和李振宏学兄亲自为本书作序。河南大学出版社朱绍侯恩师亲自审阅了拙稿,马小泉老师和学姊刘小敏,责任编辑靳开川、康静芳等先生为本书的出版也付出了很多心血。另外，书中的钱币图片多引自前人和时贤的著作，在此表示深深的谢意。

本书是一本纲要性的钱币学著作，有许多内容还待细化和充实。由于笔者学识水平所限，错误在所难免，恳请读者赐教。

白秦川

2013年7月6日